Allegria

Die Autorin

Louise L.Hay begann ihre Arbeit, als sie bei der Selbstheilung ihrer eigenen Krebserkrankung erfuhr, welche Bedeutung eine positive Lebenseinstellung für den Heilungsprozess haben kann. Ihre ersten Bücher stellten in den Achtzigerjahren eine Revolution für das Selbstverständnis von Aids- und anderen Schwerstkranken dar. Seitdem hat sie mit ihrer Methode der positiven Selbstbeeinflussung mehr als 50 Millionen Menschen in über 30 Ländern der Welt geholfen. Um ihr Werk ist mit Hay House ein eigener Verlag entstanden, der heute in den USA zu den wichtigsten Vorreitern alternativer Gesundheitslehren und eines neuen humanen Umgangs mit menschlichen Problemen gehört. Ihr Name wurde zum Synonym für die Aktivierung von Selbstheilungskräften zur Unterstützung jeder ärztlichen Therapie. Sie lebt in Kalifornien.

LOUISE L. HAY

... und plötzlich war alles anders

Menschen aus aller Welt erzählen, wie Louise ihr Leben verändert hat

Aus dem Amerikanischen von Thomas Görden

Ullstein

Besuchen Sie uns im Internet:
www.ullstein-taschenbuch.de

Allegria im Ullstein Taschenbuch
Herausgegeben von Michael Görden

Ullstein Taschenbuch ist ein Verlag der
Ullstein Buchverlage GmbH, Berlin.
Erstausgabe im Ullstein Taschenbuch
1. Auflage September 2011
2. Auflage 2011
© der deutschsprachigen Ausgabe 2011
by Ullstein Buchverlage GmbH, Berlin
© MODERN DAY MIRACLES by Hay Foundation, 2010
Umschlaggestaltung: FranklDesign, München
Titelabbildung: Joan Perrin Falquet
Gesetzt aus der Tiepolo Book
Satz: Keller & Keller GbR
Papier: Pamo Super von
Arctic Paper Mochenwangen GmbH
Druck und Bindearbeiten:
GGP Media GmbH, Pößneck
Printed in Germany
ISBN 978-3-548-74529-9

Schon lange glaube ich:
»Alles, was ich wissen muss,
wird mir zur rechten Zeit offenbart.
Alles, was ich brauche, kommt zu mir.
Alles ist gut in meinem Leben.« Es gibt kein neues Wissen. Alles ist uralt und unendlich. Es ist mir eine Freude und ein Vergnügen, jenen, die sich auf dem Pfad der Heilung befinden, weiterzuhelfen. Ich widme das Angebot dieses Buches allen, die mich gelehrt haben, was ich weiß: meinen vielen Klienten, meinen Freunden auf dem Gebiet der Selbstentwicklung und Heilung, meinen Lehrern und der Unendlichen Göttlichen Intelligenz, die das durch mich channelt, was anderen auf ihrem Weg hilft.

Louise L. Hay

Inhalt

Einleitung von Louise L. Hay 9

TEIL 3: Gefühle und Verhalten 219

8. Zu geistiger Gesundheit finden 219

9. Alte Glaubenssätze verändern 250

10. Lebenssinn 282

Einleitung
Von Louise L. Hay

Vor 30 Jahren schrieb ich mein erstes Buch, *Heile deinen Körper*, um den Menschen bewusst zu machen, wie wichtig die Geist-Körper-Verbindung ist. Auf eine Kindheit in extremer Armut und voller Gewalt folgten bei mir viele Jahre, während denen es um mein Selbstwertgefühl sehr schlecht bestellt war. Dann erfuhr ich ganz unmittelbar in meinem eigenen Leben, wie wirkungsvoll es sein kann, alte negative Überzeugungen durch neue und positive zu ersetzen. Als später bei mir Krebs diagnostiziert wurde, erkannte ich, dass dies eine Chance war, mich ein für alle Mal von meinen alten Denkmustern des Grolls und der Verbitterung zu befreien. Ich machte eine Menge Vergebungsarbeit, löste mich vom Schmerz meiner Vergangenheit und heilte meinen Körper und Geist.

Am wichtigsten war: Ich lernte, mich selbst aufrichtig zu lieben und wertzuschätzen.

Dann schrieb ich *Gesundheit für Körper und Seele*, in dem ich alles, was ich inzwischen gelernt hatte, weitergab, damit es anderen als Hilfe diente. Nie hätte ich gedacht, dass diese beiden Bücher so viele Leserinnen und Leser finden würden.

Ich gründete Hay House, weil ich einen Weg suchte, meine eigenen Bücher zu verlegen. Heute, 20 Jahre später, kann ich nicht ohne Stolz sagen, dass wir zu einem der erfolgreichsten Verlage auf dem Gebiet Selbsthilfe, Geist-Körper-Medizin und Spiritualität geworden sind. Ich liebe es, andere Autoren zu fördern, die Menschen dabei helfen, ihr Leben zum Besseren zu verändern und Erfüllung zu finden.

Dennoch möchte ich betonen, dass ... *und plötzlich war alles anders* nicht als Marketing für mich und meine Firma gedacht ist. Auch soll damit kein bestimmter spiritueller Pfad oder Standpunkt angepriesen werden. Auslöser für dieses Buch waren die unzähligen Briefe, die meine Hay-House-Familie und ich über die Jahre erhalten haben. Darin berichteten uns die Leute, wie sie durch mich dazu inspiriert wurden, ihr Leben zu heilen (ebenso wie ich von vielen anderen Menschen auf meiner eigenen Heilungs-reise inspiriert wurde). Also dachten wir uns, dass es doch wirklich heilsam und lebensverändernd sein könnte, eine Auswahl dieser erstaunlichen Briefe in einem Buch zu vereinen. Wir hoffen, dass sie Ihnen, den Leserinnen und Lesern, Trost, Inspiration und Motivation schenken werden – und ganz konkret unter Beweis stellen, dass *ein einzelner Mensch* ein Katalysator für die Heilung der Welt sein kann. Ich hatte das Privileg, diese Rolle zu spielen ... und Sie können das in Ihrem Leben auch!

Dieses Buch behandelt, wie Sie bemerken werden, uni-versell wichtige Themen wie Gesundheit, Arbeit und Liebe. Obwohl in vielen dieser persönlichen Erfahrungs-berichte ähnliche Themen angesprochen werden, sind sie dem Problem zugeordnet, das jeweils im Mittelpunkt steht. Zu jedem Kapitel habe ich eine kurze Einleitung geschrieben. Am Ende jedes Kapitels führe ich Sie durch einige Übungen, die Ihre Heilung unterstützen. (Ich emp-fehle, dass Sie dafür ein Notiz- oder Tagebuch bereithal-ten.) Zusätzlich habe ich geeignete Affirmationen ausge-wählt, und eine Behandlung, die wahre Wunder für die positive Veränderung Ihres Bewusstseins wirken kann.

Wie Sie in den folgenden wahren Geschichten lesen werden, lohnt es sich für Sie unbedingt, sich der Heilung Ihres Bewusstseins zu widmen.

Sie finden in diesem Buch Beiträge von Menschen aus aller Welt. Denken Sie, während Sie es lesen, darüber nach, wie auch Sie durch Ihre Gedanken, Gespräche, Taten und Absichten andere Menschen positiv beeinflussen können ... denn genau darum geht es bei unserem Leben auf diesem Planeten. Wer in der Dunkelheit eine Kerze anzündet, schafft damit die Möglichkeit, dass noch eine Kerze angezündet wird, noch eine und noch eine ...

Kürzlich erfuhr ich, dass von meinen Büchern inzwischen weltweit 50 Millionen Exemplare verkauft sind. Ich stelle mir vor, dass 50 Millionen Kerzen den Weg für weitere 50 Millionen Kerzen erleuchten. Und so werden es immer mehr! Jede Kerze, die jemand von uns anzündet, kann so viel bewirken! *Gemeinsam können wir die ganze Welt erhellen.*

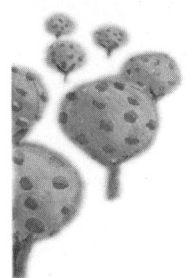
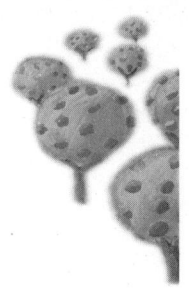

TEIL 1
Gesundheit

1
Nichtgesundheit heilen

Mit dem Wort *Krankheit* sind viel zu viele alte Glaubenssätze bezüglich unserer Gesundheit verknüpft. Ich spreche lieber von Nichtgesundheit, um deutlich zu machen, dass es sich um Dinge handelt, die sich nicht im Einklang mit uns oder unserer Umwelt befinden. Auch wird dadurch betont, dass Gesundheit der natürliche Zustand unseres Körpers ist. Ich glaube, dass jede Art von *Nichtgesundheit* durch unser Denken erschaffen wird. Unser Körper möchte immer gesund sein und sich wohlfühlen. Aber er hört auch auf jedes Wort, das wir denken oder laut aussprechen. Er spiegelt uns unsere Glaubenssätze wider. Wenn wir auf unseren Körper hören, statt jedes Symptom sofort mit einer Pille zu unterdrücken, erkennen wir, was für die Heilung notwendig ist. Wenn wir die Verantwortung für unsere Gedanken übernehmen, gewinnen wir die *Kontrolle* über unsere Gesundheit zurück. Die Menschen, von denen in den nachfolgenden Berichten die Rede ist, haben demonstriert, wie in allen Lebensbereichen Heilung dadurch entsteht, dass wir auf unseren Körper hören und unser Denken ändern.

Glaube!

von Victoria, Rentnerin, Kalifornien

»Sie haben noch drei Monate zu leben, bestenfalls sechs«, sagte der Neurologe zu meinem Mann, mit dem ich seit sieben Monaten verheiratet war. »Ich empfehle Ihnen, Ihre Angelegenheiten zu ordnen.« Als wir die Praxis verließen, war ich wie betäubt. Das konnte doch unmöglich wahr sein! Wir waren doch praktisch noch in den Flitterwochen. Ich war entschlossen, an unserer Freude festzuhalten und Jim auf keinen Fall aufzugeben, auch wenn bei ihm ein Gehirntumor diagnostiziert worden war. Wir waren keine Opfer. Wir hatten die Macht, Wunder zu erschaffen.

Zwar hatte mein neuer Mann bei unserer Heirat gewusst, dass ich mich für Metaphysik interessierte, aber für ihn war es ungewohnt, das Leben auf diese Weise zu betrachten. Als Sohn eines Marineoffiziers war Jim völlig gemäß den Regeln und Konventionen des traditionellen Denkens erzogen worden und wurde selbst ebenfalls Offizier in der Kriegsmarine. Nun war bei ihm ein *Glioblastom* diagnostiziert worden, eine der Tumorerkrankungen des Gehirns mit absolut hoffnungsloser Prognose. Er entschied sich für die traditionelle schulmedizinische Therapie. Diese bestand in zwei Operationen, Chemotherapie und Bestrahlungen. Nachdem er dieses Programm hatte über sich ergehen lassen, erfuhren wir, dass sich noch ein zweiter Tumor gebildet hatte. Nun gab es wirklich keine Zeit mehr zu verlieren, und Jim war bereit, es auch mit anderen Methoden zu versuchen.

Wir kamen überein, die Realität, die uns von den Schulmedizinern präsentiert wurde, einfach nicht zu akzeptieren, sondern uns unsere eigene zu erschaffen. Der Arzt war nicht Gott, und ich wusste, dass das Universum andere Möglichkeiten für uns bereithielt. Um eine gesunde Parallelrealität zu erschaffen, taten wir so, *als wäre mein Mann bereits gesund.* Obwohl er unglaublich schwach und an den Rollstuhl gefesselt war, bat ich ihn, sich daran zu erinnern, wie gut er sich gefühlt hatte, als er sich auf dem Höhepunkt seiner körperlichen Vitalität und Kraft befunden hatte. An diesem Gefühl und dieser Vision hielten wir unerschütterlich fest. *Glaube!* wurde unser Mantra.

Wir erkundeten alle verfügbaren Möglichkeiten, Jims Körper bei der Selbstheilung zu unterstützen. Und dazu zählte alles, von dem wir glaubten, dass es funktionieren könnte: Vitamine und andere Nahrungsmittelergänzungen, frische Säfte, Entgiftung, Akupunktur und eine Klinik in Houston, die schon seit Jahren als »alternativ« galt. Wir arbeiteten mögliche psychische Probleme aus diesem und aus früheren Leben auf. Menschen aller Glaubensrichtungen beteten für ihn und visualisierten, dass er wieder gesund wurde. Wir entwickelten eine Visualisierungsmethode, bei der Jim sich immer wieder lebhaft vorstellte, wie der Tumor schrumpfte … und dann verschwand der Tumor tatsächlich.

Für jene, die unsere Reise miterlebten, ist mein Mann ein medizinisches Wunder. Wenn man uns fragt, wie es Jim gelang, seinem angeblich unausweichlichen Schicksal zu entrinnen, geben wir eine einfache und doch sehr tief gehende Antwort: *Alles ist Geist, existiert im Geist.* Er hat tapfer gekämpft und seine größte Schlacht gewonnen.

In meinen Händen halte ich das originale »kleine blaue Buch« von Louise Hay: *Heile deinen Körper.* Es ist durch 20-jährigen Gebrauch vergilbt und abgenutzt, aber es war der Katalysator, der mir (und meinem Mann) zu einem neuen Verständnis der Verbindung zwischen Geist und Körper verhalf. Die Gedanken, die wir denken, und die Worte, die wir sprechen, wirken sich auf unseren Körper aus. Indem wir diese Muster verändern, können wir, und das gilt für jeden Menschen, den Lauf unseres Lebens ändern. Genau das haben Jim und ich getan.

* * *

Erwarte Wunder!
von Barbara, Grundschullehrerin, Kanada

Im vorigen Jahr habe ich Louise Hay wiederentdeckt – und zwar durch einige ihrer Audioaufnahmen und ihre schöne DVD *You Can Heal Your Life – Der Film*. Mir stand eine Operation bevor, weil die Ärzte eine Flüssigkeitsansammlung in meiner Lunge entdeckt hatten. Abends vor dem Eingriff hörte ich mir eine von Louises Abendmeditationen an. Am nächsten Morgen erwachte ich mit einem einzigen Gedanken: Erwarte Wunder!

Ich wurde ins Krankenhaus gebracht, und ehe ich michs versah, kam ich im Aufwachzimmer wieder zu mir, mit meinem Mann an meiner Seite. Man teilte uns mit, der Chirurg hätte sich vor der Operation noch einmal meine Lunge angeschaut und festgestellt, dass dort nur noch sehr wenig Flüssigkeit vorhanden war. Daraufhin entschied er, dass der Eingriff sich erübrigte. Ich wurde nach Hause entlassen. Ich war erleichtert!

Als ich unser Haus betrat und nach oben gehen wollte, fiel mir ein Schild auf, das in der Diele an der Wand hängt. Es war uns von einer Freundin geschenkt worden, und der Text lautete: ERWARTE WUNDER! Ich schaute meinen Mann an und sagte: »Die Macht des positiven Denkens und unsere bewusste Entscheidung, worauf wir uns konzentrieren wollen, trägt tatsächlich Früchte.«

Er drückte mich an sich, und wir verspürten beide eine tiefe Dankbarkeit.

Danke, Louise! Mit Ihrer Hilfe habe ich die Angst überwunden, dass mein Krebs zurückkehren könnte. Stattdessen konzentriere ich mich jeden Tag auf Freude und Heilung. Louise, Ihre Worte erfüllen auch weiterhin auf heilende Weise mein Unterbewusstsein. Heute unterrichte ich wieder in Teilzeit an einer Schule und gebe positive Worte der Ermutigung an meine Schüler weiter.

* * *

Ein Feuer aus Hoffnung und Kraft
von Alyssa, Arzthelferin, Georgia

Als bei mir im Alter von 31 Jahren ein extrem seltener und aggressiver Krebs diagnostiziert wurde, war das ein fürchterlicher Schock. Ich fühlte mich gelähmt vor Angst. Das Fundament meines Lebens stürzte von einem Moment zum anderen in sich zusammen. Plötzlich hatte ich das Gefühl, in einen dunklen Abgrund zu fallen. Während die Ärzte mich immer wieder untersuchten, um die richtige Therapie herauszufinden, bemühte ich mich verzweifelt, mir darüber klar zu werden, wie das hatte passieren können.

Die medizinischen Untersuchungsergebnisse, die nach und nach eintrafen, ließen meine Situation immer trostloser erscheinen. Ich glaubte, in Dunkelheit zu versinken, und suchte verzweifelt nach Licht.

Und dann sah ich dieses Licht im Fernsehen: eine liebenswürdige Frau mit königlicher Ausstrahlung namens Louise Hay. In einem Interview mit Oprah Winfrey äußerte sie ermutigende Worte voller Kraft und Güte. Sie hatte die ruhige, Zuversicht weckende Stimme einer liebevollen Mutter. Diese gelassene Zuversicht stieß tief in mir auf Resonanz. Während ich von allen anderen nur zu hören bekam, wie schlecht meine Überlebensaussichten waren und welche zermürbenden, quälenden Behandlungsmethoden mich erwarteten, wagte Louise es, Botschaften der Heilung und Ganzheit zu verkünden: »Alles ist gut.« »Aus dieser Erfahrung wird nur Gutes entstehen.« »Alles entfaltet sich entsprechend meinem höchsten Wohl.« »Ich bin immer sicher und geborgen.« Das war das Licht am Ende des Tunnels, nach dem ich so sehnlich gesucht hatte. Während ich Louise zuhörte, war es, als würde in mir ein fast ersticktes Flämmchen neu angefacht. Irgendwie wusste ich plötzlich, dass daraus ein hell loderndes Feuer der Hoffnung und Kraft werden konnte. Ich würde mich aus der Asche erheben und ein schönes, gesundes neues Leben beginnen.

Nachdem ich mir das Interview mit Louise angeschaut hatte, stürzte ich mich regelrecht auf die Arbeit mit Affirmationen. Ich beanspruchte vollkommene Gesundheit und eine dauerhafte Genesung als mein Göttliches Recht. Ich las mehr über Louises Vision der Heilung, Fülle und Liebe, und es war, als hätte jemand einen dunklen Vorhang weggezogen. Dahinter offenbarte sich mir ein wunderschönes Geheimnis, die Blaupause eines entschlüsselten Rätsels, durch Louises offenbarte Weisheit.

Während meine Ärzte ihre Arbeit taten, tat ich meine. Ich machte mich daran, alte Muster und Überzeugungen aufzulösen, die mich daran gehindert hatten, mich für das wahre Potenzial meines Lebens zu öffnen. Die Ärzte glaubten, die Besserung meines Zustandes sei eine außergewöhnliche Reaktion auf die schulmedizinische Behandlung. Ich jedoch wusste, dass meine Affirmationen und Visualisierungen Wirklichkeit geworden waren. Und nachdem meine physische Wiedergeburt stattgefunden hatte, folgte meine spirituelle nach beziehungsweise teilweise ging sie sogar voraus. Ich erkannte, dass mir eine seltene Chance geschenkt worden war, mein Leben »aufzuräumen«, zu überlegen, was ich wirklich behalten oder neu hereinlassen wollte, und mich sozusagen ganz neu zu erfinden. Was als die verzweifelte Suche nach ein klein wenig Hoffnung begonnen hatte, entwickelte sich zu einem klaren Weg des Erwachens und der Heilung.

Louise, Sie haben mir den Weg nach Hause gezeigt – Sie sind wirklich ein Leuchtturm der Liebe und Hoffnung für uns alle. Ich danke Ihnen von ganzem Herzen dafür, dass Sie das Feuer in mir wieder entfacht haben.

* * *

Wie ich zu Louise wanderte

von Debbie, Geschäftsfrau und pensionierte Lehrerin, Texas

Im Juni 2007 wurde bei mir eine seltene Krebsart diagnostiziert, ein gastrointestinaler Stromatumor (Bindegewebstumor des Magen-Darm-Trakts). Nach der operativen Entfernung des Tumors waren alle meine Ärzte bis auf einen der Ansicht, dass eine weitere Behandlung notwendig sei. Doch Chemotherapie und Bestrahlungen brachten keinen Erfolg. Ich muss zugeben, dass ich mich alles andere als wohlfühlte, aber wirkliche Angst hatte ich nicht. Meine Gefühle in jener Zeit waren von Entschlossenheit bestimmt, weniger von Furcht. Ich wusste, dass ich selbst etwas unternehmen würde, um wieder gesund zu werden – ich wusste nur noch nicht, was. Aber eines stand für mich fest: Was immer ich unternehmen würde, sollte in keiner Weise schädlich für mich sein.

Da ich unsicher war, was ich tun sollte, folgte ich meinem Bauchgefühl und fing an, umherzuwandern. Zu Hause wanderte ich von Zimmer zu Zimmer. Ich wanderte draußen im Garten herum. Dabei schaute ich immer wieder nach oben und betrachtete tagsüber die Wolken und abends die Sterne. Auch wenn es den Anschein haben mochte, dass ich überall, wo ich umherging, etwas suchte, war ich mir doch bewusst, dass ich eigentlich etwas suchte, was ich längst besaß. Ich vertraute darauf, dass es zur rechten Zeit zu mir kommen würde.

Einer der Orte, wo ich am liebsten umherschlenderte, war das Einkaufszentrum in der Nähe meines Hauses. An einem Ende befindet sich ein Bioladen. Es wurde sehr wichtig für mich, dort meine Nahrungsmittel zu kaufen. Am anderen Ende befindet sich eine Filiale der Buchhandelskette Barnes & Noble. Ungefähr vier oder fünf Wochen nach meiner Diagnose spazierte ich in diesem Buchladen umher. Ich weiß noch, wie ich zu einem Regal hochblickte und ein Buch bemerkte, das jemand nicht an seinen Platz zurückgestellt hatte. Ich fühlte einen starken Drang, das Buch aus dem Regal zu nehmen.

Als ich den Titel sah, musste ich laut auflachen. War das nicht genau das, was ich brauchte? Das Buch hieß *Gesundheit für Körper und Seele*.

Zu Hause verschlang ich Louises Buch. Ich spürte, dass es genau das war, wonach ich gesucht hatte. Sofort begann ich mit den Affirmationen, Übungen und Visualisierungen, die Louise empfiehlt. Je mehr ich übte, desto besser gelang es mir.

Seitdem sind eineinhalb Jahre vergangen, und meine Gesundheit ist voll wiederhergestellt. Es geht mir ausgezeichnet! Ich habe jede Menge Energie und weiß, dass ich mein Leben so lebe, wie es gedacht ist – glücklich, fit und vital! *Gesundheit für Körper und Seele* ist für mich zu einem inspirierenden Ratgeber geworden, den ich im Alltag häufig nutze. Ich werde Louise dafür ewig dankbar sein.

* * *

Moderne Wunder sind möglich!
von Alana, Yogatherapeutin und Reikimeisterin,
Kalifornien

Louise Hay war und ist eine große Quelle der Inspiration für mich und hat mein Leben dramatisch zum Besseren verändert. Als ich dringend ein Wunder brauchte, lauschte ich jeden Tag auf dem Krankenbett ihren Botschaften, und das Wunder geschah!

Im Jahr 2003 wurde bei mir ein schwerer Morbus Crohn, eine chronisch-entzündliche Darmerkrankung, diagnostiziert. Zwei Jahre war ich völlig ans Bett gefesselt und litt jeden Tag unter quälenden Schmerzen. Ich lebte damals von der mageren staatlichen Berufsunfähigkeitshilfe. Nachdem ohne Erfolg verschiedene Medikamente ausprobiert worden waren, gab die Schulmedizin mich auf. Die Ärzte sagten, es sei sehr unwahrscheinlich, dass ich je wieder das Bett verlassen könnte.

Doch meine Mutter, eine pensionierte Psychologin, gab niemals die Hoffnung auf, dass es mir eines Tages besser gehen würde. Louise Hays CDs hatten meiner Mutter während ihrer Scheidung sehr geholfen. Jetzt brachte sie zwei dieser CDs mit, um sie mit mir gemeinsam anzuhören. Ich fand es wunderbar, mir diese CDs anzuhören – jeden Tag kam Louises beruhigende Stimme zu mir ins Zimmer. Dadurch fühlte ich mich viel besser. Sie war wie ein Engel für mich. Ich las ihre Bücher, und viele Male am Tag wiederholte ich ihre Affirmationen. Dadurch veränderte sich mein Leben tief greifend.

Moderne Wunder geschehen! Tag für Tag arbeitete ich mit meinen Affirmationen und praktizierte positives Denken. Mit der Zeit besserte sich meine Gesundheit. Ich konnte nicht nur das Bett verlassen, sondern nahm überdies Unterricht in Yoga und Reiki. Das half mir, völlig gesund zu werden. Heute bin ich Yogalehrerin, Yogatherapeutin und Reikimeisterin. Mein Ziel ist es, das Wissen weiterzuverbreiten, das mich auf so wunderbare Weise genesen ließ. Daher habe ich mich darauf spezialisiert, mit Menschen zu arbeiten, die an chronischen oder schweren Krankheiten leiden. Ich möchte etwas von dem zurückgeben, was ich empfangen habe.

Ich beginne meine Yogakurse immer damit, dass ich jeden Schüler eine von Louise Hays Affirmationskarten auswählen lasse. Am Ende des Kurses schlage ich ihnen vor, die gewählte Karte mit nach Hause zu nehmen und sie sich irgendwo gut sichtbar aufzuhängen. Das tun sie sehr gerne! Bei vielen meiner Schüler hat schon das bloße Mitnehmen der Karte einen positiven Effekt. Mein Traum ist es, eines Tages so vielen Menschen zu helfen wie Louise und selbst Vorträge zu halten und inspirierende Bücher zu schreiben. 2007 hatte ich das Vergnügen, mit meiner Mutter die *I Can Do It!*®-Konferenz in Las Vegas zu besuchen. Das war eine der besten Reisen, die ich je unternommen habe. Ich werde mich immer gerne an sie zurückerinnern.

Louise, Sie waren da, als die Schulmedizin mich aufgegeben hatte, und Ihre Stimme hat mich sanft und mitfühlend zu neuer Gesundheit geführt. Dafür werde ich Ihnen ewig dankbar sein! Danke, Louise Hay! Für mich sind Sie jemand, der wahre Wunder vollbringt.

* * *

Das Licht der Gesundheit
von Alena, Geschäftsführerin, Kanada

Ich komme aus einem kleinen Land in Mitteleuropa. 1993 las ich zum ersten Mal eines von Louise Hays Büchern, und zum ersten Mal in meinem Leben hatte ich das Gefühl, dass mir jemand wirklich aus dem Herzen sprach. Damals fragte ich mich, warum ich Louise erst so spät entdeckt habe, als ich schon 27 war. Heute weiß ich es: Wenn ein Schüler bereit ist, erscheint der richtige Lehrer.

Louise hat mir in allen Lebensbereichen geholfen, und dann entdeckte ich außerdem auch Shakti Gawain, Napoleon Hill, Dale Carnegie, Norman Vincent Peale und Stephen R. Covey für mich. Ich habe von diesen wundervollen Autoren eine Menge gelernt, aber Louise ist und bleibt meine Lieblingsautorin.

Besonders nachdrücklich hat Louise im gesundheitlichen Bereich mein Leben verändert. Als ich auf ihre Bücher stieß, litt ich seit 22 Jahren an häufigen Streptokokken-Mandelentzündungen. Mehrere Ärzte bestätigten die Diagnose, ohne je einen Labortest zu machen. Sie waren absolut sicher, dass es sich um Streptokokken-Tonsillitis handelte, und verschrieben immer wieder Antibiotika. Manchmal litt ich sechs Wochen hintereinander an dieser immer wieder aufflammenden Mandelentzündung. Das bedeutete, dass mir alle zwei bis drei Wochen ein Antibiotikum verordnet wurde. Dank Louises Lehren und der großen Unterstützung durch meinen Mann fasste ich endlich den Mut, neue Wege der Heilung zu beschreiten. Als bei mir das nächste Mal eine Streptokokken-Mandelentzündung diagnostiziert und mir wieder eine Ladung Antibiotika verordnet wurde, beschloss ich, mich von der Krankheit zu befreien, ohne erneut Tabletten zu schlucken. Und es funktionierte!

Ich meditierte mit den Affirmationen, die Louise in ihrem Buch *Gesundheit für Körper und Seele* empfiehlt, und befolgte auch ihre anderen Ratschläge, wozu unter anderem eine leichte, gesunde Ernährung gehörte, um dem Körper Gelegenheit zu geben, sich von Toxinen zu befreien und seine Selbstheilungskräfte zu aktivieren. Sieben Tage später ging ich zur erneuten Untersuchung zu meiner Hausärztin. Als sie mir sagte, dass ich vollkommen gesund sei, wäre ich vor Erleichterung beinahe in Ohnmacht gefallen. Mein Wunder besteht darin, dass ich ohne Antibiotika vollständig geheilt wurde. Und bis auf den heutigen Tag bin ich nie wieder an Mandelentzündung erkrankt.

Louise, Sie haben mich auf jedem Schritt meiner Heilungsreise begleitet, und ich habe von Ihnen enorm viel gelernt. Dank Ihnen entdeckte ich das Licht am Ende des Tunnels – und lebe nun in diesem Licht. Louise, ich empfinde für Sie Liebe und Hochachtung. Sie können stolz auf sich sein.

* * *

Die Heilkraft unseres Geistes
von B. J., Rentnerin, Texas

In den ersten Monaten des Jahres 2004 litt ich unter Schmerzen in der Brust. Ich suchte drei verschiedene Ärzte auf, die mich allen möglichen Untersuchungen unterzogen, ohne die Ursache für meine Beschwerden zu finden.

Im Juni jenes Jahres stürzte ich, als ich aus dem Auto stieg, plötzlich hilflos zu Boden. Ich war von der Taille abwärts gelähmt. Zum Glück war eine Freundin bei mir und rief sofort einen Rettungswagen. Im Krankenhaus entdeckte man einen großen Tumor an meiner oberen Wirbelsäule, bei dem es sich um die Metastase eines Brustkrebses handelte. Die Ärzte sagten, ich müsste sofort operiert werden, um den Tumor zu entfernen. Damit hofften sie, meine Beschwerden zu lindern, wobei sie mir maximal noch eine Lebenserwartung von vier bis fünf Monaten gaben. Meiner Tochter dagegen sagten sie, es sei unwahrscheinlich, dass ich die Operation überleben würde.

Am nächsten Morgen, es war mein 63. Geburtstag, wurde der Tumor entfernt. Ich lag 48 Stunden auf der Intensivstation. Als ich so lange überlebt hatte, verlegte man mich auf ein Einzelzimmer. Die Ärzte waren erstaunt, versicherten mir aber, dass ich nie wieder würde laufen können. Mehrere Wochen hindurch wurde meine Wirbelsäule bestrahlt, und gegen den Brustkrebs erhielt ich eine Chemotherapie. Wieder waren die Ärzte erstaunt, als ich plötzlich einen großen Zeh bewegen konnte, doch auf mehr dürfe ich nicht hoffen, wie sie sagten.

Nach meiner Verlegung in eine Rehaklinik hatte ich ein weiteres Nahtoderlebnis, als ich eine Lungenembolie erlitt. Wieder landete ich im Krankenhaus auf der Intensivstation. Und wieder sagten die Ärzte meiner Tochter, ich hätte keine Überlebenschance. Als man mir einen Filter einsetzte, der verhindern sollte, dass weitere Blutgerinnsel in mein Herz oder meine Lunge gelangten, erkrankte ich an einer Staphylokokken-Infektion. Doch nach vier Wochen wurde ich erneut in die Rehaklinik verlegt. Dort brachte ich die nächsten sechs Wochen mit Physio- und Beschäftigungstherapie zu. Eine der Schwestern dort beharrte darauf, dass ich wieder laufen können würde und kein Nein akzeptieren sollte. Zuerst schaffte ich nur wenige mühsame Schritte, aber als ich die Rehaklinik verließ, konnte ich mithilfe eines Rollators durch die ganze Gymnastikhalle gehen.

Nachdem ich vier Monate in vier verschiedenen Kliniken zugebracht hatte, lebte ich die folgenden acht Monate bei meiner Tochter und ihrer Familie, wo meine Genesung gute Fortschritte machte. Es hat eine Weile gedauert, aber heute führe ich wieder ein selbstständiges Leben, fahre Auto und kann fast alles tun, was ich tun möchte. Ich bin seit drei Jahren krebsfrei. Zwar gehe ich nicht mehr so mühelos wie vor meiner Krankheit, aber ich *kann* wieder gehen – und zwar ohne Stock oder andere Hilfsmittel.

Nun mögen Sie sich fragen, was Louise mit alledem zu tun hat. Nun, während meiner ersten Tage im Krankenhaus brachte meine Tochter mir Bücher und CDs mit, und jene von Louise Hay fand ich besonders hilfreich. Ständig hörte ich ihre CDs, und wenn ich sie mal nicht hörte, meditierte ich oder sagte eine von Louises Affirmationen vor mich hin. Wären Louises Worte nicht gewesen, ich würde heute nicht geheilt umherlaufen. Vermutlich hätte ich gar nicht überlebt. Ich erkannte, dass sich die Krankheit in meinem Geist befand, und dort konnte sie auch geheilt werden. Louise erinnerte mich daran, dass ich mein Denken ändern musste, um mein Leben zu ändern. Ich erfreue mich auch weiterhin an ihren Büchern, CDs und Filmen und bin ihr unendlich dankbar.

* * *

Multiple Sklerose bewältigen
von Victoria, Grafikdesignerin, Kanada

Im Jahr 1987 wurde bei mir eine »schubförmig remittierende multiple Sklerose« festgestellt. Die Symptome äußerten sich bei mir in Form von Sehstörungen und Taubheitsgefühlen in Händen, Armen und Beinen. Mein Neurologe eröffnete mir, dass es keine Medikamente zur Besserung meines Zustandes gäbe und ich damit rechnen müsse, in zwei Jahren auf einen Rollstuhl angewiesen zu sein. *Nein, das kommt nicht infrage*, dachte ich.

Ich beschloss, mit meiner multiplen Sklerose (MS) zu sprechen. Ich sagte zu ihr, dass ich sie respektieren würde. Im Gegenzug müsse sie *mich* respektieren und mich mein Leben leben lassen. Wenn ich *mich selbst* nicht respektierte, traten erneut Sehstörungen und Schwächegefühle in Armen und Beinen auf, die dann für zwei bis drei Monate anhielten. So blieb es, ohne weitere Verschlechterung, 15 Jahre lang. Doch im Jahr 2003 verschlimmerte sich mein Zustand aufgrund von persönlichen Problemen.

An diesem Punkt ging die Krankheit in das Stadium einer »sekundär progressiven multiplen Sklerose« über. Ich hatte keinen Gleichgewichtssinn mehr und, laut den Ärzten, keine Aussicht auf Besserung. Nun konnte ich nur noch mithilfe eines Rollators laufen. Ich litt unter quälenden Schmerzen, die sich anfühlten, als würden elektrische Schläge durch meinen Kopf und meine Schultern zucken. Meine Sprache wurde undeutlich, ich verschluckte mich beim Essen, konnte die Bewegungen meiner Arme und Beine kaum noch koordinieren und schlief fast den ganzen Tag. Meine Symptome waren ein Spiegelbild dessen, was in meinem Geist vor sich ging, der völlig beherrscht war von Emotionen der Verbitterung, Wut und Angst.

Inzwischen jedoch hatte ich Louise Hay für mich entdeckt. Durch die Beschäftigung mit ihrem Werk lernte ich, dass ich die Verantwortung für meine Krankheit übernehmen musste. Nur ich selbst konnte darüber entscheiden, ob ich je wieder laufen würde. Ich musste mich meiner Krankheit stellen und für mich selbst einstehen. MS war keine schreckliche Diagnose, sondern ein gut getarntes Geschenk. Mein Körper sprach zu mir und sagte, dass ich wieder in der Lage sein würde, zu stehen und zu gehen, wenn ich mich bewusst dafür entschied. Dazu war es notwendig, dass ich unabhängiger wurde und meine eigenen Entscheidungen traf.

Ich begann, täglich mit Affirmationen zu arbeiten und sie auch wirklich zu fühlen, und ich änderte mein Leben von Grund auf. Ich befreite mich von meiner Angst und traf Entscheidungen, die auf Liebe und Wahrheit grün-

deten. Indem ich mich selbst liebte, meinen Körper wert-
schätzte und mich nicht länger als Opfer fühlte, erschuf
ich eine wundervolle neue Version meiner selbst. Auch
begann ich, gleichgesinnte, positive und inspirierende
Menschen in mein Leben zu ziehen.

Ich habe das Pilates-Training für mich entdeckt und
nehme Bauchtanz-Unterricht. Ich gebe Mal- sowie Zei-
chenkurse und habe meine Tätigkeit als Grafikdesignerin
wieder aufgenommen. Mein Seh- und Sprechvermögen
sind völlig wiederhergestellt, und meine Körperkoordina-
tion hat sich um 100 Prozent verbessert. Meinen Rollator
betrachte ich als Hilfe, nicht als Krücke. Louises Bücher
und die tägliche Arbeit mit ihren Affirmationen – sie nicht
nur einfach daherzusagen, sondern sie wirklich im Herzen zu fühlen – haben es mir ermöglicht, mit MS zu leben
und ohne Angst vorwärts zu gehen. Ich bin jetzt die Frau,
die zu sein mir bestimmt ist, und ich habe volles Zutrauen
in meine Fähigkeiten!

* * *

Louise inspiriert und hilft bei der Heilung
*von Mary, Musikerin, bildende Künstlerin und
Schriftstellerin, Kalifornien*

Schon seit 1986 ist Louise Hay für mich eine
Inspiration. Damals stieß ich in einer Buchhandlung in
San Francisco, wo ich damals lebte, auf *Gesundheit für
Körper und Seele*. Ich kaufte das Buch … und besitze die-
ses inzwischen vom vielen Gebrauch abgenutzte Exem-
plar immer noch.

Mit Louise konnte ich mich auf Anhieb identifizieren:
Auch ich bin alleinstehend. Ich wuchs mit der Christlichen
Wissenschaft auf, aber sie sagte mir nicht wirklich zu.
1983 begann ich mit der Transzendentalen Meditation

und studierte bald darauf das Neue Denken. Im Lauf der Jahre habe ich so viele Bücher, Kassetten und CDs von Louise gekauft, dass Hay House mir eines Tages eine in weißes Leder gebundene Sonderausgabe von *Gesundheit für Körper und Seele* schenkte. Sie gehört zu meinen ganz besonderen Schätzen.

Louises Arbeit hat mich immer wieder enorm inspiriert. Da war zum Beispiel ein Erlebnis im Jahr 1988. Damals hatte ich das deutliche Gefühl, dass mit meiner Gesundheit ernstlich etwas nicht stimmte. Zwei Ärzte diagnostizierten bei mir unabhängig voneinander Gebärmutterhalskrebs. Ich behielt die Sache weitgehend für mich und beschloss einfach, das Optimum Health Institute (OHI) in San Diego aufzusuchen, das, wie ich wusste, von Louise sehr geschätzt wird. Ein paar Monate zuvor war ich nach Mendocino umgezogen, wo ich mir meinen sehnlichen Wunsch erfüllte, Jazzklavier zu spielen. Die Behandlung im OHI dauerte zwei Wochen. Der wirkliche Heilbalsam war eine von Louises frühen Audiokassetten (eine Freundin hatte sie für mich überspielt, sodass ich nicht einmal den Titel kenne). Louises beruhigende Stimme half mir, mich während der OHI-Behandlungen zu entspannen. Ich bin sicher, dass die Wahrheit von Louises Worten, die ich regelrecht absorbierte, einen wesentlichen Beitrag zu meiner Heilung leistete.

Ich wusste, dass ich geheilt war, als ich das OHI verließ. Mehrere Monate später ging ich zu einem Arzt, um mich untersuchen zu lassen. Er fand keinerlei Spuren von Krebs oder anderen Krankheiten, und seither bin ich gesund.

Danke, Louise, dass Sie mir hier die Gelegenheit geben, meine Geschichte an andere weiterzugeben. Ich sende Ihnen ganz viel Liebe!

* * *

Wie ich meinen »Mist« an die Oberfläche brachte

von Renee, Trainerin für Somato Respiratory Integration (SRI), New York

Vor zehn Jahren brachte ich im Krankenhaus meine zweite Tochter zur Welt. Am Tag nach der Geburt entdeckte ich an meinem Hals eine golfballgroße Schwellung. Um eine lange Geschichte kurz zu machen: Es stellte sich heraus, dass es sich um Schilddrüsenkrebs handelte. Die Ärzte wollten unverzüglich operieren, und daran sollten sich Chemotherapie und Bestrahlungen anschließen. Gott sei Dank sagte ich: »Nein, ich möchte mit meinem Kind nach Hause.«

Ich befand mich in einem völligen Schockzustand und betete zu allem, sogar zu meinen Pflanzen, in der Hoffnung, Antworten zu erhalten. Ich ging in die Buchhandlung, um mich über die Optionen zu informieren, die es für mich gab. Eine Operation kam nicht infrage, denn dann hätte ich mein Kind nicht mehr stillen können.

Louises Buch *Gesundheit für Körper und Seele* weckte meine Aufmerksamkeit. Es sprach direkt zu meiner Seele. Dank dieses Buches verbrachte ich unzählige Stunden mit Affirmationen und tiefer Atmung und ich weinte viele Tränen. Mein seelischer »Mist« kam an die Oberfläche, damit ich mich bewusst mit ihm auseinandersetzte und eine Heilung möglich wurde.

Das betraf auch das Rheuma, das mir seit meinem dritten Lebensjahr zu schaffen machte. Anfangs hatte ich das Gefühl, knietief durch all die Probleme meiner Vergangenheit zu waten, aber manche Dinge müssen zunächst schlimmer werden, ehe sie sich bessern können!

Es ist mir tatsächlich gelungen, mich selbst zu heilen, ohne Medikamente und Operationen, doch ohne Louise

Hay hätte ich das nicht geschafft. Ich sage allen Leuten, dass *Gesundheit für Körper und Seele* das Buch ist, das ich auf eine einsame Insel mitnehmen würde. Eines Tages werde ich Louise in die Augen blicken und versuchen, ihr etwas von dem Guten zurückzugeben, das sie mir geschenkt hat. Mein Herz ist von Zuneigung zu dieser bemerkenswerten Frau erfüllt.

* * *

Wider alle medizinischen Statistiken
von Sue, Vertriebsleiterin, Texas

Ich bin heil an Körper, Geist und Seele ... ALLES ist gut in meiner Welt!

Diese Affirmation von Louise Hay ist seit 1999 mein Mantra und meine »Rettungsleine«. Sie ist mir in Fleisch und Blut übergegangen und klebt auf meinem Badezimmerspiegel. Am 31. August jenes Jahres wurde bei mir ein multiples Myelom, eine Krebserkrankung des Knochenmarks, diagnostiziert. Man sagte mir, es sei unheilbar, lasse sich aber behandeln und für eine gewisse Zeit in Schach halten. Ich beschloss, dass dies nicht meine Realität sein würde!

In der Woche nach der Diagnose kaufte eine Freundin für mich Louise Hays Audiokassetten zu *Gesundheit für Körper und Seele*. Ich hörte sie mir immer wieder an, und nach wenigen Wochen begann Louises eindrucksvolle Botschaft in mir eine tiefe Veränderung auszulösen. Ich wusste, dass ich überleben würde, denn ich war nun zutiefst überzeugt, *heil an Körper, Geist und Seele zu sein*. Ich wusste und fühlte: *ALLES ist gut in meiner Welt!*

Während meiner Lebensreise in den folgenden Jahren habe ich mir diese Wahrheit immer wieder vergegenwärtigt, die Affirmation laut oder in Gedanken wiederholt.

Die Buchversion von *Gesundheit für Körper und Seele* wurde für mich zu meinem persönlichen Führer. *Heile deinen Körper*, *Gesundheit für Körper und Seele von A-Z* und Louises Kartenset *Du kannst es!* haben einen festen Platz auf meinem Nachttisch!

Ohne Frage haben Louises positive Affirmationen und die Inspiration, die sie mir schenkte, mir eine enorme Kraft verliehen und mein Leben ganz neu in Schwung gebracht. Dass wirklich ein Wunder geschehen war, bestätigte mir mein Onkologe am 9. Juli 2008. »Sue«, sagte er zu mir, »es ist unglaublich und widerspricht allen medizinischen Statistiken, aber Sie sind geheilt. Das Myelom ist völlig verschwunden! Sie sind ein medizinisches Wunder!«

In meinem Herzen weiß ich, dass mein unerschütterlicher Glaube an Gott und meine positive Lebenseinstellung, die ich Louise Hay verdanke, die Gründe dafür sind, dass ich heute eine sehr glückliche und gesunde Frau bin.

Louise, ich stehe für immer in Ihrer Schuld und danke Ihnen für Ihr unaufhörliches Bestreben, Menschen wie mir zu helfen.

* * *

Ich habe ein wundervolles Leben manifestiert!
von Iwona, Fotografin, England

Zwei Jahre lang litt ich unter regelmäßig wiederkehrendem Genitalherpes. Er brach alle paar Monate aus. Die Behandlung bestand jedes Mal aus einem Besuch im Krankenhaus und einer Ladung Antibiotika. Es dauerte dann immer etwa eine Woche, bis die Sache wieder abheilte.

Als ich eines Tages wieder eine Herpesattacke nahen fühlte, beschloss ich, Louise Hays Philosophie auf mein

Problem anzuwenden. Ich las schon seit ein paar Jahren ihre Bücher, und nun wurde mir klar, dass das einfach nicht zusammenpasste: Antibiotika zu schlucken und mir andererseits vorzustellen, mein Geist wäre in der Lage, Gesundheit und Wohlergehen zu manifestieren.

Ich erkannte, dass ich endlich in die Tiefe gehen und meine alten seelischen Muster aufdecken musste. Als junge Erwachsene hatte ich meine Geschlechtsorgane abgelehnt. Nun rief ich mir ins Gedächtnis, dass ich damals meine Genitalien für hässlich und peinlich gehalten hatte. Ich mochte sie nicht berühren, ja sie noch nicht einmal anschauen. Während meiner Periode benutzte ich niemals Tampons, weil ich mir nicht vorstellen konnte, etwas in meine Vagina hereinzulassen. Und natürlich erschien mir Sex völlig undenkbar.

Als ich 20 wurde, änderte sich das ein wenig, denn nun fand ich, dass es Zeit war, »erwachsen« zu werden. Im Rückblick wurde mir jedoch klar, wie ich durch diese negative Einstellung zu meinen Genitalien den Herpes selbst erschaffen hatte, der sich dann einige Jahre später manifestierte.

Mit großer Hoffnung und dem freudigen Gefühl, dieses Problem überwinden zu können, begann ich meine innere Arbeit an den negativen Mustern. Ich sprach nicht mehr von *Schmerzen*, sondern neutral von *Empfindungen*. Ich wollte der Illusion der Krankheit keine Macht mehr zugestehen. Ich benutzte die Affirmation gegen Herpes aus Louises Buch *Gesundheit für Körper und Seele*. Sie wurde mein Mantra.

Ich wiederholte sie möglichst oft, mit dem festen Glauben, bereits geheilt zu sein. Ich visualisierte meine Geschlechtsorgane als gesund und strahlend vor natürlicher Schönheit. Ich tat mein Bestes, um eine Atmosphäre des Wohlseins und der Wertschätzung für meine wunderschönen Genitalien zu erzeugen, und bald hatte ich das deutliche Gefühl einer sich sehr schnell manifestierenden Heilung.

Nach nur vier Tagen dieser Heilungsarbeit hatte ich einen erstaunlichen Traum. Darin ging ich ins Krankenhaus, um feststellen zu lassen, ob mein Herpes verschwunden war, während ich intuitiv aber bereits wusste, dass dem so war. Die Ärztin untersuchte mich und sagte: »Die Wirkung von Louises Affirmationen und Ihrer anderen geistigen Arbeit ist klar zu sehen. Alles sieht bestens aus, und Sie sind vollständig geheilt!«

Ich erwachte mit dem kribbelnden Gefühl, dass sich soeben ein gewaltiges Wunder ereignet hatte. Mein Traum hatte mir klar übermittelt, dass ich geheilt war. Und das hatte ich allein mit der Kraft meines Geistes geschafft, ohne Antibiotika! Dieses Erlebnis erfüllte mich mit einem unerschütterlichen Glauben an die geistige Arbeit. Wir können unsere äußere Welt erschaffen, indem wir uns nach innen wenden. Jeder Mensch verfügt über das Potenzial, ein wundervolles Leben zu manifestieren, das erfüllt ist von Liebe und Magie.

Seitdem sind Jahre vergangen, und der Herpes kehrte nie zurück. Ich bin völlig geheilt – dank Louise!

* * *

Liebe heilt
von Jodie Kristine, Gebäudesachverständige, Kalifornien

Im Jahr 1987, damals war ich 24, wurde bei mir Morbus Crohn diagnostiziert. Obwohl ich meine Medikamente nahm, hatte ich schreckliche Schmerzen. 1989 hatte sich mein Zustand so sehr verschlechtert, dass mein Arzt mich mit Kortison behandeln wollte und mir in Aussicht stellte, dass ich wahrscheinlich operiert werden müsste, um einen Teil meines Darms zu entfernen. Es machte mich so krank, krank zu sein – und doch wusste ich, dass ich mich nicht operieren lassen wollte. Das wäre nur ein Herumdoktern an den Symptomen gewesen. Eine echte Heilung hätte es nicht gebracht. Ich beschloss, selbst eine Heilmethode zu finden, und begann zu beten.

Eine Freundin lud mich ein, mit ihr eine Veranstaltung im Circle Start Theater in San Carlos, Kalifornien, zu besuchen. Dort begegnete ich zum ersten Mal Louise Hay. Dadurch veränderte sich mein Leben … Ich entdeckte, dass Liebe heilt.

Ich begann mit täglichen Affirmationen vor dem Spiegel. Immer wieder sagte ich zu mir: *Ich akzeptiere und wertschätze mich.*

Heute bin ich ein Wunder: Mit 45 Jahren lebe ich frei von Medikamenten, und es geht mir besser als vor 20 Jahren. Alle zwei Jahre lasse ich eine Darmspiegelung machen, und bei jeder Untersuchung zeigt sich, dass eine dauerhafte Heilung stattgefunden hat.

Danke, Louise, dass es Sie gibt und dass Sie Ihr Wissen an andere weitergeben. Dadurch haben Sie es mir ermöglicht, mein Leben zu heilen. Zu Hause auf meinem Schreibtisch steht ein Foto von Ihnen. Es erinnert mich täglich daran, meine Arbeit zu tun und dankbar zu sein. Im vergangenen November haben mein Mann und ich Sie in Los Angeles gesehen – was für eine Freude nach all den Jahren! Ich sende Ihnen Liebe und Segen.

* * *

Mein wunderbarer Weg

von Gayle, examinierte Krankenschwester,
Massagetherapeutin, makrobiotische
Ernährungsberaterin und Köchin, Florida

1970 war ich ein 14-jähriger Freigeist. Die Welt war wunderschön, es war die Zeit von Frieden und Liebe, der Beginn des Wassermannzeitalters. Ich wurde Vegetarierin, praktizierte Yoga und folgte mit großer Freude diesem Pfad. 1978 machte ich meinen Collegeabschluss und anschließend fand ich liebevolle Aufnahme in einem Yogazentrum. Die Leiterin des Zentrums wurde für mich die bedingungslos liebende Mutter, nach der ich mich immer gesehnt hatte. Ich nannte sie »Swami Mami«, und sie war mein Ein und Alles. Ich wäre gerne für immer bei ihr geblieben, aber das Leben führte mich in eine andere Richtung. Mein Interesse an gesunder Ernährung brachte mich in Kontakt mit der Welt der Medizin, und ich erlernte den Beruf der Krankenschwester. Tag für Tag erlebte ich Chirurgie, Medikamentenverabreichung, Krankheiten, die eigentlich niemand je zu Gesicht bekommen dürfte, und Tod. Bald hatte ich das Gefühl, völlig von meinem Weg abgekommen zu sein!

Der immer sehnlicher werdende Wunsch, meine Yogalehrerin wiederzusehen, brachte mich schließlich 1994 zu ihr zurück. Zu meiner Freude florierte ihr Yogazentrum. Ich erinnerte mich an die schöne Zeit, die ich als junge Frau dort verbracht hatte, und widmete mich wieder ganz dem Yogapfad.

Dann, am 9. November 1996, starb meine Swami Mami ganz plötzlich. Die Liebe und Zuneigung, die sie mir geschenkt hatte, waren nicht mehr. Es fühlte sich an, als müsse mir das Herz zerspringen. Ich litt unter fürchterlichen Rückenschmerzen, und mir war, als sei mein Körper ganz und gar zerschmettert. Bald darauf entdeckte ich einen Knoten in meiner Brust. Es stellte sich heraus, dass ich an Brustkrebs erkrankt war, der sich bereits auf zwölf Lymphknoten ausgebreitet hatte. Medizinisch bedeutete das mein Todesurteil – die Ärzte sagten mir, dass ich nur noch sechs Monate bis höchstens ein Jahr zu leben hatte.

Doch meine Swami Mami hatte mir ein Geschenk hinterlassen: einen ihrer Yogaschüler, der in einem Zelt auf dem Gelände ihres Zentrums lebte. Dieser wundervolle Mann besaß nur wenig, aber zu seinen wenigen Besitztümern gehörte eine zerschlissene Taschenbuchausgabe von *Heile deinen Körper*. »Das musst du unbedingt lesen«, sagte er zu mir. Also las ich Louise Hays Buch.

Ich habe gehört, dass ein Lehrer dich auf Anhieb erreichen kann, wenn seine Worte in dir Resonanz finden, und dass Heilung von einem Augenblick zum anderen geschehen kann. Ich glaube, genau das geschah mit mir an dem Tag, als ich Louises Buch aufschlug. *Mein Rücken. Meine Brust. Krebs.* Louise zeigte mir die Ursachen für alle meine Probleme auf. Ich arbeitete mit den Affirmationen, die sie empfahl. Ich las die Geschichte ihrer eigenen Krebsheilung. Und ich glaubte daran, dass auch ich wieder gesund werden konnte, so wie Louise.

Seit jenem Tag im Jahr 1996, als dieser wunderbare Mann (dessen Ehefrau ich inzwischen bin) mir *Heile deinen Körper* gab, habe ich viele brandneue, glänzende Bücher von Louise Hay in Händen gehalten, aber dieses alte, von Klebestreifen zusammengehaltene Exemplar, das wir immer noch häufig benutzen, würde ich niemals hergeben. Jetzt, im Jahr 2009, lebe ich immer noch und bin wunderbar gesund. Ich danke Louise Hay jeden Tag dafür, dass sie jenes Buch schrieb, mit dessen Hilfe ich lernte, mich selbst zu heilen.

* * *

Das magische Buch

von Maria Isabel, Verkaufsleiterin, Ecuador

Im Mai 2006 wurde bei mir Brustkrebs festgestellt. Das war eine schwere Zeit, und ich wusste nicht, was ich tun sollte. Meine Schwägerin schenkte mir das Buch *Wahre Kraft kommt von Innen* von Louise Hay, und was ich da las, erschien mir wie Zauberei. Als die medizinische Behandlung begann, erinnerte ich mich genau an alles, was ich gelesen hatte, und praktizierte alles, was Louise empfahl. Die Behandlung verlief ohne Probleme – alles war in Ordnung, und ich erholte mich rasch. Ich weiß, dass die meisten Menschen, die an Krebs erkranken, wohl kaum sagen würden, dies wäre eine Gelegenheit, die unglaublichen Chancen und Möglichkeiten des Lebens ganz neu für sich zu entdecken. Aber genau so empfand ich es, und alles entfaltete sich auf wunderbare Weise.

Zu dem Zeitpunkt, als die Krebsbehandlung begann, renovierte ich außerdem mein Haus und arbeitete weiterhin in meinem Beruf (ich arbeite in einer Blumenzucht, die eine Stunde von meinem Wohnort entfernt liegt). Ich setzte meinen Alltag fort und lebte weiter mein Leben. Ich war sicher, dass sich alles auf richtige Weise entfalten würde, dass ich gesund werden und ein wunderbares Leben führen würde … und genau so kam es! Es haben sich mir viele neue Chancen eröffnet, und ich bin sicher, dass ich ein langes, glückliches Leben führen werde. Ja!

Ich bin sicher, dass Gott Louise Hays Buch in meine Hände gelegt hat, und ich bin Ihm (und ihr!) unendlich dankbar.

* * *

Vollkommene Heilung in jeder Hinsicht

von Jaimi, Massagetherapeutin, Kalifornien

Während des Frühlings und Sommers 2006 flammte meine Colitis ulcerosa, eine chronisch-entzündliche Darmerkrankung, wieder auf. Ich ging zu mehreren Ärzten, doch keiner von ihnen konnte mir helfen. Also hielt ich mich von Mai bis Juli fast nur zu Hause auf aus Angst, es nicht rechtzeitig bis zur nächsten Toilette zu schaffen – denn das war mir in der Vergangenheit leider schon passiert, wofür ich mich damals sehr geschämt hatte. Ich war Sklavin der Toilette. Ich wusste nie vorher, wann mich der Durchfall ereilte, aber wenn es geschah, setzte mich das für Stunden außer Gefecht. Manchmal waren die Schmerzen so schlimm, dass ich auf dem Bett lag und wünschte, ich wäre tot. Meine Kinder wurden damals gerade selbstständig und gingen verstärkt ihre eigenen Wege. Im Rückblick denke ich, dass das eine gute Sache war, aber damals steigerte es mein Gefühl der Hilflosigkeit zusätzlich.

Eines Tages wagte ich mich für ein paar Minuten aus dem Haus, um mit meinen Hunden um den Block zu gehen. Dabei erzählte mir eine Nachbarin von Louise Hay und ihrem Buch *Gesundheit für Körper und Seele*. Sie sagte, die Ideen, die Louise darin präsentierte, würden für mich vielleicht etwas schwer zu schlucken sein, aber wenn ich bereit wäre, an mir zu arbeiten, würde ich wieder gesund werden. Da ich mich immer schon für einen spirituellen Menschen gehalten hatte, glaubte ich, mich dieser Herausforderung stellen zu können.

Als ich dann *Gesundheit für Körper und Seele* gelesen und die darin empfohlenen Übungen gemacht hatte, kam es bei mir zu einer vollständigen Heilung, die jetzt schon Jahre anhält. Ja, der Weg war anfangs nicht leicht, aber ich würde ihn jederzeit wieder beschreiten. Mein Leben und meine Ansichten über das Leben haben sich völlig gewandelt. Und ich habe meine Reise in diese Richtung auch danach fortgesetzt: Ich habe spirituelle Therapeuten aufgesucht, mich mit Akupunktur und Schamanismus beschäftigt. Ich habe Bücher von Doreen Virtue, Brandon Bays und anderen spirituellen Autoren gelesen.

Ich bin so dankbar für alles, was ich über mich selbst gelernt habe. Und ich lerne auch weiterhin. Ich habe nicht nur mein eigenes Leben verändert, sondern dieser Entwicklungsprozess hat auch den Menschen in meiner Umgebung geholfen. Ich bin heute ein besserer Mensch, und ich danke Gott und dem Universum dafür, dass ich diese Erfahrung machen durfte. Heute wertschätze ich alle Dinge, alle Menschen und jeden Tag meines Lebens.

Ich empfinde so viel Dankbarkeit dem Universum gegenüber, aber ein ganz besonderes Dankeschön geht an Louise Hay! Mögen alle ihre Tage gesegnet sein. Sie ist mein Guru. Ich glaube, ihr verdanke ich es, dass ich heute so bin, wie ich bin: geheilt, gesund, dankbar und glücklich! Danke, Louise, aus vollem Herzen – und aus meinem gesunden Darm!

* * *

Vom Krebs geheilt und in jeder Hinsicht gesegnet
von Lin, Sprachtrainerin, New Jersey

Es ist nur ein Gedanke, und Gedanken kann man verändern. Das wurde vor 15 Jahren meine mich ständig begleitende Affirmation, als ich herausfand, dass ich an Brustkrebs erkrankt war.

Während ich an meiner Examensarbeit zum Thema Geist-Körper-Verbindung schrieb, entdeckte ich in einer

Buchhandlung Louise Hays Werke. Besonders hingezogen fühlte ich mich zum Buch und dem Audioprogramm *Gesundheit für Körper und Seele*. Dadurch wurden fast augenblicklich Wunder vollbracht, und sehr viel in meinem Leben fügte sich genau so, wie ich es brauchte.

Durch Krebs wird unser ganzes Leben durcheinandergewirbelt. Obwohl wir Winter hatten und es sehr kalt war, unternahm ich mit meinem Mann lange Spaziergänge, um meine negative Energie loszuwerden. Wenn wir nach Hause kamen, hörte ich Louises Kassette, um besser einschlafen zu können. Jedes Mal wenn ich nervös wurde und mir Sorgen machte, konzentrierte ich mich darauf, meine negativen Denkmuster durch positive zu ersetzen. Und ständig wiederholte ich meine Affirmationen.

Von mehreren Bekannten wurde mir ein Arzt empfohlen, der sich auf die Behandlung von Brustkrebs spezialisiert hatte. Ich rief meine Krankenversicherung an, und sie erklärten sich bereit, die Kosten für eine Behandlung durch ihn zu übernehmen, obwohl er bislang nicht zu ihren Vertragsärzten gehört hatte. Nun hatte ich das beruhigende Gefühl, dass mein Krebs erfolgreich behandelt werden würde. Ich entdeckte weitere positiv denkende Autoren wie Bernie Siegel und Quellen der Erkenntnis wie *Ein Kurs in Wundern*. So machte meine Heilung schon bald gute Fortschritte.

Inzwischen ist der Krebs vollständig geheilt. Ich bin sehr dankbar für das Fundament, das Louise Hay für mein neues Leben gelegt hat. Es haben sich viele neue Türen für mich geöffnet, und ich fühle mich in jeder Hinsicht gesegnet. Es ist wunderbar!

* * *

Lächeln und Wunder

von Nancy, keine Berufsangabe, Nevada

Meine Schwierigkeiten begannen schon im Mutterleib. Ich war ein so trauriges, schamgeplagtes kleines Mädchen, dass ich im Alter von 13 Jahren immer noch nicht wusste, wie man lächelt. In einer Zeitschrift las ich, dass es eine gute Sache wäre, die Menschen anzulächeln, denen man während des Tages begegnet.

Also stellte ich mich vor den Badezimmerspiegel, um mir anzuschauen, wie das aussah. Als ich es versuchte, spürte ich, wie die Muskeln in meinem Gesicht schmerzten – und ich sah eine unangenehme Grimasse.

Schockiert wollte ich von da an lernen, wie ein Fotomodell zu lächeln. Ich übte monatelang, ehe ich wagte, dieses neue Lächeln in der Öffentlichkeit auszuprobieren. Resultat war, dass ein älterer Mann mein Lächeln freundlich erwiderte. Ich war verblüfft. Dieses Erlebnis veränderte mein Leben.

Ein weiteres Ereignis, das mein Leben verändern sollte, trat ein, als ich 52 Jahre alt war. Ich erhielt eine niederschmetternde Diagnose: Brustkrebs. Die Ärzte wollten mir einen großen Teil meiner rechten Brust entfernen, woran sich eine Chemotherapie anschließen sollte, genau wie bei meiner Mutter (sie hatte diese Behandlung über sich ergehen lassen und war dennoch mit 54 an Brustkrebs gestorben). Am Tag, als die Operation stattfinden sollte, wachte ich auf, rief in der Klinik an und sagte den Termin ab. Zu meiner Überraschung sagte die Krankenschwester, die den Anruf entgegennahm: »Eine gute Entscheidung!«

Ich hatte keine Ahnung, was ich unternehmen sollte, um meinen Krebs zu heilen – aber das Universum wusste es. Wie zufällig begegneten mir Menschen, die mich mit alternativen Heilmethoden bekannt machten. Dann fand Louise Hays Buch *Gesundheit für Körper und Seele* seinen Weg zu mir. Aufgeregt las ich von Louises Krebsheilung. Ich fing an, ihre Lehren anzuwenden, zusammen mit den anderen Dingen, die ich inzwischen kennengelernt hatte. So heilte ich mich selbst, und nun sind schon seit sieben Jahren meine Mammografien ohne Befund.

Kürzlich bin ich Louise auf der *I Can Do It!*®-Konferenz in Las Vegas begegnet. Ich konnte ihr berichten, welche positive Wirkung ihre Bücher auf mein Leben hatten und haben. Ich erzählte Louise, dass ich die Prinzipien, die ich von ihr erlernte, an meine erwachsenen Kinder weitergegeben habe und welche außerordentlichen Resultate das zeitigt – mein ältester Sohn wünscht sich jedes Jahr einen von Louises Affirmationskalendern zu Weihnachten! Nicht alle Wunder sind gewaltig und berichtenswert. Oft sind es kleine Samen des Guten, ausgesät von jenen, die andere an ihren Segnungen teilhaben lassen möchten. Diese Samen trotzen den Stürmen des Lebens und wachsen zu starken Vorbildern heran, die andere Menschen inspirieren und ermutigen.

Als ich an jenem Tag mit Louise sprach, nahm sie meine Hände und fragte: »Wissen Sie, wie mächtig Sie sind?« Ich zögerte ein wenig. Dann sah ich die Reise, die hinter mir lag: von einem 13-jährigen Mädchen, das nicht lächeln konnte, zur reifen Frau, die »Nein!« zum Brustkrebs sagte und unbeirrbar fortfährt, Louises Samen des Guten zu pflanzen.

Ich schaute Louise mutig in die Augen, lächelte strahlend und sagte mit Nachdruck: »Ja, das weiß ich!«

* * *

*Heilungsarbeit
mit Louise*

Wenn bei Ihnen ein gesundheitliches Problem besteht, ist es wichtig, ärztlichen Rat einzuholen. Es ist aber auch wichtig, dass Sie die Wurzel der Krankheit in Ihrem Inneren aufdecken. Man kann eine Krankheit nicht völlig heilen, wenn man nur die körperlichen Symptome behandelt. Ihr Körper wird immer neue Krankheitssymptome manifestieren, solange Sie nicht die emotionalen und spirituellen Probleme heilen, die Ursache der Krankheit sind.

Die nachfolgenden Übungen werden Ihnen helfen, besser zu verstehen, wie Sie wirklich über Gesundheit denken. (Notieren Sie Ihre Antworten auf ein Blatt Papier oder in Ihr Notiz- oder Tagebuch.)

 Sich von Gesundheitsproblemen befreien

An einer wirklichen Heilung sind Körper, Geist und Seele beteiligt. Wenn wir eine Krankheit »kurieren«, ohne uns mit ihren emotionalen und spirituellen Hintergründen zu befassen, wird sie sich, davon bin ich überzeugt, früher oder später erneut manifestieren.

Sind Sie also bereit, das Bedürfnis hinter sich zu lassen, das zu Ihren gesundheitlichen Problemen beiträgt? Wenn Sie körperliche Beschwerden haben und daran etwas ändern wollen, besteht der erste Schritt darin, dies klar zu sagen. Sagen Sie: »*Ich bin bereit, mich von dem Bedürfnis in mir zu lösen, durch das dieses körperliche Symptom erschaffen wurde.*«

Sagen Sie es noch einmal. Sagen Sie es und schauen Sie dabei in den Spiegel.

Sagen Sie es jedes Mal, wenn Sie an Ihr Gesundheitsproblem denken. Das ist der erste Schritt, um eine Veränderung herbeizuführen.

 Die Rolle der Krankheit in Ihrem Leben

Vervollständigen Sie möglichst aufrichtig die folgenden Aussagen:

1. Ich mache mich krank, indem ich ...
2. Ich werde krank, um zu vermeiden, dass ...
3. Wenn ich krank werde, möchte ich immer ...
4. Wenn ich als Kind krank war, hat meine Mutter/mein Vater immer ...
5. Wenn ich krank bin, ist meine größte Angst ...

 Ihre Familiengeschichte

Nehmen Sie sich nun einen Moment Zeit für die folgende Übung:

1. Listen Sie alle Krankheiten Ihrer Mutter auf.
2. Listen Sie alle Krankheiten Ihres Vaters auf.
3. Listen Sie alle Ihre Krankheiten auf.
4. Erkennen Sie einen Zusammenhang?

Ihre Glaubenssätze zum Thema Krankheit

Nun wollen wir Ihre krankheitsbezogenen Glaubenssätze näher untersuchen:

1. Woran erinnern Sie sich bezüglich der Krankheiten, die Sie als Kind hatten?
2. Was haben Sie von Ihren Eltern zum Thema Krankheit gelernt?
3. Was, wenn überhaupt, gefiel Ihnen als Kind daran, krank zu sein?
4. Gibt es einen krankheitsbezogenen Glaubenssatz aus der Kindheit, dem Sie heute noch folgen?
5. Wie haben Sie selbst zu Ihrem Gesundheitszustand beigetragen?
6. Möchten Sie, dass Ihre körperliche Verfassung sich verändert? Was genau wünschen Sie sich diesbezüglich?

 ## Selbstwertgefühl und Gesundheit

Schauen wir uns an, wie es um Ihr Selbstwertgefühl im Hinblick auf Ihre Gesundheit bestellt ist. Beantworten Sie die folgenden Fragen. Sprechen Sie nach jeder Frage eine oder mehrere der nun folgenden positiven Affirmationen, um dem negativen Glaubenssatz entgegenzuwirken.

1. Glauben Sie, Gesundheit zu verdienen?
2. Was ist bezüglich Ihrer Gesundheit Ihre größte Angst?
3. Was »bringt« Ihnen dieser Glaubenssatz?
4. Was, fürchten Sie, wird geschehen, wenn Sie diesen Glaubenssatz aufgeben?

Affirmationen

- *Jeden Tag fühle ich mich besser und besser.*
- *Ich bin in jedem Alter schön und stark.*
- *Ich fühle mich wunderbar und strahle Gesundheit aus.*
- *Mein Körper heilt rasch.*
- *Ich bin erfüllt von Energie und Begeisterung.*
- *Meine liebevollen Gedanken halten mein Immunsystem stark und leistungsfähig. Ich bin innen und außen sicher und geborgen.*
- *Ich bin gesund und heil und von Freude erfüllt.*
- *Ich habe einen glücklichen, agilen Körper.*
- *Ich bin bereit, jenes Muster in meinem Bewusstsein aufzugeben, durch das diese Gesundheitsbeschwerden verursacht wurden.*
- *Ich wertschätze das Wunder meines Körpers.*
- *Ich liebe mich und bin sanft zu meinem Körper.*
- *Ich erhalte meinen Körper optimal gesund.*
- *Ich liebe das Leben und bin immer sicher und beschützt.*
- *Ich bin gesund, heil und vollkommen.*
- *Ich wende mich nach innen und löse das Muster auf, das hinter diesem Problem steht. Ich nehme die göttliche Heilung jetzt dankbar an.*
- *Ich fühle mich jederzeit wohl.*
- *Jede Hand, die mich berührt, ist eine heilende Hand und bringt nichts als Liebe zum Ausdruck.*
- *Meine Operation verläuft perfekt und problemlos.*
- *Mit jedem Atemzug werde ich gesünder und gesünder.*
- *Gute Gesundheit ist jetzt mein. Ich löse mich von der Vergangenheit.*

Gesundheitsbehandlung

Ich akzeptiere jetzt Gesundheit als meinen natürlichen Zustand. Ich löse mich jetzt bewusst von allen inneren Mustern, die sich negativ auf meine Gesundheit auswirken. Ich liebe und wertschätze mich. Ich liebe und wertschätze meinen Körper. Ich versorge ihn mit nahrhaften Speisen und Getränken. Ich verschaffe ihm gesunde Bewegung, die mir Freude macht. Ich erkenne an, dass mein Körper eine wunderbare, großartige Maschine ist, und empfinde es als Privileg, in ihm zu leben. Ich liebe es, immer über viel Energie zu verfügen. Alles ist gut in meiner Welt.

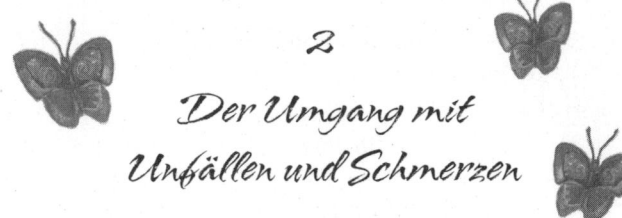

2
Der Umgang mit
Unfällen und Schmerzen

Schmerz kann in vielen verschiedenen Formen auftreten. Oft versuchen die Leute, sich vor ihm zu verstecken, in der Hoffnung, dass er wieder verschwindet oder sich mit Medikamenten unterdrücken lässt. Aber wenn Sie die Signale Ihres Körpers ignorieren, wird er umso heftiger Aufmerksamkeit einfordern – denn Ihr Körper bittet Sie um Hilfe.

Um die Gedanken und Glaubenssätze heilen zu können, die die wahre Quelle des Schmerzes sind, müssen Sie sich dem Schmerz stellen. Eine Möglichkeit, damit umzugehen, besteht darin, dass Sie Ihre Wahrnehmung der Situation verändern; machen Sie sich nicht länger zum Opfer!

Statt sich beispielsweise darauf zu konzentrieren, dass Ihr Handgelenk schmerzt, sollten Sie sich sagen, dass Sie gerade in Ihrem Handgelenk eine intensive *Empfindung* haben. Das kann Ihnen helfen, die unangenehme Erfahrung durchzustehen und sich gleichzeitig auf die Heilung Ihres Geistes und Ihrer Seele zu konzentrieren. Die Heilung des Schmerzes wird dann folgen.

Ich hoffe, die folgenden Heilungsgeschichten werden Ihnen als Inspiration dienen.

Zerschmetterter Körper, neu aufgebautes Leben

von Martez, Masseurin und Craniosacral-Therapeutin, Kanada

Während eines Florida-Urlaubs im Jahr 1987 hatte ich einen schweren Verkehrsunfall, durch den sich mein Leben von einem Augenblick zum anderen vollkommen veränderte. Bei der Frontalkollision zweier Autos erlitt ich schwerste Verletzungen: Mein rechter Oberschenkel und Fußknöchel waren gebrochen, am rechten Knie gab es vier Frakturen und ein durchtrenntes Band, meine Wirbelsäule war zweifach gebrochen, außerdem mehrere Rippen und das Brustbein. Und in meiner rechten Hand waren zwei Sehnen durchtrennt. Hinzu kamen ein schweres Schleudertrauma sowie Schürfwunden und zahlreiche Glassplitter in Händen, Armen und Beinen.

Vor dem Unfall war ich eine sehr aktive, unabhängige 24-Jährige gewesen, die als Modedesignerin arbeitete. Ich wusste sehr wenig über den Körper, außer wie man Bekleidung für ihn entwirft. Ich lebte ziemlich unbewusst und hatte das Gefühl, noch nicht wirklich meinen Weg gefunden zu haben. Nun lag ich plötzlich im Krankenhaus, und mir stand die erste von sieben Operationen bevor, die im Lauf der folgenden vier Jahre stattfinden sollten.

Kurz vor dem Unfall waren mir einige Bücher geschenkt worden – darunter Louise Hays »kleines blaues Buch« *Heile deinen Körper*. Während ich mich von meinen Verletzungen erholte, saugte ich förmlich in mich auf, was ich darin las. Ich lernte, dass ich durch die Veränderung meines Denkens mein Leben ändern kann. Ich erkannte, dass es auf dem langen Heilungsweg, der vor mir lag, von meinen Gedanken abhängen würde, wie gut meine Genesung voranschritt. Ich las von der Macht der Affirmationen und begann noch im Krankenhaus, mit ihnen zu arbeiten. Wieder und wieder bejahte ich: *Es geht mir jetzt von Tag zu Tag in jeder Hinsicht besser und besser. Ich werde immer kräftiger und gesünder.*

Nach zwei Wochen wurde ich aus dem Krankenhaus entlassen. Ich musste eine Arm- und eine Beinschiene tragen und saß im Rollstuhl. Allmählich machte ich Fortschritte, von zwei Krücken hin zu einem einzelnen Stock. Jahrelang war ich Stammgast bei Ärzten, Spezialisten, Therapeuten … und ihre Prognosen klangen wenig optimistisch.

Meine Affirmationen halfen mir, mit den so plötzlich entstandenen Veränderungen meines Körpers, meines Geistes und meiner Seele fertigzuwerden und mein Ziel nicht aus dem Blick zu verlieren. Es gab eine Operation, vor der ich besonders nervös war: ein Eingriff an der Ober- und Unterseite meiner rechten Hand. Bis zum letzten Augenblick vor der Narkose wiederholte ich diese Affirmation: *Ich erhole mich rasch und mit sehr wenig Schmerzen.* Und genau das geschah! Obwohl es sich um eine der kompliziertesten Operationen handelte, der ich mich unterziehen musste, hatte ich kaum Schmerzen, und die Heilung verlief sehr schnell.

Meine Heilung von den Unfallverletzungen machte weiterhin gute Fortschritte, und heute geht es mir sehr gut. Als Resultat aus meinen Erlebnissen beschloss ich, einen anderen Beruf zu erlernen. Ich ließ mich zur Masseurin und Craniosacral-Therapeutin ausbilden. Affirmationen sind fester Bestandteil meiner Arbeit, und ich vermittle meinen Klienten, wie ihre Gedanken sich auf ihr Leben und ihre Gesundheit auswirken. Diesen Beruf übe ich nun seit 16 Jahren aus.

Danke, Louise! Ich werde Ihnen ewig dankbar sein.

* * *

Heilung beginnt mit Selbstliebe

von Anne, ganzheitliche Fitnesstrainerin, Nevada

Aus Sicht der meisten Menschen wären die Jahre, die hinter mir liegen, wohl ein medizinischer Albtraum. Aber ich betrachte sie als eine Heilungsreise, durch die ich meine Lebensbestimmung entdeckte.

Es begann im Jahr 1992, als mir aufgrund einer Eileiterschwangerschaft der rechte Eileiter entfernt werden musste. Zwei Jahre danach musste ich mich erneut einem Eingriff unterziehen: Mit einer Bauchspiegelung sollte festgestellt werden, ob ich unfruchtbar geworden war. Leider bildete sich durch diesen Eingriff ein Verschluss im Dünndarm, weswegen ich für einen dritten Eingriff in den Operationssaal geschoben wurde. Der Arzt nahm eine Darmresektion vor, bei der mir 75 Zentimeter meines Dünndarms herausoperiert, der Darm kauterisiert und Narbengewebe von meinen Eileitern entfernt wurde. Ich lag drei Wochen auf der Intensivstation und wäre fast gestorben.

Als ich schließlich aus dem Krankenhaus entlassen wurde, wog ich nur noch 36 Kilo. Mein Darm war nicht richtig verheilt, sodass ich keine Nahrung mehr verdauen konnte. Dazu kamen noch schmerzhafte Menstruationskrämpfe, Blutungen, Durchfälle und Anämie. Ich war zum Skelett abgemagert, und die Haare fielen mir aus. Zwei Jahre lang war ich ans Bett gefesselt, allein, verängstigt und depressiv.

Die Ärzte sagten mir, ich hätte keine Aussicht, je Kinder zu bekommen. Und sie sagten, medizinisch könnten sie nichts mehr für mich tun. Ich war verzweifelt. Doch inmitten von Schmerz und Verwirrung stieß ich auf Louise Hays Buch *Gesundheit für Körper und Seele*. Als ich darin las, fühlte ich mich nicht länger hilflos und allein.

Täglich las ich Louises Affirmationen, und sie halfen mir durch Nächte voller endloser Schmerzen. Louises Botschaft war klar: *Wenn du bereit bist, deine Arbeit zu tun, lässt sich alles heilen – und die Heilung beginnt damit, dich selbst zu lieben.*

Inspiriert durch *Gesundheit für Körper und Seele*, traf ich mit 32 Jahren die bewusste Entscheidung, selbst die Verantwortung für meine Gesundheit zu übernehmen. Ich versuchte es mit einem alternativen Heilungsprogramm mit Akupunktur und Kräutern und ließ mich in einem Zentrum für ganzheitliche Gesundheit behandeln, wo Yoga, Tai-Chi, Qigong, Meditation, Visualisierungsübungen und Energieheilung bei einem Meisterheiler Bestandteile der Therapie waren. Dank positiven Denkens, Bewegungsübungen und einer speziellen Diät verschwanden meine Symptome nach nur gut zwei Monaten. Auch wurde ich erneut schwanger. Obwohl es sich wieder um eine Eileiterschwangerschaft handelte, zeigte sie mir doch, dass mein Körper gesundete. Es war ein Wunder, dass ich überhaupt wieder schwanger werden konnte.

Ich ließ mich in Sedona zur Energieheilerin und ganzheitlichen Fitnesslehrerin ausbilden. Dort verliebte ich mich in Mitch, meinen spirituellen Partner. Wir heirateten und adoptierten schließlich ein wundervolles Baby, Arianna. Sie ist für mich ein Geschenk Gottes.

In meinen Kursen greife ich immer wieder auf Louise Hays Buch *Heile deinen Körper* zurück und verwende täglich ihre Affirmationen. Ich bin der lebende Beweis für die Richtigkeit von Louises Lehren: Wenn wir uns selbst lieben und uns von einengenden Glaubenssätzen aus der Vergangenheit befreien, können wir uns von jeder Krankheit heilen.

* * *

Tanzen wie ein neuer Mensch

von Shira, Studentin, Israel

Vor ein paar Jahren beschloss ich, endlich meinen Traum zu verwirklichen und Tanz zu studieren. Mein erstes Jahr an einer professionellen Ballettschule war sehr aufregend – der Tag begann mit der Ballettklasse, und am Nachmittag war ich im Studio, tanzte und dehnte meinen Körper.

Vor dem Beginn des zweiten Ausbildungsjahres stellten sich bei mir Schmerzen im Lendenwirbelbereich ein. Als die Schmerzen immer schlimmer wurden, ging ich zum Arzt. Mit einer Röntgenaufnahme wurde ein Bandscheibenvorfall festgestellt, was ein großer Schock für mich war. Ich las im Internet alles darüber, was ich finden konnte, und erfuhr, dass ein Bandscheibenvorfall nicht heilbar ist. Er bleibt eine Schwachstelle, die man sein Leben lang behält. Selbst wenn man sich operieren lässt, kann man davon ausgehen, immer wieder schmerzhafte Beschwerden zu bekommen. Ich war zutiefst erschüttert. Die Erkenntnis, dass ich nie wieder würde tanzen können, machte mich unglaublich traurig.

Als es Zeit war, an die Tanzakademie zurückzukehren, versuchte ich, an den Kursen teilzunehmen, aber es ging nicht. Ich saß im Studio in der Ecke und fragte mich: Warum passiert ausgerechnet mir das? Ich ließ mich von einem Spezialisten mit besonderen Massagen behandeln, aber das brachte nicht viel. Ich lief verstört herum wie ein Gespenst, bis meine Freundin Adva ein ernstes Wort mit mir redete. Sie gab mir Louise Hays Buch *Gesundheit für Körper und Seele*, und ich musste versprechen, es auch wirklich zu lesen.

Eine Woche lang blieb ich zu Hause und nahm mir die Zeit, Louises Buch aufmerksam zu lesen und ihre Übungen zu praktizieren. Als ich mich zum ersten Mal vor den Spiegel stellte, um mir zu sagen, wie sehr ich mich liebte, konnte ich es nicht. Immer wenn ich affirmierte, dass ich bereit war, mich von allem zu lösen, was mich in diese Lage gebracht hatte, brach ich in Tränen aus. Aber ich blieb bei der Sache und befolgte Louises Ratschläge. Ich achtete ständig bewusst auf meine Gedanken. Ich fing an, mir selbst positive, ermutigende Briefe zu schreiben. 300-mal täglich sagte ich mir, dass ich mich sehr liebte. Ich meditierte. Ich versuchte zu vergeben. Ganz allmählich fasste ich neuen Mut und konnte wieder lächeln.

Kurz nachdem ich den in *Gesundheit für Körper und Seele* empfohlenen Übungsprozess durchlaufen hatte, sagte mein Arzt, dass er nun bei mir eine andere Art von Therapie versuchen wolle. Es war wie Zauberei: Eine Woche später war ich völlig schmerzfrei. Ich kehrte an die Tanzakademie zurück und tanzte, als wäre ich neugeboren. Ich hatte mich selbst geheilt!

Danke, Louise!

* * *

Wie ich meine eigene Heilerin wurde
von Dionne, Innendesignerin, Kalifornien

Louise Hay entdeckte ich 1994. Ich las *Gesundheit für Körper und Seele* mehrere Male hintereinander vom Anfang bis zum Ende, da ich die darin präsentierten Ideen als absolut revolutionär empfand. Zwar hatte ich schon von der Geist-Körper-Verbindung gehört, aber die Idee, dass ich mein Denken ändern und damit meine Gesundheit verbessern konnte, fand ich überaus aufregend und faszinierend.

In jener Zeit litt ich unter einem sehr schmerzhaften Karpaltunnelsyndrom in meinem rechten Handgelenk, das mich im Alltag stark beeinträchtigte. Da ich wusste, dass eine Operation bei dieser Erkrankung nur manchmal eine Besserung bringt, sagte ich mir, ich könnte Louises Affirmationen doch ruhig einmal ausprobieren. Schließlich hatte ich ja nichts zu verlieren. Ich wiederholte sie mehrere hundert Mal am Tag, wann immer ich einen Moment Ruhe hatte. Nach zwei Wochen waren die Schmerzen verschwunden, und ich konnte mein Handgelenk wieder normal gebrauchen. Die Beschwerden sind seitdem nie mehr aufgetreten.

Ich werde Louise ewig dankbar für die Erkenntnis sein, dass ich selbst meine beste Heilerin bin, und dafür, dass sie mir auf so liebevolle und inspirierende Weise den Weg gewiesen hat.

* * *

Der Ruck, den ich dringend benötigte
von Margaret, Yogatherapeutin und Seminarleiterin, Schweiz

Während ich Auto fuhr, hörte ich von hinten plötzlich lautes Scheppern und fühlte einen heftigen Ruck. *Oh, mein Gott! Was passiert da?* Mein Körper wurde mehrmals vor und zurück geworfen. Ein anderer Wagen war von hinten gegen meinen geprallt. In den folgenden Tagen quälten mich heftige Schmerzen, vor allem in Nacken und Schultern. Ich konnte nicht arbeiten, und so entging mir die Beförderung, für die ich eigentlich vorgesehen gewesen war. Ich sagte mir: *Mein Leben ist ruiniert.* Und weil ich das ständig wiederholte, manifestierte sich der Ruin tatsächlich in meinem Körper und in meinem Leben. Mein Körper sandte Hilferufe aus, und ich fühlte mich allein und war voller Selbstmitleid.

Doch dann begann allmählich meine Heilung und

Transformation. Ich veränderte mein Denken *und* mein Leben. Eine wichtige Rolle spielte dabei für mich die Lektüre von Louise Hays *Gesundheit für Körper und Seele*. Durch dieses Buch erkannte ich, dass es an mir selbst lag, wie ich mich fühlte und was ich dachte. Ich nahm an Entspannungskursen teil, und obgleich es mir anfangs schwerfiel, mich zu entspannen, gab ich nicht auf, denn ich wusste, wie wichtig das für mich war. Und irgendwann machte es klick, und die Entspannungsübungen fingen an, mir wirklich Freude zu machen.

Ich fing an, mich für Alternativmedizin zu interessieren, da ich die Vorzüge einer ganzheitlichen Heilweise selbst kennengelernt hatte. Ich erlernte die Amatsu-Therapie, um mehr über das herauszufinden, was mir persönlich so gut geholfen hatte. Anfangs hatte ich überhaupt nicht vor, den Beruf zu wechseln. Aber ich las viele Selbsthilfebücher und nahm an vielen Seminaren teil. Unter anderem besuchte ich die erste *I Can Do It!®*-Konferenz in Las Vegas. Ich meditierte und arbeitete viel mit Affirmationen. Ich sagte sie laut vor mich hin, sang sie und schrieb sie auf, während ich die ganze Zeit (manchmal ziemlich verzweifelt) versuchte, auf meine innere Weisheit zu hören. Ich stellte Listen mit den Dingen auf, für die ich dankbar war, bis es mir zur zweiten Natur geworden war, Wertschätzung zu zeigen. Und obwohl ich großen Wert auf meine Unabhängigkeit legte, bat ich bei der Gründung meines ersten eigenen Geschäfts um Hilfe. Beim Starten meiner neuen Projekte erwies sich die Spiegelarbeit als sehr wirkungsvoll.

Im Lauf der Jahre nahm mein Leben viele interessante Wendungen. Ich begann, Seminare für Persönlichkeitsentwicklung zu leiten, wurde Amatsu- und Craniosacral-Therapeutin und Yogalehrerin. Ich habe mir geschworen, mein Leben zu ehren und wertzuschätzen und meinem Herzen zu folgen. Und diesem Schwur bin ich treu geblieben. Immer wieder habe ich bejaht: *Mein Leben wird ständig besser und besser.* Und genau das hat sich für mich verwirklicht. Auch affirmierte ich: *Ich bin fitter, stärker und beweglicher als je zuvor in meinem Leben* ... und genau so ist es gekommen.

Heute wohne ich in der Schweiz in meinem Traumhaus mit meinem liebevollen und mich stets unterstützenden Lebenspartner, umgeben von hilfsbereiten Freunden und Nachbarn. Ich arbeite international daran, Menschen in Kontakt mit ihrer Lebenskraft zu bringen und ihnen zu helfen, das zu erschaffen, was sie sich für ihr Leben wünschen. Ich fühle mich auf vielfältige Weise gesegnet. Mein Autounfall hat mir jenen Anstoß versetzt, den ich benötigte – er entpuppte sich als das Geschenk, das mir half, Freude, Erfolg und Erfüllung zu finden.

* * *

Die Kraft ist in mir!
von Iraida, Rentnerin, Venezuela

Ende Januar 2004 ging meine Tochter Zoimar mit mir zu einem Gesundheitsseminar. Eine der Seminarleiterinnen fragte mich: »Warum sind Sie gekommen?« Ich antwortete, dass ich mich von meinen Kopfschmerzen befreien wollte. »Das werden wir erreichen«, sagte sie. In dem Seminar wurden uns viele Bücher empfohlen. Eines von ihnen war *Gesundheit für Körper und Seele* von Louise Hay.

Eine Freundin lieh mir ihr Exemplar, und als ich einmal zu lesen angefangen hatte, konnte ich gar nicht mehr aufhören. Ich las das Buch in nur fünf Tagen, obwohl ich keine eifrige Leserin bin. Ich arbeitete die ganze Zeit mit den Affirmationen und genoss das gute Gefühl sehr, das sich dadurch bei mir einstellte. Zu meinem Geburtstag in jenem Jahr schenkte mir meine Tochter mein eigenes Exemplar des Buches zusammen mit *Heile deinen Körper*. Darüber war ich sehr froh und dankbar.

Mein Interesse an Louise wurde umso größer, sodass ich auch noch *Wahre Kraft kommt von Innen* und *Die Kraft einer Frau* kaufte. Mein Leben veränderte sich spürbar. Zum Beispiel hatte ich wegen meiner Kopfschmerzen häufig zu Tabletten gegriffen. Doch die brauche ich nun nicht mehr. Stattdessen verwende ich sehr gerne die Affirmationen *Ich liebe und wertschätze mich* und *Meine Kraft ist in mir*.

Ich danke Gott, dass er es mir ermöglichte, all diese wunderbaren Dinge zu lernen. Und ich danke Louise für ihr Wissen. Ich bewundere sie sehr und hoffe, dass sie ihre positiven Gedanken noch lange an möglichst viele Menschen weitergeben wird. Gott segne sie.

* * *

Der wundervolle Strom des Guten
von Saari, Lebensberaterin,
Trinidad und Tobago

Als ich im Juni 2000 eine Freundin besuchte, sah ich bei ihr ein leuchtend buntes Buch auf dem Tisch liegen: *Gesundheit für Körper und Seele* von Louise Hay. Ich hatte noch nie von Louise gehört, aber mir gefiel der Buchumschlag, und ich bat, es mir ausleihen zu dürfen. Ich blätterte darin und las hier und da einige Abschnitte. Besonders faszinierte mich »die Liste«, in der ein Bezug zwischen körperlichen Beschwerden und deren wahrscheinlichen psychischen Ursachen hergestellt und dann »ein neues Gedankenmuster« vorgeschlagen wurde.

Diese Liste sollte sich später in jenem Jahr als Rettungsanker für mich erweisen.

Im Dezember musste ich für einen »einfachen Routine-eingriff« ins Krankenhaus, bei dem mir eine Zyste am linken Eierstock entfernt werden sollte. Als ich acht Stunden später aus der Anästhesie erwachte, hatte ich schreckliche Schmerzen. Als mein Bauch nach einer Woche immer noch stark geschwollen war, wurde mir klar, dass etwas ganz und gar nicht stimmte. Immer wieder musste ich mich erbrechen, so heftig, dass ich davon Blutungen an der Speiseröhre bekam. Und ich hatte quälende Schmerzen in meiner linken Seite. In der Notaufnahme wurde dann festgestellt, dass ich an einer Nierenbeckenentzündung litt.

Nach wochenlangen Sorgen und Schmerzen stellte sich schließlich heraus, dass der Laser, den man benutzt hatte, um die Zyste zu entfernen, wegen eines »Fehlschusses« erhebliche Schäden an meinen inneren Organen verursacht hatte. Meine Blase war durchlöchert, eine Niere geschädigt und der nicht mehr normal abfließende Urin hatte sich in meiner Vagina und meinen Eingeweiden ausgebreitet. Wegen eines fast komplett durchtrennten Harnleiters war der Urin in meine Bauchhöhle eingedrungen und hatte eine Blutvergiftung hervorgerufen. Die folgenden Wochen waren ein Albtraum aus Urinbeuteln, Krämpfen, Pethidin, Morphium, Kodein, Darmverschlingungen, intravenösen Pyelogrammen (Röntgenbildern des Nierenbeckens), CT-Scans, Stents und weiteren chirurgischen Eingriffen.

Es stand im Raum, dass mir die Gebärmutter entfernt werden und ich möglicherweise mit einem künstlichen Darmausgang leben musste. Ich versank in tiefe Verzweiflung. In bizarren Träumen sah ich meine verstorbene Mutter, meine Geistführer und sogar den Erzengel Raphael. Tränen und Gebete waren mein Trost, während ich mich gewissermaßen in einer Nanosekunden-Welt befand und mein Leben am seidenen Faden hing.

Doch dann stellte sich inmitten dieser Notlage eine Empfindung ein, als wären um mich herum Energie und Zeit zum Stillstand gekommen. Ich konnte sehen, wie sich im Universum alles in absoluter Vollkommenheit als ein wunderbarer Strom des Guten entfaltete.

Ich erkannte, dass alle Menschen, die bei meiner Heilung eine wichtige Rolle spielen würden, bereits präsent waren, wozu auch meine Freunde und meine Familie gehörten, die mir eine große Stütze waren und mir Kraft gaben. Da war das geduldige, freundliche Pflegepersonal, die Ärzte, die sich außergewöhnlich um mich bemühten. Sie alle schienen zu spüren, dass sie Teil von etwas Größerem waren und daran mitwirkten, ein Wunder möglich zu machen.

Nachdem ich diese dunkelste Phase überstanden hatte, erinnerte ich mich an Louise Hays »Liste« und las wieder in ihrem Buch. Dadurch begriff ich, welche Verbindung zwischen meiner körperlichen Krise und meinen Gedanken bestand, und ich traf die bewusste Entscheidung, mich selbst zu heilen … und so geschah es dann auch.

Ich entschied mich dafür, meinen Körper zu heilen und zu erneuern, sodass er wieder normal funktionieren konnte. Ich entschied mich dafür, wieder zu lächeln und zu lachen. Ich entschied mich für ein Leben ohne Stents und Urinbeutel. Ich entschied mich dafür, meine Lektion zu lernen und mich weiterzuentwickeln. Und ich entschied mich dafür, allen Menschen und auch mir selbst zu vergeben. Heute, viele Jahre später, bin ich wirklich gesund und glücklich!

* * *

Ich wählte ein freudiges, vorwärtsgewandtes Leben

von Bethany, Autorin, Florida

Im Sommer 2006 befand ich mich an einem absoluten Tiefpunkt. Ich lebte in völliger Isolation und steckte in einer Beziehung fest, in der körperlicher und emotionaler Missbrauch an der Tagesordnung waren. Ich war damals körperlich und seelisch völlig am Ende. Meine Fibromyalgie, eine chronische Schmerzkrankheit mit Schmerzen am ganzen Körper, war so schlimm geworden, dass ich kaum noch laufen konnte. Ich lag die meiste Zeit im Bett und grübelte darüber nach, was in meinem Leben schiefgelaufen war.

Wenn der Mann, der mich misshandelte, zu Hause war, dachte ich darüber nach, wie ich ihn von seinem Verhalten abbringen konnte, aber ich fand keine Lösung. Ich fürchtete, dass es dafür längst viel zu spät war, und das machte mir Angst. Ich erinnere mich noch, dass es mir eines Nachts so schlecht ging, dass ich mich fragte: Willst du sterben oder weiterleben? Ich entschied mich für das Leben.

Am nächsten Tag, als hätte Gott in mein Leben eingegriffen, geriet mir wie zufällig ein Exemplar von *Gesundheit für Körper und Seele* in die Hände. Als ich darin las, war mir, als würde in meinem Herzen ein Funke entzündet. Als ich von der Kraft der Affirmationen las, wollte ich sofort damit beginnen, mein Leben zu heilen. Von da an arbeitete ich täglich mit den Affirmationen. Immer wieder sagte ich zu mir: *Ich liebe mich. Mein Körper wird jetzt gesund. Ich vergebe mir und anderen. Ich vertraue dem Leben.*

Nach und nach gelang es mir, der Gewalt in meiner Beziehung ein Ende zu setzen, und schließlich verließ ich diesen Mann. Ich spürte, dass es endlich an der Zeit war, etwas Schönes in meinem Leben zu erschaffen. Ich hatte große Träume, und ich erhielt ein großartiges Stellenangebot aus Kalifornien – das Einzige, was mir dabei im Weg stand, waren meine Knie. Zwar hatte sich mein Gesundheitszustand gebessert, doch meine Kniegelenke waren noch nicht geheilt, sodass mir das Gehen noch sehr schwerfiel.

Ich verspürte den Impuls, erneut Louises Buch zur Hand zu nehmen und die Seite aufzuschlagen, wo von den Knien die Rede ist. Ich las, dass Kniebeschwerden für mangelnde Flexibilität stehen. Da wurde mir klar, dass ich mich gegen Veränderungen sträubte, weil ich Angst davor hatte, vorwärts zu gehen. *Kein Wunder*, dachte ich, dass jeder Schritt, den ich unternommen habe, mich irgendwohin führte, wo ich eigentlich gar nicht hinwollte. An jenem Tag bejahte ich immer wieder: *Ich bin beweglich und fließe leicht und mühelos mit dem Leben.* Am nächsten Tag wachte ich auf, ging mit meinem Rollator nach draußen auf den Bürgersteig und war zum ersten Mal seit langer Zeit in der Lage, ein wenig zu joggen. Nennen Sie es Gott oder Zufall, ganz wie Sie wollen. Ich nenne es ein echtes *Wunder*. Meine Knie waren geheilt!

In der folgenden Woche zog ich nach Kalifornien um. Zum ersten Mal im Leben war meine Seele frei, und es dauert nicht lange, da erfüllten sich alle meine Träume. Ich bin jetzt selbst Schriftstellerin. Die Flamme in mir, von der ich schon dachte, sie wäre für immer erloschen, leuchtet hell. (Und bis heute wende ich täglich Affirmationen an!)

Louise, Sie werden immer mein größtes Vorbild bleiben, und ich bin Ihnen zutiefst dankbar für alles, was Ihre Arbeit in meinem Leben bewirkt hat.

* * *

Ich bin mein eigenes Wunder!

von Grainne, Lehrerin, Neuseeland

Ich reiste in der Welt umher und begegnete dabei einem Mann, in den ich mich bis über beide Ohren verliebte. Wir beschlossen, so lange zusammenzubleiben, wie es uns beiden Spaß machte – unser Plan war, keine Pläne zu machen! Wir erlebten gemeinsam tolle Abenteuer und schließlich heirateten wir. Nachdem wir uns in Neuseeland niedergelassen hatten, bekamen wir eine kleine Tochter (sie ist heute sieben). Alles war gut, aber ich vermisste meine Freunde und meine Familie, die Tausende Kilometer entfernt lebten. Sooft ich konnte, flog ich nach Hause, um sie zu besuchen.

Bei einem dieser Besuche bat mich meine inzwischen sehr alte Mutter, zu ihr zu ziehen und mich um sie zu kümmern. Ich sprach mit meinem Mann darüber, und er war mit einem gemeinsamen Umzug dorthin einverstanden. Mein Bruder jedoch sah das völlig anders. Er erklärte mir unmissverständlich, dass ich zu Hause nicht willkommen sei. Er schrie herum, und ich weinte wie ein Kind. Ich fragte ihn, warum er so mit mir redete. Immerhin sei ich doch seine Schwester. Ich konnte seine Wut einfach nicht verstehen und war darüber sehr unglücklich.

Als ich nach Neuseeland zurückgekehrt war, zog ich mit meinem Mann und meiner Tochter in ein anderes Haus um. Von Anfang an fühlte ich mich dort sehr müde und erschöpft, schrieb dies aber dem Umzugsstress zu. Ich war immer noch tief verletzt wegen dem, was mein Bruder gesagt hatte, und obendrein hatte sich seitdem niemand von meinen Verwandten bei mir gemeldet. Die Wut darüber schwelte regelrecht in mir, und als wollte jemand Salz in meine Wunden streuen, entwickelte ich immer schlimmer werdende Gelenkschmerzen.

Es stellte sich heraus, dass ich ernstlich an rheumatoider Arthritis erkrankt war, einem schleichenden, chronischen Leiden. Mein Körper nagte buchstäblich an sich selbst ... und ich glaube, dass es die kränkenden Worte meines Bruders waren, die innerlich an mir zehrten.

Ich konnte mich immer schlechter bewegen. Es wurde so schlimm, dass ich mich nicht mehr ohne fremde Hilfe an- und ausziehen konnte. Schließlich wurden mir sehr starke Medikamente gegen die Schmerzen verordnet. Bislang hatte ich nie etwas eingenommen, noch nicht einmal Aspirin, und nun war ich auf stärkste Schmerzmittel angewiesen. Mein Körper hatte mich im Stich gelassen. Ich war tief enttäuscht, fühlte mich hilflos und war mit den Nerven am Ende.

Eines Tages las ich *Gesundheit für Körper und Seele*, und dieses Buch sprach mich sofort an. Ich begriff, dass zwischen dem, was in meinem Kopf vorging, und dem, was in meiner Umwelt geschah, ein Zusammenhang bestand. Mein Heilungsprozess begann damit, dass ich meinem Bruder vergab.

Ich löste mich von meiner Verletztheit und Wut und lenkte meine Aufmerksamkeit wieder auf *mich*. Statt all die Dinge zu sehen, die ich momentan nicht tun konnte, listete ich auf, wozu ich auch in meinem jetzigen Zustand in der Lage war. Ich fing an, Tagebuch über die Dinge zu führen, für die ich dankbar war. Ich änderte mein Vokabular und achtete bewusst auf meine Wortwahl. Ich sagte meinem Körper immer wieder, dass Gesundsein sein natürlicher Zustand war.

Allmählich kam ich so in Kontakt zu meinem inneren Sein. Ich lenkte meine Aufmerksamkeit auf die Milliarden Zellen in meinem Körper, die sich unaufhörlich veränderten, sich selbst reparierten und verbesserten. Mein Körper wusste, was zu tun war. Es dauerte nicht lange, da war ich wieder schmerzfrei – und bald konnte ich alle

Medikamente absetzen. Ich betrachtete meine Erkrankung nicht länger als lebenslanges Schicksal, und mein Blick in die Zukunft wurde wieder optimistischer.

Heute ist meine Heilung weit fortgeschritten, und ich bin von Leben erfüllt. Ich glaube an meine Fähigkeit, Großes zu verwirklichen, und ich bin mein eigenes kleines Wunder!

* * *

Lebenskunst

von Becky, Lehrerin, Israel

Ich bin, wie ich bin – wie wunderbar das ist! Mein Herz sang diese Botschaft in Israel, im wunderschönen Carmel Forest Spa Resort. Dort leitete ich die »Love Yourself, Heal Your Life«-Lehrerausbildung.

Ich bin in Chile geboren. Meine sehr liebevollen Eltern stammten aus Holland. Die Familie meiner Mutter war dem Holocaust zum Opfer gefallen. Als Kind liebte ich die Geschichte, wie mein Vater sich sofort in meine Mutter verliebt hatte, als er zum ersten Mal ihr Bild sah. Meine Seele hatte diese liebevolle Umgebung für die frühe Kindheit gewählt, und ich war als Kind voller Freude und hatte ein gutes Selbstwertgefühl. Ich liebte es, zu schauspielern, zu tanzen, Musik zu machen und zu malen.

Ich weiß noch, wie aufregend es war, mich zum ersten Mal zu verlieben. Ich tanzte auf dem Hausdach und fühlte mich schön.

Im Alter von elf Jahren erkrankte ich. Die Ärzte glaubten, es sei entweder Kinderlähmung oder Hirnhautentzündung. Ich weiß noch, wie mein Vater mich die Treppe hinunter zu einem Sessel trug. Und dort wartete ich auf Freundinnen, die jedoch nie kamen. Anscheinend fürchteten sie, meine Krankheit wäre ansteckend.

Die Zeit, als ich mühsam wieder laufen lernte, habe ich aus meinem Gedächtnis verbannt. (Oder doch nicht? Oft hatte ich Angst hinzufallen, ohne dass dies wirklich passierte.) Ich weiß, dass ich Angst vor allem Neuen hatte, sei es in der Schule, im Beruf oder in meinen Beziehungen.

Als ich 16 war, gingen meine Eltern mit uns nach Israel. Verglichen mit dem pulsierenden Leben in Chile fand ich es beinahe unmöglich, mich an die Mentalität in diesem Land, die zungenbrecherische hebräische Sprache und die dumpfe religiöse Schule anzupassen. In einer Welt, die mir voller Furcht, Schwierigkeiten und Vorurteile zu sein schien, lernte ich, meine Kreativität zu unterdrücken. Wohin war das fröhliche kleine Mädchen verschwunden, das ich einst gewesen war?

Ich lernte, der Welt das zu geben, wovon ich glaubte, dass sie es von mir wollte, und erzeugte damit in mir einen tiefen Schmerz. Und meine Unsicherheit wuchs immer mehr.

Mit 30 hatte ich mich zu einer neurotischen, unglücklichen Ehefrau und Mutter entwickelt, die wütend auf das Universum war. Nach der Geburt meiner jüngsten Tochter erlebte mein Körper so etwas wie ein Erdbeben. Mein rechtes Bein fing an, sich zu verkürzen, ich litt unter fürchterlichen Rückenschmerzen, und mein Magen rebellierte gegen die Medikamente, die ich einnahm – nach all den Jahren erinnerten sich meine Zellen immer noch an die Schmerzen der Krankheit, unter der ich als Kind gelitten hatte.

Doch wenn die Schülerin bereit ist, erscheint die Lehrerin. Ich sehnte eine Veränderung herbei und fing an, Gott und mir selbst zu vertrauen. Ich beschäftigte mich mit verschiedenen alternativen Heilmethoden. Und ich reiste den weiten Weg von Tel Aviv nach San Diego, um an Louise Hays Lebenstraining »Gesundheit für Körper und Seele« teilzunehmen.

Ich kehrte als ein anderer Mensch zurück. Ich hatte gelernt, meine Gedanken bewusst zu wählen. Jedes Mal wenn mein Geist sich in den alten, gewohnten negativen Denkmustern ergehen wollte, sagte ich zu mir: *Denke nicht weiter in diese Richtung.* Statt mich Schuldgefühlen hinzugeben, wählte ich meine Reaktionen auf das Leben bewusst aus. Tief drinnen wusste ich, dass ich fähig und tüchtig war.

Schon nach zwei Wochen hatte sich mein Leben so weit zum Besseren gewandelt, dass ich beschloss, Louise Hays Methode in Israel selbst zu unterrichten. Ich beendete meine Mitarbeit in unserem Familienbetrieb und widmete mich stattdessen der Liebe.

Langsam veränderte sich mein Körper. Als ich an meiner Selbstliebe arbeitete, schwand der Schmerz dahin. Heute lebe ich ohne Medikamente. Meine Ängste davor, das Gleichgewicht zu verlieren und hinzufallen, sind verschwunden. Ich gehe aufrecht, ohne zu hinken.

Das Leben ist wunderbar, trotz mancher Herausforderung, denn meine Perspektive hat sich völlig verwandelt. Heute ist es mein Gebet und meine Absicht, diese wundervolle Heilmethode auf der ganzen Welt zu verbreiten. Unsere Macht, unsere wunderschönen Seelen zu heilen, ist wahrhaft groß!

* * *

Vergebung und Heilung
von Patricia Ann, Vermögensverwalterin, Idaho

Vor zehn Jahren lag ich im Krankenhaus. Ich hatte Steine in beiden Nieren, und eine Niere stand kurz davor, zu versagen. Ich war sehr krank. Die Ärzte versuchten drei unterschiedliche Operationsmethoden, um die Steine zu entfernen, aber es gelang ihnen nicht. Zwei großen Steine hielten sich hartnäckig. In dieser Situation schenkte mir eine Freundin *Gesundheit für Körper und Seele*. Zunächst sträubte ich mich dagegen, es zu lesen. Aber ich war so krank, dass es einfach nichts Besseres zu tun gab. Also las ich das Buch dann doch. Und diese wunderbare Frau öffnete mir die Augen. Ich erkannte, dass ich viele Dinge aus der Vergangenheit mit mir herumschleppte, vor allem aus meiner Kindheit. Ich entschied, dass es an der Zeit war, meiner Mutter zu verzeihen, dass sie mich als Kind im Stich gelassen hatte. Ich arbeitete also mit einer entsprechenden Affirmation. Dann vergab ich meiner Mutter wirklich, sagte es ihr in einem offenen Gespräch.

Kurze Zeit später fragte mich einer meiner Ärzte, ob die beiden größten Nierensteine abgegangen seien. Ich sagte, dass ich nichts davon bemerkt hätte. Er sagte mir, dass die Steine unmöglich einfach so verschwunden sein könnten. Und wenn sie abgegangen wären, hätte ich das ganz bestimmt spüren müssen. Er glaubte, seinen Augen nicht zu trauen, aber mir ging es gut.

Ich weiß, dass Affirmationen und die Vergebungsarbeit mir geholfen haben, diese Nierensteine loszuwerden. Seitdem gehe ich bewusst den Weg der Veränderung und befreie mich von alten, mich einengenden Mustern.

Ich danke Louise und der Freundin, die mir ihr Buch schenkte. Ich habe inzwischen noch weitere Autoren wie Louise entdeckt, die mir die Augen für meinen spirituellen Lebenssinn geöffnet haben. Und heute fühle ich mich wunderbar!

* * *

Wie ich meine Schmerzen ins Nichts zurückschickte

von Gail, Geschäftsfrau, Kanada

Louise L. Hay hat mein Leben in vielerlei Hinsicht positiv verändert. Ich stieß vor über zehn Jahren auf ihre Bücher und habe dann noch weitere Autoren von Hay House für mich entdeckt. Sie alle waren und sind eine große Inspiration für mich. Vor ein paar Jahren benötigte ich diese Inspiration sehr dringend. Damals, im Alter von 40 Jahren, ließ sich mein Mann von mir scheiden, nachdem er mit seiner ständigen Kritik mein Selbstwertgefühl völlig untergraben hatte. Ich litt unter einer so schlimmen Arthritis, dass ich kaum noch gehen konnte. Er verließ mich, weil ich angeblich »krank und faul« war. Wir hatten drei kleine Kinder und eine Firma, die wir gemeinsam führten. (Er verließ mich wegen einer 22-Jährigen, die ich als Bürohilfe für den Sommer eingestellt hatte.) Ich hatte das Gefühl, dass meine ganze Welt zusammenbrach.

Ich musste wegen meiner Arthritis fünf Medikamente einnehmen, aber allmählich ging es mir etwas besser. Louises Bücher und CDs waren mir in jener Zeit ein großer Trost. Sie halfen mir, mein Leben endlich selbst in die Hand zu nehmen. Ich war nun fest entschlossen, herauszufinden, warum mir all das zugestoßen war, und den Segen, das Gute an meiner Situation zu entdecken. Mir wurde klar, wie schädlich sich das negative Selbstbild auf meinen Körper ausgewirkt hatte, das mir von meinem Exmann durch seine Kritik und seine Beleidigungen vermittelt worden war. Doch als ich begann, Louises Lehren anzuwenden, besserte sich mein Zustand schon bald.

Ich fühlte mich so gut, dass ich meinen Arzt bat, meine Medikamente zu reduzieren. Das lehnte er entschieden ab. Dann nahm ich 2005 an meiner ersten *I Can Do It!*®-

Konferenz teil (inzwischen habe ich noch vier weitere besucht). Ich nahm eine gute Freundin dorthin mit, und wir verbrachten eine wunderbare Zeit.

Auf dem Rückflug erinnerte ich mich an Louises Worte: »Es ist aus dem Nichts gekommen, schicken Sie es also wieder ins Nichts zurück.« Dorthin schickte ich meine Arthritis – zurück ins Nichts. Ich brauchte sie nicht länger. Nach ein paar Monaten hatte ich mich vollständig von meinen Medikamenten entwöhnt und sagte zu meinem Arzt: »Danke für Ihre Hilfe. Leben Sie wohl.«

Wenn ich nun einmal wieder irgendwelche Schmerzen verspüre, habe ich keine Angst. Ich frage mich dann einfach, was es gerade in meinem Leben für ein Problem gibt, um das ich mich unbedingt kümmern sollte. Ich vertraue darauf, dass mein Körper mir die Antwort gibt, und das funktioniert jedes Mal.

Mein Leben ist jetzt wunderbar. Ich bin glücklich geschieden. Der Mann, der mich einst so schlecht behandelte, hat sich in den besten Exehemann verwandelt, den ich mir nur wünschen kann. Wir arbeiten noch immer täglich zusammen und erziehen gemeinsam unsere Kinder, ohne dass es Streit zwischen uns gibt. Ich bin jetzt mit einem anderen Mann verlobt. (Es ist bemerkenswert, um wie viel besser das Leben mich jetzt behandelt, nachdem ich dank Louise gelernt habe, *mich selbst* besser zu behandeln!) Und das Beste ist: Ich habe meine Tochter Marissa, die heute 14 ist, zweimal zu Seminaren von Louise mitgenommen. Sie liebt Louise und Hay House genauso sehr wie ich.

Louise, danke für all Ihre Liebe und Hilfe und dafür, dass Sie so viele wunderbare Autoren um sich versammelt haben, die Positives in der Welt bewegen.

* * *

Stark, gesund und bedingungslos geliebt
von Tanya, Lehrerin, England

Mein ganzes Leben lang litt ich unter Knieproblemen – und das, obwohl ich als Kind regelmäßig tanzte. Als kleines Mädchen träumte ich davon, als Tänzerin die Bühne zu erobern, aber man sagte mir, wegen meiner Knie würde das für immer ein Traum bleiben. Meine Knieprobleme seien angeblich »genetisch bedingt«. Dennoch tanzte ich weiter. Doch als ich 18 war, versagte mein rechtes Knie, und ich konnte nicht mehr laufen. Man brachte mich ins Krankenhaus. Drei oder vier Monate lang musste ich auf Krücken gehen, und das gerade zu der Zeit, als ich aufs College wechseln sollte. Für vier Monate wurde ich physiotherapeutisch behandelt, bis ich endlich wieder in der Lage war, ohne Krücken zu laufen.

Drei Jahre später bekam ich während eines Besuchs in einem Kristall-Shop starke Rückenschmerzen. Der Ladenbesitzer half mir mit einer Kristall-Heilbehandlung und empfahl mir außerdem *Gesundheit für Körper und Seele* von Louise Hay. Ich kaufte das Buch und schlug alle wichtigen Erkrankungen nach, unter denen ich im Lauf meines Lebens gelitten hatte. Da kam einiges zusammen, denn ich war als Kind oft krank gewesen. Die Worte auf den Seiten sprachen etwas tief in mir an: Die Liebe, die ich als Kind erhalten hatte, war stets an Bedingungen geknüpft gewesen, und alle Menschen in meinem Umfeld hatten andauernd sich selbst und andere kritisiert. Also begann ich damit, mich selbst zu lieben. Das war ein ziemlich schwieriger Lernprozess! Ich arbeitete täglich mit Affirmationen. Am häufigsten verwendete ich *Ich liebe und akzeptiere mich in jeder Hinsicht*. Diese machtvolle Bejahung erinnerte mich daran, mich selbst *immer* zu lieben, ganz gleich, was andere Menschen sagen oder tun.

Der Heilungsprozess dauerte deutlich länger, als ich ursprünglich erwartet hatte – aber mit kleinen Schritten zu beginnen, zum Beispiel dem Sprechen von Affirmationen, hat bei mir wirklich gut funktioniert. So lange Zeit hatte ich mich nicht geliebt und akzeptiert gefühlt und ständig richtete ich mich nach den Ansichten anderer Leute und suchte deren Anerkennung. Die Erkenntnis, dass ich mich selbst bedingungslos lieben kann, hat mein Leben verändert.

Auch heute noch leide ich hin und wieder unter Knieschmerzen, aber jetzt kann ich die zugrunde liegende Emotion erkennen und meine Affirmationen anwenden, und dann verschwindet der Schmerz. Oft handelt es sich um einen Konflikt, bei dem mein Ego versucht, die Kontrolle zu übernehmen und mir einzureden, dass ich nichts wert sei. Also sende ich meinem Herzen und meinen Knien liebevolle Energie und erinnere mich selbst daran, dass ich wertvoll bin. Kürzlich habe ich sogar an einem Halbmarathon teilgenommen. Eine so weite Strecke bin ich nie zuvor im Leben gelaufen. Ich war so stolz auf mich! Ein paar Jahre zuvor hätte ich es nie für möglich gehalten, dass ich so etwas schaffen könnte. Viele Leute haben mich nach dem Lauf gefragt, ob meine Knie nicht wehgetan hätten. Aber ich war völlig schmerzfrei! Natürlich waren ein paar Muskeln hinterher ganz schön wund, aber ich hatte keine Schmerzen. Es war unglaublich befriedigend, mich so stark und gesund zu fühlen.

Wenn Louise sagt, dass wir unseren Körper und unser Leben heilen können, so hat sie vollkommen recht. Ich habe heute ein neues Leben und einen glücklichen, gesunden Körper. Ich fühle mich wie neugeboren! Ich kann Louise gar nicht genug dafür danken, dass sie mir die Macht der Liebe gezeigt hat.

* * *

Ein wunderbares Geschenk
von Gladys, Schauspielerin und Coach, New York

An einem Samstagmorgen vor zehn Monaten wachte ich tränenüberströmt auf. Beim kleinsten Versuch, meinen Kopf zu drehen, schoss ein bohrender Schmerz durch den Nacken in meinen Kopf. Ich schluchzte, so peinigend waren die Beschwerden in meinem Nacken. Zehn Minuten brauchte ich, um mich aus dem Bett zu quälen. Irgendwie schaffte ich es bis in die Praxis meines Chiropraktikers, der einen eingeklemmten Nerv diagnostizierte.

Bis zum Sonntag hatten sich die Beschwerden überhaupt nicht gebessert. Mir kam der Gedanke, dass es hilfreich für meine Genesung sein könnte, etwas Inspirierendes zu lesen oder anzuschauen. Ich hatte die brandneue DVD *You Can Heal Your Life – der Film* noch gar nicht ausgepackt. Das tat ich nun und schaute sie mir an.

Anschließend tippte ich einige Notizen, die mir dazu in den Sinn gekommen waren, in meinen Computer. Der Film hatte den brennenden Wunsch in mir geweckt, mich mithilfe von Heilungs- und Wohlseinsaffirmationen von dem Schmerz zu befreien. Doch in der Nacht waren die Beschwerden so heftig, dass ich ständig weinen musste. Ich sprach ein kleines Gebet, eine Bitte um Heilung und Linderung, und ahnte nicht, wie schnell es beantwortet werden würde.

Am nächsten Morgen wachte ich mit der klaren Erkenntnis auf, dass diese Schmerzen eine Gelegenheit für mich waren. Denn sie gaben mir die Möglichkeit zu lernen, glücklich zu sein, und zwar ungeachtet dessen, was gerade in meinem Leben geschah.

Mit anderen Worten, es handelte sich um eine spirituelle Erfahrung, und meine Aufgabe war es, so viel wie möglich daraus zu lernen.

An diesem Tag war an Arbeit nicht zu denken. Also beschloss ich, ihn konstruktiv zu nutzen, um aktiv meine Heilung zu unterstützen. Ich schaute mir die Film-DVD ein zweites Mal an und arbeitete mit Louises Tiefenentspannungs-CD. Ich affirmierte, betete, meditierte und schrieb in mein Tagebuch … wobei allerdings alle diese Aktivitäten oft damit endeten, dass ich ein entspanntes Nickerchen machte. (Schließlich konnte ich ja wegen der Schmerzen meinen Kopf nicht aufrecht halten.) Ich befand mich in einem Zustand tiefen Vertrauens in mein Wohlergehen und meinen Selbstwert.

Als ich am Abend zu Bett ging, fühlte ich die Gewissheit, dass meine Heilung nicht nur begonnen hatte, sondern bereits in vollem Gange war. Beim Einschlafen lauschte ich Louises Stimme auf der Tiefenentspannungs-CD. Sie vermittelte mir, dass meine positive Kraft ganz in der Gegenwart lag und alles gut war. Am nächsten Morgen wachte ich mit dem Wissen auf, dass es mir besser ging. Tatsächlich hatte eine spürbare Besserung stattgefunden – mein Nacken war deutlich weniger steif! Lächelnd stellte ich fest, dass ich den Kopf wieder einige Zentimeter in beide Richtungen drehen konnte. Ich wusste nun, dass ich mein wunderbares Selbstheilungspotenzial aktivieren konnte, indem ich mich entspannte und mich von Louises Stimme sanft durch den Prozess leiten ließ.

Ja, vor zehn Monaten wachte ich mit einem steifen, schmerzenden Nacken auf, aber letztlich entpuppte sich das als wunderbares Geschenk – wenn auch keines von der Sorte, die man gerne annimmt. Doch es erschloss sich mir dadurch das enorme heilende Potenzial von Louises Worten. Und in meinem Leben wurden dadurch wunderbare neue Entwicklungen in die Wege geleitet!

* * *

Heilungsarbeit mit Louise

Ich würde nicht sagen, dass ich eine Heilerin bin. Ich heile andere Menschen nicht – ich bringe ihnen nur bei, sich selbst zu lieben. Sie selbst sind es, die dann die eigentliche Heilungsarbeit verrichten. Das bedeutet aber keineswegs, dass Sie alles allein machen müssen!

Es ist kein Zeichen von Schwäche, wenn Sie Freunde, Verwandte oder Ärzte und Therapeuten um Hilfe bitten. Denken Sie aber immer daran, dass die Heilung in Ihnen selbst beginnt. Wenn Sie Gesundheit nicht als geistige Idee akzeptieren, werden Sie sie auch nicht in Ihrem Körper akzeptieren.

Die folgenden Übungen werden Ihnen helfen, Ihre Glaubenssätze bezüglich Schmerzen und Ihres Körpers zu ergründen. Notieren Sie die Antworten auf separate Blätter oder in Ihr Tagebuch.

 Ihre Gefühle bezüglich Ihres Körpers

Beantworten Sie die folgenden Fragen:

1. Was haben Sie als Kind über Ihren Körper gelernt?
2. Was haben Ihnen Ihre Eltern über den menschlichen Körper beigebracht?
3. Wenn Sie etwas an Ihrem Körper verändern könnten, was wäre das?

Was Sie über Schmerzen glauben

Beantworten Sie nun die folgenden Fragen möglichst offen und aufrichtig:

1. Was sind die negativsten Gedanken, die Sie bezüglich Ihres Körpers und Ihrer Schmerzen haben?
2. Woher kommen diese Gedanken?
3. Sind Sie bereit, sich von ihnen zu befreien?

 ## Spiegelarbeit

Schauen Sie in den Spiegel und sagen Sie: »*Ich bin hier und jetzt bereit, meinen Körper zu lieben.*« Sagen Sie das mehrfach hintereinander und variieren Sie dabei Tonfall und Ausdruck. Stimmen Sie innerlich mit dieser Aussage überein? Warum oder warum nicht?

Schauen Sie in den Spiegel und sagen Sie: »*Ich löse mich jetzt von allem, was nicht wirklich gut und hilfreich für mich ist.*« Achten Sie darauf, wie sich Ihr Körper anfühlt, wenn Sie das sagen.

 ## Loslassen

Atmen Sie tief durch, während Sie diese Worte lesen. Lassen Sie zu, dass beim Ausatmen alle Anspannung aus Ihrem Körper weicht. Lassen Sie Ihre Kopfhaut, Stirn und Gesicht sich entspannen. Es ist nicht nötig, beim Lesen den Kopf anzuspannen. Lassen Sie Ihre Zunge, Hals und Schultern sich entspannen. Sie können dieses Buch mit entspannten Armen und Händen halten. Tun Sie das jetzt.

Lassen Sie Rücken, Bauch und Becken sich entspannen. Atmen Sie ruhig und sanft, während Sie Ihre Hände und Füße entspannen.

Haben Sie, während Sie den vorherigen Absatz lasen, eine Veränderung in Ihrem Körper bemerkt?

Sagen Sie nun in dieser entspannten, bequemen Haltung zu sich: »*Ich bin bereit loszulassen. Ich lasse los. Ich lasse allen Schmerz los. Ich lasse alle Anspannung los. Ich lasse alles Unwohlsein los. Ich lasse alle Angst los. Ich lasse alle Wut los. Ich lasse alle Schuldgefühle los. Ich lasse alle Traurigkeit los. Ich lasse alle alten mich einengenden, negativen Muster los. Ich lasse los und bin friedvoll. Ich bin im Frieden mit mir selbst. Ich bin im Frieden mit dem Lauf des Lebens. Ich bin sicher und geborgen.*«

Wiederholen Sie diese Übung ein- bis zweimal.

Wiederholen Sie sie immer dann, wenn schmerzvolle Gedanken in Ihnen aufsteigen. Schon bald wird diese Praxis Ihnen zur festen Gewohnheit werden. Dann werden Sie in der Lage sein, diesen Zustand inneren Friedens jederzeit herzustellen, ganz gleich, was gerade in Ihrem Leben geschieht.

 Die Macht der Affirmationen

Affirmationen sind sehr machtvolle Werkzeuge, mit denen Sie negativen Glaubenssätzen und den durch sie verursachten Schmerzen entgegenwirken können. Wenn Sie eine Affirmation aufschreiben, intensiviert das die Wirkung. Schreiben Sie eine positive Affirmation über Ihren Körper 25-mal auf ein Blatt Papier oder in Ihr Tagebuch. Formulieren Sie dafür Ihre eigene Affirmation oder wählen Sie eine aus der nachfolgenden Liste aus.

Affirmationen

- *Ich erschaffe mir geistigen Frieden, und mein Körper spiegelt das wider.*
- *Ich bin von Lebensenergie und Lebensfreude erfüllt.*
- *Mein Körper ist vollkommen gesund, und ich genieße jeden Augenblick.*
- *Ich beanspruche jetzt meine Macht und erschaffe liebevoll meine Realität. Ich vertraue dem Lebensprozess.*
- *Liebevoll kümmere ich mich um meinen Körper, meinen Geist und meine Gefühle.*
- *Ich übernehme die Verantwortung für mein eigenes Leben. Ich bin frei.*
- *Ich liebe meinen Körper. Ich liebe mich. Alles ist gut.*
- *Ich bin offen für neue Erfahrungen und integriere sie voller Freude in mein Leben.*
- *Ich kann sicher und geborgen ich selbst sein.*
- *Ich erkenne meine Muster und nehme bewusst positive Veränderungen vor.*
- *Ich bin bereit, meine bisherigen Grenzen zu überwinden.*
- *Ich entscheide mich jetzt dafür, einen Körper zu erschaffen, der stark und heil ist. Ich bin gelassen und voller Zuversicht.*
- *Mühelos löse ich mich von allem, was ich nicht länger brauche. Ich verdiene es, mich gut zu fühlen.*
- *Meine Heilung verläuft rasch, gut und vollkommen.*
- *Mein Körper möchte gesund sein. Ich höre auf seine Botschaften und behandle ihn gütig und liebevoll.*
- *In meiner liebevollen Welt erschaffe ich nur freudige Erfahrungen.*
- *Ich löse mich von dem Bedürfnis, meinen Körper zu kritisieren.*

- *Ich bin jetzt willens, neue Gedanken über mich und mein Leben zu erschaffen.*
- *Von Tag zu Tag werde ich stärker und stärker.*
- *Ich liebe und wertschätze mich. Ich bin sanft und einfühlsam zu mir.*

Behandlung bei Schmerzen und Verletzungen

Ich betrachte meinen Körper als einen guten Freund. Jede Zelle in meinem Körper verfügt über Göttliche Intelligenz. Ich höre darauf, was mein Körper mir sagt, und weiß, dass ich mich auf seinen Rat verlassen kann. Ich bin stets sicher und geborgen, göttlich beschützt und geführt. Ich entscheide mich dafür, gesund und frei zu sein. Alles ist gut in meiner Welt.

3

Sucht überwinden

Es sind nicht nur Drogen und Alkohol, nach denen ein Mensch süchtig sein kann. Spielen, Einkaufen, Essen und sogar unsere Beziehungen können zur Sucht werden.

Oft suchen wir nach Bestätigung aus diesen anderen Quellen, weil wir uns selbst nicht wirklich lieben und wertschätzen. Manchmal geben wir einem anderen Menschen oder einer Situation die Schuld dafür, dass wir so sind, wie wir sind. Doch niemals kann etwas aus der Vergangenheit mächtiger sein als das, was wir in der Gegenwart zu tun beschließen. Wenn Sie wirklich eine Veränderung wünschen, können Sie diese auch herbeiführen. Natürlich müssen Sie das nicht ganz allein auf sich gestellt tun. Hilfe kann von Freunden, der Familie, Therapeuten und Selbsthilfegruppen kommen.

Ich hoffe, die Kraft der Menschen in den folgenden Berichten wird Sie inspirieren.

* * *

Tanzen im Spiel des Lebens

von Claire, Juwelierin und Inspirationslehrerin, Neuseeland

Ich hatte gerade meinen Geburtstag gefeiert, und nun wachte ich auf, und es fehlte fast meine ganze Kleidung, und mein Körper war voller blauer Flecke. Die Entzugserscheinungen waren heftiger denn je, die Halluzinationen machten mir Angst, und ich war so paranoid, dass ich nicht wagte, mein Haus zu verlassen.

Mit 14 hatte ich zu trinken begonnen. Da ich schüchtern und in mich gekehrt war, konnte ich auf diese Weise wunderbar vor der Welt fliehen. Nun, zehn Jahre später, lebte ich in völliger Verzweiflung. Zwei Tage nach meinem 24. Geburtstag hatte mein Freund versucht, mich zu erwürgen – nachdem meine Mitbewohnerin mir zur Hilfe geeilt war, flüchtete ich aus dem Haus und kehrte nie mehr zurück. Obdachlos, arbeitslos, mit einer langen Geschichte von sexuellem Missbrauch und Sucht, war ich am absoluten Tiefpunkt angelangt.

Ich war so voller Angst, dass ich an Selbstmord dachte, aber das konnte und wollte ich nicht wirklich.

Mir gehörten nur noch eine Tasche mit Kleidung und ein Buch von Louise Hay mit dem Titel *Gesundheit für Körper und Seele*. Als ich darin zu lesen begann, öffnete sich für mich die Tür zu einer ganz neuen Welt. Das Buch brachte eine Saite tief in mir zum Klingen – es fühlte sich wahr an. Obwohl ich ein volles Jahrzehnt unter dem Einfluss von Drogen und Alkohol gelebt hatte und mich hasste, wenn ich nüchtern war, begann ich sofort eine Entzugstherapie, um meine Sucht zu überwinden.

Ich war so unsicher, dass ich noch nicht einmal über die Straße gehen konnte, ohne am ganzen Körper zu zittern. Ich fing an, geradezu obsessiv mit den Affirmationen zu arbeiten. Ich schrieb sie immer wieder auf und sagte sie mir laut vor, wenn ich in den Spiegel schaute. Dann wagte ich, sie auch vor den anderen Patienten in der Klinik laut auszusprechen. Sie hielten mich für eine Spinnerin, aber ich fühlte das starke Wissen in mir, dass dies mein Weg war.

Während der folgenden Monate fand bei mir eine große innere Veränderung statt. Auch die Art, wie andere Menschen sich mir gegenüber verhielten, veränderte sich. Ich lernte, dass ich selbst dafür verantwortlich war, wie andere auf mich reagierten. Ich erkannte, wie ich durch meinen inneren Dialog meine Realität selbst erschuf. Und ich setzte mich bewusst mit meiner Vergangenheit auseinander, übernahm die Verantwortung für mein Leben, veränderte meine Wahrnehmung und entdeckte das Geschenk, die Chance in dem, was ich bisher für Pech und Unglück gehalten hatte. Louises Buch war der Topf voller Gold am Ende meines Regenbogens.

Ich bin weiterhin dabei, zu wachsen und mich zu entwickeln. Ich praktiziere regelmäßig Affirmationen und Meditation, und meine persönliche Kraft und mein Selbstvertrauen wachsen stetig. Ich höre jetzt auf meine Seele, und es ist wirklich erstaunlich, welche Türen sich für mich geöffnet haben. Aus einem depressiven, gestörten, obdachlosen und arbeitsunfähigen Menschen ist eine inspirierte, starke, freie göttliche Seele geworden, die im Spiel des Lebens tanzt. Heute arbeite ich mit Suchtkranken und zeige ihnen die Methoden, die mir geholfen haben. Ich empfinde es als großes Privileg, anderen zu helfen, das göttliche Licht in ihrem Inneren zu finden.

* * *

Wie ich mir das Rauchen abgewöhnte
von Teresa, bildende Künstlerin und Schriftstellerin, Oregon

Dreißig Jahre lang hatte ich nur sehr wenig geraucht, doch nach meiner Scheidung im Alter von 50 Jahren wurde ich zur starken Raucherin, konsumierte eine Schachtel täglich, und das mehrere Jahre lang. Ich war eindeutig süchtig. Ich konnte nicht aufhören und wollte es auch nicht wirklich – aber dann *musste* ich es mir aus gesundheitlichen Gründen abgewöhnen.

Ich kaufte ein sehr teures Medikament, das angeblich die Nikotinsucht unterdrücken sollte. Reizvoll daran erschien mir, dass es etwa einen Monat dauern würde, bis das Mittel wirkte – und solange durfte ich rauchen wie bisher. Zwei Wochen nachdem ich mit der Einnahme begonnen hatte, qualmte ich immer noch wie ein Schlot und fragte mich, wie lange es wohl dauern würde, von den Zigaretten loszukommen. Ich verspürte nicht das leiseste Bedürfnis, das Rauchen aufzugeben.

Louises Buch *Gesundheit für Körper und Seele* lag damals bei mir herum. Ich erinnerte mich, dass es darin auch ein Kapitel über das Rauchen gab. Ich schlug es auf und las:

Stellen Sie sich eine Reihe von Fragen wie: »Bin ich gewillt, unerfreuliche Beziehungen aufzugeben? Haben meine Zigaretten einen ›Vorhang‹ geschaffen, hinter dem ich nicht sehen konnte, wie unerfreulich diese Beziehungen sind? Warum schaffe ich mir solche Beziehungen?«

Diese Fragen trafen mich wie der Blitz. Ich dachte an meine Freundschaft mit einer Frau, die sehr negativ war und ständig andere Leute kritisierte und verurteilte. Dann dachte ich an meine Ehe, in der immer ich angeblich für alles schuld gewesen war. Louise schrieb weiter:

Sie erkennen, dass der Grund dafür, dass Sie sich in Gesellschaft unwohl fühlen, darin besteht, dass andere Menschen Sie dauernd zu kritisieren scheinen. … Dann denken Sie über Kritik nach und erkennen, dass Sie als Kind ständig kritisiert wurden. Das kleine Kind in Ihnen fühlt sich nur »zu Hause«, wenn es kritisiert wird. Und im unbewussten Versuch, dem zu entgehen, haben Sie sich angewöhnt, sich hinter Tabakschwaden zu verbergen wie hinter einer Nebelwand.

Ich musste an meine Kindheit denken. Meine Eltern hatten mich und meine Geschwister andauernd kritisiert. Nie war etwas, was wir taten, ihnen gut genug gewesen.

Das war für mich wie eine Erleuchtung! Ich drückte meine erst halb gerauchte Zigarette aus. In einer kleinen Zeremonie schichtete ich alle noch in der Packung befindlichen Zigaretten zu einem kleinen Haufen zusammen und zerdrückte sie. Laut sagte ich: »Ich bin bereit, mich von meinem Bedürfnis nach Kritik zu befreien.«

An diesem Tag gab ich das Rauchen auf und ich nahm auch keine Entwöhnungspillen mehr. Es fiel mir nun wirklich leicht, nicht mehr zur Zigarette zu greifen. Gleichzeitig war ich sanft und liebevoll mit mir. Seitdem befinde ich mich auf einer Heilungsreise. Ich habe neue Freunde gefunden, die mir helfen, meine Wahrheit zu leben. Früher, als ich noch glaubte, nicht gut genug zu sein, zog ich die Menschen in mein Leben, die mich in diesem Glauben bestärkten. Das Rauchen war mein Schutzschirm. Es hielt mich davon ab, die Wahrheit zu erkennen.

Heute achte ich sorgfältig darauf, wie ich über mich selbst und über andere spreche. Ich habe gelernt, dass ich, wenn ich andere kritisiere, in Wirklichkeit mich selbst kritisiere. Ich mag mich viel zu sehr, um dieses alte auf Selbstablehnung beruhende Verhalten zu praktizieren. Es passt einfach nicht mehr zu meinem neuen Selbstbild!

* * *

Meine zweite Chance
von Irena, Studentin, Australien

Als mir *Gesundheit für Körper und Seele* geschenkt wurde, war das, als hätte mir jemand in Zeiten der Not einen Engel geschickt. Nie zuvor war ich jemandem wichtig genug gewesen, dass er mir ein solches Geschenk gemacht hätte, und so nahm ich das Buch dankbar an. Anfangs fiel es mir schwer, darin zu lesen, denn ich konnte mir nicht vorstellen, warum jemand wie ich eine zweite Chance bekommen sollte. Ich glaubte nicht, so etwas zu verdienen. Es dauerte einige Zeit, aber ich las das Buch von vorne bis hinten. Als ich fertig war, fühlte ich mich regelrecht angewidert von dem Leben, das ich führte, und wusste, dass ich auf jeden Fall meine zweite Chance wollte. Mir wurde klar, wie viel ich der Welt zu geben hatte. Wenn mir diese innere Transformation gelingen würde, dann konnte es wirklich jeder schaffen.

Ich war in einer anständigen Familie aufgewachsen, die mir Werte vermittelt hatte, aber irgendwie war ich dann später auf die schiefe Bahn geraten. Ich begann schon sehr früh, mit Drogen zu experimentieren – und ehe ich michs versah, war ich süchtig und befand mich in Gesellschaft von Menschen, die diese Sucht unterstützten, statt mir zu helfen, davon loszukommen. Ich ließ mich auf eine sehr missbräuchliche Beziehung mit einem Mann ein, der doppelt so alt war wie ich. Ich glaubte, er wäre meine große Liebe. Ich redete mir ein, ich könnte schon mit den emotionalen und körperlichen Schmerzen fertigwerden, die er mir ständig zufügte, weil ich das für seine Art hielt, mir zu zeigen, wie viel ich ihm bedeutete.

Eines Tages geriet dieser Mann in massive finanzielle Schwierigkeiten und bat mich, ihm zu helfen. Damals tat ich alles für ihn. Ich wurde zur Prostituierten, verkaufte an fünf Tagen in der Woche jede Nacht zwölf Stunden lang meinen Körper. Die Einnahmen, Tausende von Dollar, kassierte er. Doch das Geld reichte nie, und seine Misshandlungen wurden immer schlimmer. Nachdem ich monatelang als Prostituierte für ihn angeschafft hatte, wurde mir endlich klar, dass dieser Mann meine Liebe in keiner Weise erwiderte. Ich tauschte mich mit anderen Prostituierten aus und erfuhr, dass es unter ihnen ein Hilfsnetzwerk gab. Mit meiner Mutter konnte ich nicht darüber sprechen, denn ich schämte mich viel zu sehr und hatte ihr bereits so viel Schmerz und Enttäuschung bereitet.

Also redete ich mit meinen Kolleginnen. So fand ich den Engel, der mir Louises Buch schenkte und mich dazu inspirierte, mich nicht länger misshandeln zu lassen. Ich fand zu neuer Stärke und schaffte es, diesen Mann zu verlassen und meinen Drogenkonsum zu beenden.

Heute studiere ich Psychologie und wohne wieder bei meiner Familie. Ich habe keine Drogen mehr angerührt und bin meistens sehr glücklich. Wenn mich doch einmal Niedergeschlagenheit überkommt, sage ich mir einfach: »Alles ist gut in meiner Welt.« Und ich umgebe mich mit positiver Energie, die ich dadurch finde, dass ich Louises Lehren in meinem Leben anwende. Mein Leben hat sich so dramatisch zum Besseren verändert! Dafür bin ich jeden Tag dankbar. Ich freue mich darauf, bald mein Studium abzuschließen, und ich weiß, dass nichts mich davon abhalten kann, meine Ziele zu erreichen und meine Wünsche zu verwirklichen!

* * *

Ich liebe und wertschätze mich
von Bryan, spiritueller Lebenstrainer, Kalifornien

Ich liebe und wertschätze mich. Als ich diese Worte zum ersten Mal hörte, dachte ich: *Was zum Teufel soll das denn heißen?* Für mich, diesen Mittzwanziger, HIV-positiv, trockenen Alkoholiker, ergab das überhaupt keinen Sinn. Ich hasste mich und gab der ganzen Welt die Schuld für meine Probleme. Sehen Sie, ich trug ein »O für Opfer« wie einen Orden. Meine Wut und meine Frustration über mein Leben standen praktisch allem im Weg, was ich versuchte. So konnte kaum etwas Gutes zu mir gelangen. Zu sagen, dass ich reizbar, ruhelos und unzufrieden war, ist sehr milde ausgedrückt. Ich war zutiefst unglücklich, erfüllt von Zorn und Hoffnungslosigkeit. Hier jedoch ist der Schlüssel: Ich wollte mich ändern. Ich hatte nur keine Ahnung, wie.

Von Louise Hay hörte ich zum ersten Mal, als 1988 bei mir HIV diagnostiziert wurde. Man sagte mir, sie veranstalte mittwochs in West Hollywood einen sogenannten »Hayride«. Dabei handelte es sich um eine Selbsthilfegruppe für Männer und Frauen, deren Leben von HIV/Aids betroffen war. Ich beschloss, hinzugehen, und was ich dort sah, veränderte mein Leben.

Ich erinnere mich, dass das, was Louise uns damals anbot, in den Massenmedien nirgendwo zu erfahren war. Dort wurde bloß Angst vor der Krankheit verbreitet. Und die westliche Medizin hatte uns nicht viel mehr zu sagen, als dass HIV einem Todesurteil gleichkam. Und für viele war es das damals auch. Dennoch kam Louise zu uns an die vorderste Front und schenkte uns Hoffnung.

Was ich bei meinem ersten Hayride erlebte und fühlte, ist schwer zu beschreiben. 500 Männer und Frauen nahmen daran teil. Was ich sagen kann, ist, dass es sich für meine Seele ungewöhnlich vertraut anfühlte.

Louises Worte, dass »wir nicht zusammengekommen sind, um uns zu sagen, wie schrecklich das alles ist«, berührten mich zutiefst. Auf ihre sanfte, liebevolle, bodenständige Art vermittelte sie uns eine einfache Botschaft: »Niemand wird kommen, um euch zu retten. Aber ihr könnt euch selbst retten.« In dieser machtvollen Gruppe, die Louise ins Leben gerufen hatte, spürte ich Geborgenheit, Vertrauen und Liebe.

Dass mein Bewusstsein sich veränderte, kann ich ganz klar diesen Hayride-Treffen zuschreiben. Ich danke Gott für den Tag, als ich Louise kennenlernte. Ihre Bücher, Vorträge und erleuchteten Lehren haben in den vergangenen 20 Jahren mein Leben wahrhaft verändert und neu geformt. Heute bin ich auch weiterhin ein leidenschaftlicher Anhänger ihrer Arbeit. Die Geschenke, die sie der Welt mit ihrem Verlag Hay House gemacht hat, indem sie vielen fantastischen Autoren dort die Möglichkeit gibt, Bücher zu veröffentlichen, sind von unschätzbarem Wert.

Ich bin heute ein glücklicher, starker, gesunder und erfolgreicher Mann. Seit fast 20 Jahren bin ich durch die Gnade Gottes und die Befolgung eines Zwölf-Schritte-Programms trocken.

Ich habe mich dafür entschieden, Louises Lehren in allen Bereichen meines Lebens anzuwenden, vor allem durch den täglichen Einsatz von Affirmationen. Und das alles begann mit einem einfachen Mantra, das ich vor vielen Jahren hörte: *Ich liebe und wertschätze mich.*

Louise Hay, Gott segne Sie.

* * *

Meine Zukunft ist hell und freundlich
von Helene, Managementassistentin, Kanada

Am Beginn meiner Heilungsreise war Louise Hay mein Rettungsanker. Ich hatte viel verloren: mein Haus, meinen Mann und mein Geld – ganz zu schweigen vom Krebstod mehrerer Freundinnen und dem Tod meiner Eltern und einer nahen Verwandten. Frühere Missbrauchserfahrungen hatten in mir den Glauben genährt, dass ich ein solches Leben verdiente. Ich war völlig verzweifelt, Alkohol und andere Drogen dienten mir als Krücken. Doch als alleinerziehende Mutter wusste ich, dass es so nicht weitergehen konnte. Ich habe zwei wunderbare Töchter – meine Engel!, – und für sie fühlte ich mich verantwortlich.

Mithilfe von Louises Büchern, der von ihr empfohlenen weiterführenden Literatur und täglichen Affirmationen schaffte ich es, mein Leben in neue Bahnen zu lenken. Heute lebe ich so, wie sie es empfiehlt. So hat sich für mich alles zum Besseren gewandelt! Ich wohne jetzt in einer anderen Stadt und habe in jeder Hinsicht neu angefangen. Das ist natürlich nicht über Nacht geschehen (es war eine sechsjährige Reise), aber heute habe ich es geschafft! Ich habe eine gute neue Arbeit in einem wunderbaren Unternehmen mit sehr freundlichen und positiven Kollegen gefunden. Ich sorge gut für meinen Körper als der Tempel, der er ist. Und ich *lebe* mein Leben wirklich, mit weit offenen Augen erfreue ich mich an all seiner Schönheit. Es vergeht kein Tag, an dem ich nicht dankbar für die Erkenntnisse bin, die Louise mir vermittelt hat. Ich ermutige alle Menschen dazu, ihr Leben selbst in die Hand zu nehmen: Euer Leben ist das, was ihr selbst daraus macht. Verzweifelt also nicht! Selbst die negativen Erfahrungen lassen sich in positive Möglichkeiten eures individuellen »Seins« umwandeln.

Meine Zukunft ist hell und freundlich, und das verdanke ich Ihnen, Louise! Mein größter Wunsch ist es, eines Tages an einem Ihrer Seminare teilzunehmen, damit ich Ihnen persönlich für all das Gute danken kann, das Sie in meinem Leben in Gang gesetzt haben. Sie sind wirklich ein Segen für die Welt!

* * *

Ja, ich kann mein Leben heilen!
von Abigail, Coach, Kentucky

Am 25. Dezember 2003 schenkte mir meine Mutter ein Exemplar von *Gesundheit für Körper und Seele*. Als Widmung hatte sie mir hineingeschrieben: »Ich hoffe, dass dir Louise Hays Gesundheitsphilosophie gefallen wird. Sie ist eine von meinen Lieblingsautorinnen!« Zu jener Zeit war ich alkoholabhängig und konsumierte noch weitere Drogen. Ich litt unter Gewichtsproblemen und sexuellen Komplexen, weil ich vergewaltigt worden war. Und ich war taub gegenüber der Realität, dass die Ärzte meinen Körper für einen schönheitschirurgischen Eingriff aufschneiden wollten, nur um ihn dann wieder zuzunähen, den gesellschaftlichen Vorstellungen entsprechend.

Mich bei Bedarf in die Opferrolle zu flüchten war für mich zu einer bequemen Gewohnheit geworden. Nach außen spielte ich die Rolle einer scheinbar perfekten Führungskraft. Doch insgeheim fühlte ich mich isoliert und einsam. Ich brauchte Louises Worte wirklich dringend, aber in meiner damaligen Verfassung war ich unfähig, zu hören und zu fühlen, und ich wollte auch nichts lesen.

Zum Glück bot die »Liste« in *Gesundheit für Körper und Seele* kurz und knapp Informationen zu den häufigsten Krankheiten. Da diese Liste sich so einfach nutzen ließ und wirkungsvolle Schlüssel zur sofortigen Verbesserung der eigenen mentalen Verfassung bereithielt, machte ich mich sofort daran, Louises Empfehlungen in die Tat umzusetzen. Jedenfalls dachte ich das.

Nachdem ich das ganze Buch gelesen hatte, schrieb ich Listen mit Affirmationen für ein gutes Körpergefühl und Heilung. Ich stellte mich vor den Spiegel und sagte diese Affirmationen auf – bla, bla, bla. Doch ich fiel wieder in meine alten Muster zurück, praktizierte meine Affirmationen nie länger als einen Tag. Ich war Jekyll und Hyde, eine depressive Führungskraft, gut aussehend, aber voller Selbstzweifel. Mein Leben blieb schmerzhaft bequem.

Eines Tages wachte ich im Gefängnis auf. Mein Gesicht und die Knie waren ramponiert und blutverkrustet, da ich mich in der Nacht im betrunkenen Zustand gewaltsam meiner Verhaftung durch die Polizei widersetzt hatte. Bei der Festnahme drückte man mich gegen ein Auto, was die Erinnerung an meine Vergewaltigung einige Jahre davor wachgerufen hatte. Ich erinnere mich nicht mehr an die physischen Einzelheiten, aber die Emotionen fühle ich noch sehr intensiv. Ich weiß noch, dass ich tobte, als die Polizisten mir meinen Schmuck abnahmen und mich in eine weiße Ausnüchterungszelle steckten, und wie sehr ich erschrak, als ich aufwachte und erkannte, dass das alles wirklich passiert war. Die Person, die ich nun benommen im Spiegel erblickte, war nicht die, zu der ich gerne hatte werden wollen.

Als ich wieder nach Hause kam, schlug ich *Gesundheit für Körper und Seele* auf. Immer wieder fragte ich mich: »*Ich*? Kann *ich* an Körper und Seele gesund werden?« Ich hatte große Angst, aber zum ersten Mal erwachte in mir die Zuversicht, dass ich das tatsächlich konnte.

Gott brauchte mich, damit ich meine Fähigkeiten in den Dienst der Menschheit stellte. Deshalb würde ich meine negativen Muster nicht länger mit Pflaster überkleben. Ich würde mich einem körperlichen, geistigen, spirituellen und emotionalen Heilungsprozess unterziehen. Ich akzeptierte nun die neuen Denkmuster in diesem Buch und vertraute, wenigstens teilweise, auf Louises Worte.

Jahrelang hatte ich anderen Menschen Ratschläge erteilt, aber die Verantwortung für mein eigenes Selbst zu übernehmen stellte eine ganz andere Art von Herausforderung dar. Doch dadurch, dass Louise ihrer Bestimmung treu blieb, half sie mir, meine eigene zu finden. Louises Affirmationen (zusammen mit den Lehren von Wayne Dyer) ermöglichten mir einen Neuanfang.

Seit 2005 habe ich viele Reisen unternommen, um dazuzulernen. Wenn ich nicht reise, unterrichte ich. Heute bin ich nüchtern, spirituell, erfolgreich und mutig. Ich arbeite als Lebenstrainerin mit Schülerinnen und Studentinnen. Mit Louises Affirmationen, meiner Erfahrung und der Kraft des Universums helfe ich diesen jungen Frauen, ihr Potenzial zu entdecken und zu entfalten.

* * *

Das Licht am Ende eines langen, dunklen Tunnels

von Mary Ellen, Reflexzonentherapeutin und Seminarleiterin, Irland

In der Mitte der 1980er-Jahre, damals war ich Anfang 30, erlebte ich eine dieser »Hausputz«-Episoden, die immer wieder auftreten, um uns aus unserer Ichbezogenheit herauszureißen und spirituell aufzuwecken. Ich wurde arbeitslos, verlor mein Haus, mein Partner verließ mich wegen einer schöneren, erfolgreicheren Frau, und ich entfremdete mich von meiner todkranken Mutter. Als Reaktion auf all das verlor ich meine Verbindung zum Großen Geist – und zu mir selbst.

Ich entwickelte ein Alkoholproblem, hatte rasch wechselnde sexuelle Beziehungen, gab meinen Beruf auf, für den ich eine vierjährige Ausbildung absolviert hatte, lebte nur noch von der Hand in den Mund und schien völlig meinen moralischen Kompass zu verlieren. Verhaltensweisen, die für mich früher undenkbar gewesen wären, wurden zur Norm. Ich gab mir buchstäblich alle Mühe, mein Leben – und mich selbst – wegzuwerfen.

In diesem langen, dunklen Tunnel befand ich mich fast fünf Jahre. Ich war akut selbstmordgefährdet: Zweimal verursachte ich absichtlich Autounfälle, ich trank bis zur Alkoholvergiftung und irrte betrunken an gefährlichen Orten herum. Zweimal verbrachte ich die Nacht in Polizeigewahrsam. Ich hatte alle festen Beziehungen zu anderen Menschen aufgegeben, und die Menschen, mit denen ich meine Zeit verbrachte, waren ebenso verloren wie ich.

Eines schönen Tages wachte ich auf der Couch im Haus einer mitfühlenden Freundin auf. Zu jener Zeit war ich völlig in Verzweiflung versunken. Nichts war mir geblieben. Ich beschloss, einen Spaziergang zu einer weit draußen im Grünen liegenden Buchhandlung zu machen. Das war einer dieser heiligen Orte, wo alles, was man dort entdeckt, mit Geist aufgeladen ist. Ich schaute mich in dem Laden um und kaufte *Gesundheit für Körper und Seele*. Ich las es sorgfältig, führte alle Übungen gewissenhaft durch und entwickelte eine tiefe Verbindung zu Louise. Das war die letzte Verbindung zum Guten, die es in meinem Leben überhaupt noch gab.

Von da an begann für mich ein langwieriger Prozess, eine persönliche Entwicklung, die 20 Jahre dauerte und oft sehr hart war. Aber heute besitze ich ein schönes Haus an einem friedlichen Ort. Ich bin mit einem liebevollen Mann verheiratet, übe einen Beruf aus, der mir Freude macht und auf den ich stolz bin, und ein ständiger Strom des Guten fließt in mein Leben. Ich bin in Kontakt mit dem Geist, und jeden Tag nähere ich mich etwas mehr dem All-Einssein, der Quelle der Heiligkeit. Meine Dankbarkeit gegenüber Louise lässt sich kaum in Worte fassen.

Inzwischen habe ich ihr Werk durch meine Arbeit Hunderten von Menschen nähergebracht. Und vermutlich werde ich das mein ganzes weiteres Leben tun. Und ganz sicher werde ich sie immer lieben.

* * *

Erlösung
von James, Schriftsteller, Kanada

Auf Louise Hay stieß ich im Sommer 1995, als ein Kollege mir von *Gesundheit für Körper und Seele* vorschwärmte. Irgendetwas daran sprach mich an, und ich kaufte mir sofort das Buch. Ich suchte etwas, konnte aber nicht sagen, was. Vielleicht war es Erlösung.

Als ich an jenem schicksalhaften Sommernachmittag zum ersten Mal Louises Buch aufschlug, spürte ich gleich eine Veränderung. Ich spürte, dass dieses Buch »Kraft« hatte. Aber statt mich darauf einzulassen, legte ich es lieber weg und nahm Drogen. Damals war ich drogenabhängig. Ich hatte Angst, war einsam, und meine Selbstachtung befand sich auf dem Tiefpunkt. Durch die Drogen konnte ich vorübergehend meiner Realität entfliehen. Im Drogenrausch wurde ich zu jemandem, der vor nichts Angst hatte und in Gesellschaft anderer glänzen konnte. Dann fühlte ich mich glücklich … bis die Wirkung der Drogen nachließ und ich wieder in die Wirklichkeit zurückfiel. Ich glaubte, nicht liebenswert zu sein, und versuchte, die Leere in meinem Herzen dadurch zu füllen, dass ich mit vielen, vielen Männern ins Bett ging.

Nachdem ich drei Tage hintereinander wach zugebracht hatte (ich war derartig mit Drogen vollgepumpt, dass an Schlaf überhaupt nicht zu denken war), nahm ich *Gesundheit für Körper und Seele* erneut zur Hand. Ich las es von der ersten bis zur letzten Seite. Dann las ich es noch mal und noch mal. Anschließend fiel ich für 36 Stunden in tiefen Schlaf. Als ich erwachte, schaute ich mich in meinem Zimmer um. Alles schien heller und farbiger zu sein als je zuvor. Neben meinem Bett lag Louises Buch. Ich schlug es wieder auf und jetzt nahm ich das darin enthaltene Wissen wirklich in mich auf. Ich sprach laut die empfohlenen Affirmationen. Dann lief ich zum Badezimmerspiegel, um mir dabei ins Gesicht zu sehen – in ein Gesicht, das mich zum ersten Mal im Leben nicht abstieß.

An jenem Tag wurde für mich alles anders, beginnend mit der Entscheidung, meinen selbstzerstörerischen Drogenmissbrauch zu beenden. Das war nicht leicht, denn mit den Drogen verließen mich auch meine damaligen Freunde. Aber dafür zog langsam das Licht in meine Seele ein. Ich vertiefte mich weiter in Louises Buch und praktizierte täglich meine Affirmationen.

Im Lauf der folgenden Monate wurde ich gesund und stark und fing an, mich an der Kunst des Lebens zu erfreuen. Und ich lernte, mich selbst zu mögen. Heute, viele Jahre später, ist die Angst verschwunden – stattdessen genieße ich die beglückende Erregung eines aktiven und kreativen Lebens. Freudig lebe ich in der Gegenwart, liebe mich und setze meine Ziele und Projekte erfolgreich in die Tat um. Ich führe ein erstaunliches, wunderbares, erfülltes Leben … für das ich jeden Tag dankbar bin.

Louise, Sie sind ein Geschenk des Universums. Ihre Bücher und Lehren kommen direkt aus dem Inneren Ihrer wunderbaren Seele. Indem Sie in Ihrer Wahrheit leben und jeden Tag Ihre Energie hinaus in die Welt senden, retten Sie Leben – auch meines haben Sie gerettet. Dafür danke ich Ihnen.

* * *

Den Alkohol überwinden – und Schuldgefühle und Scham
von Kathy Lynn, Studentin, Tennessee

Dies ist die Geschichte eines Mädchens, das, soweit es zurückdenken kann, immer von Schuldgefühlen und Scham gepeinigt wurde. Wenn es morgens aufstand, sah es im Spiegel seine Mängel und Unzulänglichkeiten, und den ganzen Tag über kritisierte es sich.

Als ich 25 Jahre alt war, entdeckte ich den Alkohol. Mit 35 entdeckte ich die Anonymen Alkoholiker (AA). Nachdem ich zwei Jahre lang nüchtern gewesen war, brachte ich mein erstes und einziges Kind zur Welt, einen wundervollen Jungen. Ironischerweise fing ich ein paar Monate später, in der lohnendsten und schönsten Zeit meines Lebens, wieder zu trinken an. Verzweifelt klammerte ich mich noch stärker an meinen christlichen Glauben und die Treffen der Anonymen Alkoholiker. Ich begann eine intensive und verzweifelte Suche – wie konnte ich Heilung finden? Ich kann nur sagen, dass ich alles Erdenkliche versuchte und immer wieder versuchte. Ich versuchte es damit, Gott um Erlösung anzuflehen, und ich versuchte es mit Gebeten. Ich versuchte es damit, zu möglichst vielen AA-Treffen zu gehen, mir den richtigen Sponsor zu suchen und die zwölf Schritte wieder und wieder zu praktizieren.

Nachdem die Polizei mich schon dreimal alkoholisiert am Steuer erwischt und ich fünf Entziehungskuren hinter mich gebracht hatte, konnte ich immer noch nicht aufhören zu trinken! Schließlich gelangte ich zu dem Schluss, dass die einzige Methode, mit dem Trinken aufzuhören, genau das war: aufhören zu trinken.

Es war doch verrückt, immer wieder das Gleiche zu versuchen, obwohl es keinen Erfolg brachte. Ich fing an, meine Glaubenssätze zu hinterfragen, denn offensichtlich funktionierten sie für mich nicht.

Inzwischen war ich also nüchtern, aber noch immer von Schuldgefühlen und Scham geplagt. Dann führte das Universum mich zu Louise Hays Buch *Gesundheit für Körper und Seele* in einer Buchhandlung der Unity-Kirche. Und etwas Wunderbares geschah: Mit Louises Führung begann ich, mein Leben zu heilen! Ich wurde mir meiner Gedanken klar bewusst. Der Entgiftungsprozess begann, als ich die Macht der Affirmationen entdeckte. Als ich Louises Lehren auf mein Leben anwandte, fühlte ich, wie nach und nach jede Zelle meines Körpers gereinigt wurde. Affirmationen wurden zu meiner zentralen Verteidigungsstrategie gegen die Lügen bezüglich meines Lebens und meiner Person, an die ich so lange geglaubt hatte.

Mein Verlobter, der mich zur Unity-Kirche gebracht hat, wird nicht müde, mich »Louise Hay hier und Louise Hay da« sagen zu hören. Er weiß, dass ein Wunder geschehen ist – eine Heilung hat sich ereignet. Ich habe begriffen, dass alles, was ich durchgemacht habe, nicht *gegen* mich gerichtet war, sondern *für* mich geschah. Derzeit arbeite ich an meinem Studienabschluss in Psychotherapie. Ich habe eine Vision, die mich über mich hinauswachsen lässt. Ich weiß, dass das Universum mehr mit mir vorhat, als ich mir ausmalen kann. Ich kann es kaum erwarten, die verwandelnde Kraft von Louises Philosophie an Menschen weiterzugeben, die leiden, und an jeden, den das Universum mir schickt.

Louise, Sie sind meine wichtigste Mentorin, und ich bin so dankbar, dass ich Sie gefunden habe. Ich möchte in Ihre Fußstapfen treten und den Menschen vermitteln, dass der Mangel an Selbstliebe die Wurzel allen Leidens ist und dass Selbstliebe, Selbstvergebung und Selbstakzeptanz das Fundament jeder Heilung bilden.

* * *

Dank Gott ... und Louise!

von Joanne, intuitives Engelmedium und Reikimeisterin, Kanada

Ich erinnere mich nicht mehr genau, wie ich auf *Gesundheit für Körper und Seele* von Louise Hay gestoßen bin. Jedenfalls kam das Buch in einer Zeit zu mir, als ich es besonders brauchte. Ich kämpfte seit vielen Jahren mit einem Alkoholproblem. Es war mir gelungen, einige Zeit trocken zu bleiben, doch im Jahr 2003 wurde ich rückfällig – die Sucht hatte mich wieder im Griff.

Es machte mich krank, an jedem Wochenende krank vom Alkohol zu sein. Ich hatte drei Kinder zu versorgen und schaffte es irgendwie, meinen Job nicht zu verlieren. Aber mich quälten seelische Schmerzen. Ich trauerte um verstorbene Familienmitglieder, die mir sehr nahegestanden hatten, und litt darunter, als Kind sexuell miss-braucht worden zu sein. Es gab also eine Menge, die ich aufarbeiten musste, und ich ahnte, dass das nur möglich sein würde, wenn ich es schaffte, mich vom Alkohol fern-zuhalten.

Eines Tages stand ich vor dem Badezimmerspiegel und fragte mich: »Wie soll ich das bloß schaffen?« Ob Sie es glauben oder nicht: Ich hörte eine Männerstimme, die klar und deutlich zu mir sagte: »Indem du nüchtern bleibst!« Ich glaube, es war die Stimme Gottes. Ich hörte sie nicht zum ersten Mal – es war bereits zweimal geschehen, im-mer wenn ich mich in besonders großen Schwierigkeiten befunden hatte. Von da an war ich fest entschlossen, mich vom Alkohol zu befreien. Zwar gab es noch ein paar Abstürze, aber jedes Mal rappelte ich mich sofort wieder auf und hielt immer länger ohne Alkohol durch.

Dann stieß ich auf *Gesundheit für Körper und Seele* und ich nahm mir Louises Worte zu Herzen. Dank ihrer Affir-mationen fing ich nun an, mein Denken dauerhaft zu ver-ändern. Ich nährte meine Seele mit dem, was sie wirklich brauchte. Als ich mich endlich meinen Traumata stellte und mich völlig vom Alkohol löste, begann mein spirituel-les Erwachen. Auf der Suche danach, wer ich wirklich war, führte Louises Buch mich zu ihrer Website und zu anderen Hay-House-Autoren, die mich dazu inspirierten, mich selbst zu entdecken und mich leidenschaftlich für das zu engagieren, was mir wirklich am Herzen liegt.

Heute arbeite ich nicht länger, um Geld zu verdienen. Als zertifizierte Engel-Therapeutin und Reikimeisterin arbeite ich, weil das meine Göttliche Bestimmung ist.

Danke, Louise, dass Sie eine solche Inspiration für mich waren und sind, obwohl wir uns nie persönlich getroffen haben. Ich danke Gott, dass es Sie gibt.

* * *

Wie ich lernte, mein inneres Kind zu lieben und zu beschützen

von Paul, lizenzierter Massagetherapeut, Maryland

Als junger Erwachsener nahm ich Drogen und versank dadurch immer wieder in einen Nebel aus Ohnmachtsgefühlen und Leugnung. Diese destruktiven, gestörten Muster und Verhaltensweisen hatten ihren Ursprung in Erfahrungen mit meinen Eltern und mit Lehrern. Dann studierte ich Louise Hays Buch *Gesundheit für Körper und Seele* und hörte mir viele ihrer Audioaufnahmen an. Dadurch erkannte ich, wie wichtig es ist, sich selbst und anderen Menschen zu vergeben.

Mit Mitte 30 lernte ich durch die Beschäftigung mit Louises Lehren, dass alle Menschen in meinem Leben, mich eingeschlossen, ihr Bestes gegeben hatten, mit dem Wissen, über das sie damals verfügt hatten. So begann ich langsam, aber sicher, persönlich die Verantwortung für meine Gesundheit und meine geistige Verfassung zu übernehmen (»der Kraftpunkt liegt immer in der Gegenwart«). Der erste Schritt bestand darin, mich von Verbitterung und Schuldgefühlen zu befreien. Und während ich durch Therapien meine Abhängigkeit von verschiedenen Suchtmitteln überwand, widmete ich mich bewusst meinem inneren Kind und lernte, es und mich zu lieben. Immer wenn ich merkte, dass ich mich in negativen Denkspiralen verfing, was oft vorkam, wiederholte ich viele von Louises Affirmationen. Auf diese Weise schenkte ich mir auf vielen Ebenen die elterliche Zuwendung, die mir früher gefehlt hatte. Ich schenkte mir die positiven, ermutigenden Botschaften und Gedanken, die ich mir als Heranwachsender vergeblich von meinen Eltern gewünscht hatte.

Ja, ich hörte auf zu trinken und mich danebenzubenehmen. Aber wie lange hätte ich das durchgehalten und welchen Nutzen hätte es gehabt, wenn ich nie wirklich gelernt hätte, mich selbst und mein inneres Kind zu lieben und gut für uns beide zu sorgen? Dank Louise erwarb ich viel Weisheit und viele Hilfsmittel, mit denen ich mir mein neues Fundament der Liebe und Selbstachtung aufbauen konnte.

Das machte mich stärker und gesünder, sodass ich mit noch größerem Erfolg affirmieren konnte, ein wertvoller, liebenswerter Mann zu sein, der Fülle, Liebe, Kreativität, Wohlstand und Erfüllung in sein Leben zieht.

Und so ist es!

* * *

Ich bin eine gesunde und glückliche abstinente Frau
von Denise, Suchtberaterin, New York

Ich bin eine 50-jährige Frau italienischer Abstammung, die in eine Familie der oberen Mittelschicht in Marine Park, Brooklyn, hineingeboren wurde. In den späten 80er-Jahren war ich abhängig von Crack geworden. Ich war damals verheiratet und hatte zwei kleine Töchter. Wegen meiner Drogensucht wurde mir für sechs Monate untersagt, sie zu sehen. Ich nahm in dieser Zeit an drei verschiedenen stationären Entzugsprogrammen teil, doch es gelang mir nicht, clean zu werden. Es war die dunkelste Zeit meines Lebens.

Im Februar 1989 entdeckte ich die Bücher von Louise Hay und benutzte daraufhin folgende Affirmation: *Ich bin eine gesunde und glückliche abstinente Frau, die vielen Suchtkranken hilft.* Zusätzlich bejahte ich möglichst oft: *Gott ist immer bei mir.*

Ehe ich recht wusste, wie mir geschah, schaffte ich es mehrere Tage hintereinander, ohne Droge auszukommen. Aus Tagen wurden Wochen, und aus Wochen wurden Monate.

1990 bekam ich einen Job als Drogenberaterin. Heute leite ich ein spezielles Programm für Frauen an einer Entziehungsklinik. Dort setze ich Louises Werk ein, um unseren Frauen zu zeigen, wie sie durch Affirmationen ihre Heilung herbeiführen können. Zu meinen Töchtern stehe ich inzwischen wieder in gutem Kontakt. Gerade kam eine Karte von meiner Ältesten. »Ich kenne eine starke und schöne Frau«, schrieb sie. »Ich beobachte sie seit Jahren. Es ist meine Mutter.«

Ich arbeite gegenwärtig an einem Buch über mein Leben. Ohne Louises Worte der Weisheit wäre ich dazu niemals in der Lage gewesen. Sie ist eine wahre Heilerin.

* * *

Heute habe ich alles, was ich mir wünsche!
von Marilyn, Geschäftsfrau, Kanada

Eines Morgens wachte ich mit einem Kopf auf, der sich wie Beton anfühlte, Folge von zu viel Alkohol und Kokain. Ich warf einen Blick auf meinen Freund, der mir kürzlich einen Zahn ausgeschlagen hatte, und dachte: Ich hasse mein Leben!

In der Woche davor hatte mir eine Freundin *Gesundheit für Körper und Seele* geschenkt, und das war der Anfang. Ich stellte eine Liste mit dem auf, was ich mir wirklich wünschte:

1. eine liebevolle, auf Ehrlichkeit beruhende Partnerschaft

2. ein erfolgreiches Geschäft
3. ein Haus im Grünen
4. ein Leben frei von Drogen und Alkohol

Ich schrieb die Wünsche in dieser Reihenfolge auf, formulierte sie in dieser Reihenfolge als Affirmationen, und in dieser Reihenfolge verwirklichten sie sich. Das war vor elf Jahren, und heute ist mein Leben fantastisch. Seit zehn Jahren lebe ich mit einem ehrlichen, humorvollen, warmherzigen, liebevollen Mann zusammen. Gemeinsam betreiben wir eine sehr erfolgreiche Importfirma, für die wir in der kalten Jahreszeit ausgedehnte Reisen in den Süden unternehmen. Wir wohnen in einem wunderschön an einem See gelegenen alten Farmhaus in einer kanadischen Kleinstadt. Und im Jahr 2010 konnte ich mein sechstes Jahr ohne Alkohol und Drogen feiern.

Gesundheit für Körper und Seele ist zu meiner Bibel geworden. Dieses Buch hat mir geholfen, mich vom Schmerz zu befreien und mir ein glückliches Leben nach meinen Wünschen zu erschaffen. Ich habe gelernt, dass das Potenzial für Veränderungen immer in der Gegenwart liegt.

Mein neues Leben verdanke ich Louise, wofür ich ihr immer dankbar sein werde.

* * *

Louises Licht

von Laurence, Eventmanager, Kalifornien

Louise Hay hat mein Leben verändert. 1985, damals war ich in den Zwanzigern, war mein Leben eine einzige Katastrophe: Ich hatte in jungen Jahren beide Eltern verloren, war drogenabhängig, hatte kein Ziel im Leben und kein spirituelles Fundament. Ich war ein sehr wütender junger Mann, der nichts mit sich anzufangen wusste. Eine Arbeitskollegin lud mich ein, sie zu etwas zu begleiten, was sie einen »Heilungszirkel« für Aidspatienten nannte. Er fand in Plummer Park, West Hollywood, statt und wurde von einer Frau namens Louise Hay geleitet. Ich war nie HIV-infiziert, doch die erstaunliche Arbeit, die dort angeblich stattfand, hatte mich neugierig gemacht. Wie die Kollegin erzählte, ereigneten sich dort wahre Wunder.

Ich hielt mich stundenlang in diesen Heilungszirkeln auf und lauschte den Geschichten der Männer, die tapfer gegen diese schlimme (und in jener Zeit noch größtenteils missverstandene und gefürchtete) Krankheit kämpften. Und ich war tief beeindruckt von Louises einfacher Botschaft, dass wir uns selbst lieben sollen und wie wir durch unsere Gedanken unsere Realität erschaffen. Ich begann, Aids in einem größeren Zusammenhang zu sehen – nicht nur, dass es uns gelingen würde, diese Krankheit schließlich zu besiegen, sondern dass diese Arbeit zu mehr Mitgefühl und vorurteilsfreier Akzeptanz in der Welt insgesamt führen würde.

Ich wendete diese Prinzipien auch auf mein eigenes Leben an: Ich befreite mich von den Drogen, zog nach San Francisco, ging wieder aufs College, gründete eine Catering- und Eventfirma, mit der ich 14 Jahre sehr erfolgreich war, fand eine wundervolle Lebenspartnerin und überlebte auf wunderbare Weise eine schwere geschäftliche Krise nach dem 11. September. Ich schloss meine Firma, nur um schon bald in meiner Heimatstadt Los Angeles wieder auf die Füße zu fallen. Hier wohne ich nun mit meiner Partnerin, mit der ich schon seit 17 Jahren glücklich vereint bin, und dem besten Hund der Welt in einem schönen Haus am Meer und übe einen großartigen Beruf aus.

Ich stamme aus einem zerrütteten, von Alkoholismus geprägten Elternhaus, in dem körperliche und seelische Misshandlungen an der Tagesordnung waren. Meine Eltern meinten es zwar gut, waren aber mit ihren eigenen Problemen überfordert und überschütteten mich mit negativen Botschaften und Denkmustern. So hatte ich als junger Mensch ein miserables Selbstbild, und mein Leben hätte leicht einen völlig anderen Verlauf nehmen können. Doch jetzt, mit 50 Jahren, bin ich gesund und glücklich, liebe immer noch Louise sehr und spreche täglich meine Affirmationen. Voller Zuversicht freue ich mich auf die zweite Hälfte meines Lebens.

Ich bin heute in der Lage, mir selbst und anderen in einer Weise Gutes zu tun, wie ich es mir als der wütende junge Mann, der ich damals war, nie hätte vorstellen können. Louise hat mein Leben verändert, indem sie für mich das Licht war, das mir den Weg wies. Ich selbst veränderte mein Leben, indem ich lernte, wie einfach das Universum in Wahrheit ist, wenn man loslässt, sich innerlich öffnet und an jedem Tag Dankbarkeit praktiziert.

* * *

Heilungsarbeit mit Louise

Kein Buch, geschweige denn ein einzelnes Kapitel, kann bei der Heilung von Suchtleiden Therapien und Zwölf-Schritte-Programme ersetzen. Die Veränderung beginnt jedoch immer im Inneren. Die besten Therapieprogramme können Ihnen nicht helfen, wenn Sie selbst nicht bereit sind, sich von Ihren Süchten zu befreien.

Es ist an der Zeit, dass Sie eine neue Vision für Ihre Zukunft entwickeln und sich von allen Glaubenssätzen und Gedanken lösen, die Ihnen nicht guttun. Die folgenden Übungen helfen Ihnen, diesen inneren Veränderungsprozess in Gang zu setzen. Schreiben Sie Ihre Antworten auf ein Blatt Papier oder in Ihr Tagebuch.

 ## Sich von der Sucht befreien

Atmen Sie ein paarmal tief durch. Schließen Sie die Augen. Denken Sie an die Person, den Ort oder die Substanzen, nach denen Sie süchtig sind. Denken Sie darüber nach, wie verrückt die Sucht ist: Sie versuchen, etwas in Ihnen, von dem Sie denken, es wäre nicht in Ordnung, dadurch zu beheben, dass Sie zu etwas greifen, das sich außerhalb von Ihnen befindet. Der Kraftpunkt für jede Veränderung liegt in der Gegenwart. Sie können also gleich heute damit beginnen, Ihr Leben zu ändern.

Seien Sie bereit, sich von dem suchthaften Bedürfnis zu lösen. Sagen Sie: »*Ich bin jetzt bereit, mein Bedürfnis nach _____ aufzugeben. Ich lasse dieses Bedürfnis jetzt los und vertraue darauf, dass das Leben mich mit allem versorgt, was ich wirklich brauche.*«

Machen Sie diese Affirmation zum festen Bestandteil Ihrer morgendlichen Meditationen oder Gebete.

 ## Ihre geheime Sucht

Listen Sie zehn Geheimnisse bezüglich Ihrer Sucht auf, die Sie noch niemandem anvertraut haben. Wenn Sie esssüchtig sind, haben Sie vielleicht schon einmal etwas aus einer Mülltonne gegessen. Wenn Sie Alkoholiker sind, haben Sie vielleicht Alkohol in Ihrem Auto versteckt, um während der Fahrt davon trinken zu können. Wenn Sie spielsüchtig sind, haben Sie vielleicht zum Leidwesen Ihrer Familie hohe Schulden gemacht, um Ihre Sucht befriedigen zu können. Seien Sie wirklich aufrichtig und offen.

Sich von der Vergangenheit lösen

Arbeiten wir nun daran, Ihr emotionales Anhaften an Ihre Sucht aufzulösen. Lassen Sie es zu, dass die Erinnerungen einfach nur Erinnerungen sind.

Wenn wir uns von der Vergangenheit lösen, werden wir frei, unsere gesamte geistige Kraft dafür zu nutzen, die Gegenwart zu genießen und uns eine helle, freundliche Zukunft zu erschaffen. Wir bestrafen uns dann nicht länger für die Vergangenheit.

1. Listen Sie alles auf, von dem Sie sich lösen wollen.
2. Wie bereit sind Sie wirklich zum Loslassen? Beobachten Sie Ihre Reaktionen und schreiben Sie sie auf.
3. Was müssen Sie tun, um diese Dinge loszulassen? Wie groß ist Ihre Bereitschaft, es zu tun?

Sich selbst wertschätzen

Da bei Suchtverhalten der Selbsthass eine so große Rolle spielt, werden wir nun eine meiner Lieblingsübungen ausprobieren. Ich habe diese Übung schon Tausenden von Menschen empfohlen, und die Ergebnisse sind wirklich sensationell.

Jedes Mal wenn Sie während der nächsten vier Wochen an Ihre Sucht denken, sagen Sie immer wieder zu sich: »*Ich wertschätze mich.*«

Wiederholen Sie diese Affirmation möglichst oft, 300- oder 400-mal am Tag. Nein, das ist nicht zu oft. Wenn Sie sich Sorgen machen, denken Sie auch täglich mindestens so oft an Ihr Problem. Machen Sie *Ich wertschätze mich* zu Ihrem Mantra, das Sie beinahe nonstop in Gedanken oder laut wiederholen.

Das häufige Wiederholen dieser Aussage wird garantiert alles in Ihrem Bewusstsein ans Licht bringen, was zu ihr im Widerspruch steht. Vielleicht kommen Ihnen negative Gedanken in den Sinn wie: *Ich soll MICH wertschätzen? Aber ich habe doch gerade wieder zwei Stücke Kuchen gegessen!* oder: *Ich bin ein Versager* – oder wie Ihre negativen Selbstgespräche sonst aussehen mögen. *Das* ist dann der richtige Moment, die bewusste geistige Kontrolle zu übernehmen! Messen Sie diesen Gedanken keine Bedeutung bei. Sehen Sie sie als das, was sie sind – wieder einmal ein Weg, in der Vergangenheit stecken zu bleiben. Sagen Sie sanft zu diesem Gedanken: *Danke, dass du dich mir mitteilst. Ich lasse dich jetzt ziehen. Ich wertschätze mich.* Diese widerstrebenden Gedanken besitzen keinerlei Macht über Sie, solange Sie sich nicht dafür entscheiden, ihnen Glauben zu schenken.

 ## Seelische Reinigung gegen die Sucht

Unsere Süchte helfen uns, Gefühle zu unterdrücken, sodass wir nichts spüren. Wenn wir uns nicht mit dem auseinandersetzen wollen, was um uns herum geschieht, oder nicht dort sein wollen, wo wir sind, folgen wir einem Muster, das uns von uns selbst ablenkt. Dieses Muster kann sich als Sucht nach Essen ausdrücken, als Sucht nach chemischen Substanzen oder bestimmten Emotionen. Vielleicht sind wir aber auch süchtig danach, Schulden zu machen oder krank zu werden.

Wenn Sie sowieso nach so ziemlich allem süchtig sein können, warum denn dann nicht süchtig sein danach, sich selbst zu lieben? Sie könnten auch süchtig nach etwas sein, was wirklich gut für Sie ist, zum Beispiel nach Affirmationen. Sie können eigene formulieren oder die aus der nachfolgenden Liste verwenden, ganz wie Sie möchten.

 ## Affirmationen

- *Ich löse mich von dem Muster in mir, durch das diese Situation entstanden ist. Ich bin im Frieden. Ich bin wertvoll.*
- *Ich kann gefahrlos mein Leben selbst in die Hand nehmen. Ich entscheide mich dafür, frei zu sein.*
- *Ich löse durch tiefes, entspanntes Atmen meinen Stress auf.*
- *Liebevoll hole ich mir meine Macht zurück. Ich löse mich von dieser alten Idee und lasse sie ziehen.*
- *Ich gebe mir die Erlaubnis, mich zu verändern.*
- *Kein Mensch, Ort oder Ding hat irgendeine Macht über mich. Ich bin frei.*
- *Ich erschaffe mir ein neues Leben mit neuen Regeln, die mich bei meiner Entwicklung und Entfaltung wirklich unterstützen.*
- *Die Vergangenheit ist vorbei. Hier und jetzt entscheide ich mich dafür, mich zu lieben und wertzuschätzen.*
- *Alle Erfahrungen dienen in perfekter Weise meinem persönlichen Wachstum. Ich bin im Frieden mit meiner momentanen Situation.*
- *Mein Bewusstsein ist gereinigt und frei. Ich lasse die Vergangenheit hinter mir und öffne mich für das Neue. Alles ist gut.*

- *Mit Leichtigkeit löse ich mich von allem, was ich im Leben nicht länger brauche.*
- *Ich gebe immer mein Bestes. Ich bin wunderbar. Ich lebe in Frieden.*
- *Leicht und mühelos lasse ich Altes hinter mir und heiße das Neue freudig willkommen.*
- *Ich bin bereit, mich zu verändern und weiterzuentwickeln. Ich erschaffe mir jetzt eine sichere neue Zukunft.*
- *Ich begrenze mich nicht. Ich bin immer bereit, den nächsten Schritt zu tun.*
- *Ich meistere alle meine Erfahrungen liebevoll, freudig und mit Leichtigkeit.*
- *Ich überwinde alte Begrenzungen und schreite voran in die Freiheit des Neuen.*
- *Ich liebe und achte mich. Ich entscheide mich jetzt dafür, gut für mich selbst zu sorgen.*
- *Jedes Verlangen nach Zigaretten (oder wonach Sie sonst süchtig sind) ist verschwunden, und ich bin frei.*

Behandlung bei Suchtproblemen

Ich beanspruche für mich ein hohes Selbstwertgefühl und Selbstachtung. Ich liebe und wertschätze mich in jeder Hinsicht. Ich bin nicht meine Eltern und auch nicht die Suchtprobleme, die sie möglicherweise hatten. Wie auch immer meine Vergangenheit ausgesehen haben mag, jetzt in diesem Augenblick entscheide ich mich dafür, alle negativen Selbstgespräche zu beenden und mich selbst zu lieben und wertzuschätzen. Ich bin mein eigenes einzigartiges Selbst, und ich freue mich an dem, was ich bin. Ich bin wertvoll, liebenswert und göttlich inspiriert. Das ist die Wahrheit meines Seins, und ich akzeptiere, dass es so ist. Alles ist gut in meiner Welt.

TEIL 2
Hilfe im Alltag

4
Wohlstand herbeiziehen

Wohlstand misst sich nicht an der Größe unseres Bankguthabens, sondern an unserem Bewusstseinszustand. Was glauben Sie vom Universum zu »verdienen«? Glauben Sie, dass Ihnen Gelegenheiten entgehen, weil Sie »nicht gut genug« sind? Der Glaube an den Mangel ist das Einzige, was Sie wirklich einengen kann. Wenn Sie Ihre Perspektive ändern und anfangen, das wertzuschätzen, was Sie bereits besitzen, und außerdem bejahen, dass Sie tatsächlich Wohlstand verdienen, werden Sie staunen, wie großzügig das Leben Ihnen gegenüber sein kann! Die folgenden Tatsachenberichte legen Zeugnis ab für die unendliche Fülle des Universums.

Unser Traumhaus
von Jacqui, Direktorin für Öffentlichkeitsarbeit, Kalifornien

Im Januar 2004 hatte der Häuserboom in San Diego seinen Höhepunkt erreicht. Seit drei Monaten suchten mein Mann Cameron und ich nach dem richtigen

Haus – ohne Erfolg. Alle Häuser, die wir uns anschauten, waren zu klein, zu teuer, zu renovierungsbedürftig, oder die Lage sagte uns nicht zu … nie waren wir wirklich mit dem Angebotenen zufrieden. Ich beschloss, mir eine von Louises Affirmationen an den Computermonitor zu heften:

Ich habe den perfekten Raum zum Leben. Ich sehe mich selbst, wie ich in einem wunderbaren Haus am für mich perfekten Ort wohne. Das Haus entspricht perfekt meinen Bedürfnissen und Wünschen. Es liegt in einer schönen Gegend, und ich kann es mir leisten.

Nur zwei Monate später fanden mein Mann und ich unser perfektes Haus! Es besaß alles, was wir uns wünschten – und zum richtigen Preis! Wir reichten ein Angebot ein, doch im letzten Augenblick nahm der Verkäufer das Haus wieder vom Markt. Wir waren zutiefst enttäuscht, denn wir wünschten uns sehr, es zu kaufen. Ich bat meinen Makler, Kontakt mit dem Verkäufer aufzunehmen und ihn wissen zu lassen, dass er uns unbedingt kontaktieren solle, falls er sich doch noch zum Verkauf entschließe.

Ich war fest entschlossen, dieses Haus zu bekommen, also arbeitete ich weiterhin mit meinen Affirmationen – in der Mittagspause fuhr ich sogar an dem Haus vorbei und stellte mir vor, wie es wäre, dort zu wohnen. Auch stellte ich mir vor, wie ich in der Nachbarschaft mit meinen Kindern im Kinderwagen spazieren ging. Ich konnte wirklich *sehen*, wie ich mit meiner Familie dort lebte und mich lachend mit den netten Nachbarn unterhielt. Mit Inbrunst setzte ich täglich Louises Affirmationen ein.

Cameron und ich setzten unterdessen unsere Haussuche fort, fragten aber unseren Makler immer wieder, ob der Eigentümer des ersten Hauses nicht doch noch verkaufen wollte. Die Antwort lautete stets Nein. Schließlich fanden wir ein anderes Haus, das unseren Kriterien ziemlich nahekam. Aber wir waren längst nicht so begeistert wie bei dem ersten Haus. Als wir zu unserem Makler gingen, um ein Angebot für das zweite Haus abzugeben, bat ich ihn, ein letztes Mal den Eigentümer des »perfekten Hauses« anzurufen, bevor wir das andere kauften. Ich mochte die Hoffnung einfach nicht aufgeben. Wieder war ein klares Nein die Antwort. Also wendete ich Louises Affirmationen *noch mehr* an! Immer noch sah und fühlte ich, wie ich in diesem Haus lebte.

Wir reichten ein Angebot für das zweite Haus ein. Als die Verkäufer unser Angebot ablehnten, teilte uns unser Makler zu unserer Überraschung mit, dass der Eigentümer des ersten Hauses plötzlich sehr dringend Geld für eine geschäftliche Investition benötigte … wenn wir noch interessiert wären, wolle er jetzt an uns verkaufen.

So wurde am 1. April 2004 doch noch der Kaufvertrag unterzeichnet (und das war kein Aprilscherz!), und mein Mann, unsere beiden Töchter und ich hätten nicht glücklicher sein können!

* * *

Mit Louise das Beste ins Leben ziehen
von Suzanne, Personalchefin, Texas

Louise Hay war und ist eine großartige Inspiration für mich und die Menschen in meiner Umgebung. Zum ersten Mal erfuhr ich im Jahr 2000 von Louises Arbeit. Einen Tag bevor ich mich einer diagnostischen Operation unterziehen musste, erhielt ich von einer Freundin das Buch *Gesundheit für Körper und Seele*. Es leuchtete mir sofort ein, dass unser Körper ein einschränkendes Gedankenmuster widerspiegelt, wenn es lange genug Bestandteil unseres Denkens war. Es fiel mir daher leicht, die Idee zu akzeptieren, dass ich meine Denkmuster ändern musste, wenn ich mir andere Ergebnisse in meinem Leben wünschte.

Über die Jahre habe ich viele von Louises Büchern, CDs und Affirmationskarten gekauft. Sie waren mir eine große Hilfe auf meinem Weg. Ich lernte, offen und aus dem Herzen zu leben, mein inneres Geplapper zum Schweigen zu bringen und meine Reise der Selbstentdeckungen mit anderen zu teilen. Louise hat mich ermutigt, die Kreativität in mein Leben einzuladen und neue Wege zu erkunden. Nun helfe ich anderen Menschen, ihre Herzenswünsche zu entdecken und ihre Träume zu leben. Ich berate sie dabei, indem ich ihnen erzähle, wie ich mein Denken positiv verändert habe.

Die Affirmation, die so fast allen Menschen ein Lächeln ins Gesicht zaubert, lautet: *Ich bin ein Geld-Magnet. Ich ziehe Wohlstand jeder Art magisch an.* Eines Tages schaute ich mich mit einer Freundin in einer Buchhandlung in Scottsdale, Arizona, um. Ich nahm eines von Louises Büchern in die Hand, und die Verkäufern lächelte und sagte: »Ich liebe Louise Hay.« »Wir auch!«, erwiderten wir wie aus einem Mund. Dann kamen wir alle drei überein, dass uns die Affirmation *Ich bin ein Geld-Magnet* ganz besonders gefällt. In diesem Moment wurde mir bewusst, wie viele Menschen Louises Werk kennen und wie verbindend das zwischen scheinbar fremden Menschen wirken kann.

Kürzlich kaufte ich *You Can Heal Your Life – Der Film.* Es war eine große Freude, dort noch mehr über Louises Lebensweg zu erfahren und zu sehen, wie sie liebevoll aus dem Herzen lebt. Ich bin so froh, dass sie ihrem Herzen gefolgt ist und ihre Ideen und Gedanken mit der Welt teilt, auch wenn andere daran zweifelten, dass Louises Vision sich realisieren lassen würde.

Louise hat mich ermutigt, neue Möglichkeiten und Potenziale zu erkunden. Wenn ich mich in einer Situation unwohl fühle, sage ich mir sofort: *Ich bin sicher und ge-*

borgen. Das klärt mein Bewusstsein und ermöglicht es mir, meine jeweiligen Alternativen zu erkennen und eine gute Entscheidung zu treffen. Außerdem mag ich Louises Abendmeditation ganz besonders: »Der Tag ist bewältigt. Ob es ein guter Tag war oder ein schlechter. Er ist vorbei.« Ja, Louise Hay hat mein Leben und das Leben vieler Menschen um mich herum verändert. Ich kann ihr gar nicht genug danken.

* * *

Meine Träume werden Wirklichkeit

von Michelle, Klavierlehrerin, Massachusetts

Als mein Sohn zur Welt kam, hatte ich elf Jahre lang als Sekretärin gearbeitet. Ich suchte nach einer Möglichkeit, zu Hause bei ihm zu sein und dennoch Geld zu verdienen. Also entschied ich mich dafür, Tagesmutter zu werden. Mein Mann unterstützte mich sehr und ermutigte mich zu dieser beruflichen Veränderung. Zwei Jahre übte ich diesen Beruf aus, hatte aber das Gefühl, es sei Teil meiner Bestimmung, mehr aus meinem Leben zu machen. Als meine Tochter zur Welt kam, erwachte in mir der starke Wunsch, Klavierlehrerin zu werden. Doch ich sah keine Möglichkeit, diesen Wunsch zu verwirklichen. Zwar war ich klassisch ausgebildete Pianistin, glaubte aber, als Klavierlehrerin nicht genügend qualifiziert zu sein.

Damals, im Jahr 1989, entdeckte ich Louise Hay. Nachdem ich ihre wundervollen Bücher durchgearbeitet und ihre Audiokassetten gehört hatte, begann ich damit, für mich das Leben zu affirmieren, das ich mir wünschte. Ich arbeitete daran, mich von den Dingen aus meiner Vergangenheit zu befreien, die mir nicht länger dienlich waren. Ich besuchte Seminare und Kurse, in denen ich

lernte, Klavierunterricht zu geben. Ich abonnierte Fachzeitschriften für Musikunterricht und gab eine Zeitungs-
annonce auf. Schon bald hatte ich sieben Schüler, die ich
abends unterrichtete, wenn die Kinder, die ich als Tagesmutter betreute, von ihren Eltern abgeholt worden
waren. Während der nächsten sechs Monate wurde der
Klavierunterricht immer wichtiger für mich. Ich arbeitete
weiterhin täglich mit Louise Hays Affirmationen und
spürte, dass ich mich auf dem richtigen Weg befand.

Ich affirmierte, was ich mir wirklich wünschte und
woran ich wirklich glaubte – ohne zu ahnen, dass ich
zehn Jahre später nicht nur als staatlich diplomierte Mu-
siklehrerin erfolgreich Klavier unterrichten, sondern
zudem Vorsitzende des Musiklehrerverbandes in meinem Bundesstaat sein würde. Dann entdeckte ich mein
Interesse für Musiktechnologie und begegnete wunderbaren Lehrern und Mentoren auf diesem Gebiet. Im Jahr
2003 bat man mich, auf einer landesweiten Musiklehrer-
tagung in Utah meinen ersten Vortrag über Musiktechnologie zu halten.

Heute leite ich ein Klavierstudio mit über 50 Schülern,
engagiere mich im Vorstand des Musiklehrerverbandes,
sowohl vor Ort wie auch in meinem Bundesstaat, und
habe Vorträge über Musiktechnologie auf Musiklehrerta-
gungen in neun Bundesstaaten und in Kanada gehalten.
Darüber hinaus bin ich Jurymitglied bei Klavierwettbe-
werben. Von mir verfasste Artikel und Rezensionen wurden in Fachzeitschriften für Musikunterricht veröffent-
licht (in jenen Zeitschriften, die ich zu Beginn meiner
neuen Karriere abonniert hatte!), und ich bin Koautorin
eines in diesem Jahr erschienenen Buches über Musiktechnologie. Ich betätige mich als Organistin und Chor-
leiterin und begleite mehrere Chöre am Klavier.

Louise durch ihre Bücher und Audiokassetten kennenzulernen und mit ihren Lehren zu arbeiten, hat wahre

Wunder für mich bewirkt, denn es hat mir geholfen, meine Träume zu verwirklichen!

* * *

Eine wunderbare Heilung in allen Lebensbereichen

von Kathryn, spirituelle Lebensberaterin und Coach, Washington

Vor sieben Jahren, als mir eine Operation bevorstand, bei der sechs Myome entfernt werden sollten, entdeckte ich Louises Buch *Gesundheit für Körper und Seele*. Zu jener Zeit lebte ich von meinem Mann getrennt und hatte mich ganz in die Opferrolle zurückgezogen. Ich war arbeitslos, hatte aber zwei Hypotheken abzuzahlen. Daher wollte ich mein Haus in Florida möglichst schnell verkaufen. Ich brauchte ein Wunder, und zwar dringend! Durch *Gesundheit für Körper und Seele* wurde ich dazu inspiriert, um solche Wunder zu bitten … und sie wurden mir tatsächlich geschenkt!

Bevor ich die Einwilligung zu einer Operation gab (für deren Bezahlung ich keine Krankenversicherung besaß), fragte ich meine Ärztin, ob es stimme, dass wir uns selbst heilen könnten. Sie antwortete geradeheraus: »Ich habe schon Wunder gesehen.« Ich bat um sechs Wochen Aufschub, in denen ich versuchen wollte, diese Myome selbst zu heilen, denn ich glaubte, dass der Schmerz der Trennung von meinem Mann die Ursache war. Meine Ärztin gewährte mir die sechs Wochen, setzte aber schon Termine für die Ultraschalluntersuchung und andere Operationsvorbereitungen fest.

Gleich an diesem Tag begann ich damit, täglich fünf Kilometer spazieren zu gehen. Währenddessen wiederholte ich ständig Louises Affirmationen gegen Myome. Diese

Praxis behielt ich, von großer Hoffnung getragen, während der gesamten sechs Wochen bei.

Vor meinem nächsten Arzttermin fühlte ich mit starker Gewissheit, dass etwas Wunderbares geschehen war. Und so war es auch. Die sechs Myome hatten sich buchstäblich in Luft aufgelöst. Mehrere Ärzte waren fassungslos und murmelten, dass dies doch völlig unmöglich sei. Ich wusste, dass sich ein Wunder ereignet hatte, und wie sich zeigte, war das erst der Anfang. Ich heilte mich von meinem Opferkomplex und meinem Mangelzustand. In nur zwei Wochen gelang es mir, mein Haus zu verkaufen, sodass ich wieder über Bargeld verfügte. Und dann gründete ich ein eigenes Geschäft, das sich ausgezeichnet entwickelte. Heute bin ich eine wohlhabende, gesunde und glückliche Frau. Eines Tages möchte ich ein Buch über meine erstaunlichen Erlebnisse damals vor sieben Jahren schreiben, und über all die Wunder, die sich seitdem in meinem Leben ereignet haben.

* * *

Die Wunder-Hypothek

von Nicole, Übende auf der spirituellen Lebensreise, Texas

Ich kann gar nicht in Worte fassen, wie dankbar ich Louise Hay und Hay House dafür bin, dass sie mir die Augen für die Arbeitsweise des Universums geöffnet haben. Diesen Lehren schreibe ich das Wunder zu, das ich kürzlich erlebt habe.

Am 31. Oktober 2008 wurde mein Mann arbeitslos. Ich machte mir große Sorgen, dass wir im Zuge der amerikanischen Wirtschaftskrise unser Haus verlieren würden. Am 1. Januar 2009 beschlossen wir dann, unser Haus zum Verkauf anzubieten, ohne zu ahnen, wie lange es dauern würde, einen Käufer zu finden. Ich wusste, dass es nicht richtig war, mich auf meine Ängste und unseren finanziellen Mangel zu konzentrieren, aber ich wollte auch nicht unrealistisch sein, was unsere Situation anging. Ich meditierte und betete und fühlte ein starkes inneres Wissen, dass alles sich zu unserem höchsten Wohl entfalten würde. Ich vertraute auf das Universum und entspannte mich, aber unseren Plan, das Haus zu verkaufen, hielten wir dennoch aufrecht.

Drei Tage vor unserem Verkaufstermin sprach mein Mann mit der Bank. Es stellte sich heraus, dass sie einen Fehler gemacht und uns die doppelten Hypothekenraten berechnet hatten. Somit waren unsere Raten bereits bis April 2010 bezahlt! Ohne die Hypothekenraten und mit zwei vollständig abbezahlten Autos stehen wir momentan finanziell ziemlich gut da, obwohl wir noch beide arbeitslos sind. Dieses Hypotheken-Wunder war genau das, was wir brauchten, um unsere Lage zum Besseren zu wenden! Ich wusste, dass das Universum auf meiner Seite ist, aber die Göttliche Vollkommenheit und die zeitliche Fügung dieses Wunders erfüllen mich immer noch mit ehrfürchtigem Staunen!

* * *

Jetzt jubelt mein Herz!
von Shelley, Seminarleiterin, Australien

Als ich Louise Hays Werk entdeckte, war ich in meiner 14 Jahre währenden Berufslaufbahn in einer Sackgasse angelangt, fühlte mich desillusioniert und ausgebrannt. Ich war andauernd krank, zog mir in drei aufeinanderfolgenden Jahren eine Lungenentzündung zu und außerdem Augenherpes, um nur ein paar meiner Leiden zu nennen. Ich sehnte mich nach etwas Besserem. Ich wollte wieder mit Leidenschaft arbeiten und damit etwas Positives bewirken, nicht nur in meinem eigenen Leben, sondern auch für andere.

Von Louise lernte ich, dass es besser ist, selbst aktiv zu werden, statt herumzusitzen und darauf zu warten, dass uns jemand rettet. Deswegen nahm ich mir zwei Wochen Urlaub, entfernte alle persönlichen Gegenstände von meinem Schreibtisch, ja, sogar mein Namensschild. Die Kollegen sagten, es sähe aus, als würde ich nicht zurückkommen. Ich lächelte nur und ging ruhig meinen Aufgaben nach. Mein Geheimnis behielt ich für mich.

Während meines Urlaubs tankte ich auf und affirmierte die ganze Zeit, dass ich bereit war, meinen jetzigen Job aufzugeben und eine neue Rolle zu übernehmen, eine Aufgabe, bei der »mein Herz jubeln« würde. Ich fing an, gut für *mich* zu sorgen – denn ich litt seit Monaten unter ständigen Schmerzen und benötigte Schmerzmittel, um es überhaupt aus dem Bett zu schaffen. Nun ließ ich mich gründlich ärztlich untersuchen.

Acht Wochen nach meiner Rückkehr an meinen Arbeitsplatz sagte man mir, dass die Unternehmensfiliale, in der ich beschäftigt war, geschlossen werden würde. In acht Wochen würde man mich entlassen. Ich ließ mir meine freudige Erregung nicht anmerken – ich würde also nicht nur den Job aufgeben, der mir keine Freude mehr machte, sondern sogar noch eine Abfindung erhalten!

Bei meinem medizinischen Check-up wurde ein großer Tumor an meinen Eierstöcken entdeckt. Ich nannte ihn Monty. Da ich wusste, dass ich ihn selbst erschaffen hatte, erschien es mir recht und billig, dass er einen Namen bekam. Ich erledigte die letzten acht Wochen gewissenhaft meine Arbeit und anschließend ließ ich mich sofort operieren. Die Ärzte hatten eine gute Nachricht für mich: Der Tumor war gutartig. Nun hatte mein neues Leben wirklich begonnen!

Heute bin ich Vollzeitstudentin, Schriftstellerin und Künstlerin. Kürzlich habe ich meine Ausbildung als Seminarleiterin für den »Heile dein Leben, lebe deine Träume«-Workshop abgeschlossen. Ich tue also jetzt tatsächlich das, was mein Herz jubeln lässt!

Das Leben ist gut – ich bin wohlhabend und glücklich, und für Louises Bücher werde ich ewig dankbar sein. Sie waren der Schlüssel, mit dem ich mich aus meinem selbst geschaffenen Gefängnis befreite. Wenn man einmal erkennt, dass man alles tun, sein und verändern kann, fühlt man sich wirklich stark. Man muss nur den Mut aufbringen, sich seine Vision vorzustellen ... und dann daran glauben!

* * *

Wie ich mein perfektes Haus manifestierte

von Jenny, Grafikdesignerin, Kalifornien

Vor acht Jahren wohnte ich in einem hübschen Haus, aber es war nicht das Richtige für meine Familie. Ich wünschte mir ein Haus, das Individualität bot und frei stand, umgeben von einem großen Grundstück. Eine Freundin erzählte mir von einem Anwesen, das perfekt zu sein schien. Es war ein altes Ranchhaus, von viel eigenem Land umgeben, das am Ende einer schönen, von Bäumen gesäumten Privatstraße in einer ruhigen Gegend stand. Meine Freundin hatte gehört, dass die jetzigen Eigentümer bald ausziehen wollten.

Ich spazierte an dem Haus vorbei und verliebte mich sofort. Ich war schon lange ein Fan von Louise Hay und beschloss, einige ihrer Manifestationstechniken anzuwenden, um meinen Traum Wirklichkeit werden zu lassen. Ich machte ein Foto von dem Haus und hängte es an meinen Kühlschrank. Jeden Tag stellte ich mir lebhaft vor, dort zu wohnen. Fast jede Woche spazierte ich mit meiner Tochter im Kinderwagen an dem Haus vorbei. Und standhaft visualisierte und affirmierte ich, dass dies das Zuhause meiner Familie war.

Schließlich ergab es sich, dass ich mit meinem Mann den Eigentümern des Hauses einen Besuch abstattete. Wir einigten uns schnell, ohne einen Makler hinzuzuziehen, und erwarben das Haus zu einem guten Preis.

Genau ein Jahr nachdem ich das Foto gemacht hatte, zog ich mit meiner Familie in unser neues Zuhause ein. Das Haus hatte jedoch durchaus auch seine Fehler. Es war 35 Jahre alt und nie modernisiert worden. Deswegen planten mein Mann und ich einige Renovierungsmaßnahmen und Umbauten. Wir sagten uns, dass wir sie in Angriff nehmen würden, wenn wir fünf Jahre dort wohnten. Fünf Jahre vergingen, und dann sechs, doch noch immer schien nicht der richtige Zeitpunkt für die Renovierung zu sein. Doch inzwischen waren einige Installationen wirklich dringend reparaturbedürftig, was sich im Alltag zum Ärgernis entwickelte.

Während des sechsten Jahres wurde mir klar, dass ich endlich etwas unternehmen musste. Ich gestaltete eine Visionskarte, die alles enthielt, was ich mir für unser Haus wünschte: Es sollte schön, friedlich, heimelig warm und einladend sein, mit genug Platz für geselliges Beisammensein. Auch visualisierte ich, wie das Haus innen und außen künftig aussehen sollte. Ich affirmierte, dass diese Veränderungen bereits Realität waren.

Zu Beginn des siebten Jahres in unserem Haus begannen wir mit Renovierung und Umbau. Jetzt haben wir uns das Zuhause unserer Träume erschaffen, dank positiver Gedanken und Affirmationen!

* * *

Heilungsarbeit
mit Louise

Um die grenzenlose, unerschöpfliche Fülle des Universums empfangen zu können, müssen Sie zunächst lernen, diese Fülle zu akzeptieren und sich dafür zu öffnen. Wenn Sie das nicht tun, können Sie noch so sehr sagen, dass Sie etwas wollen. Sie sind dann nicht in der Lage, es in Ihr Leben hereinzulassen. Doch auch wenn Sie noch so lange den Glauben verinnerlicht haben, ein Versager zu sein – es ist nur ein Gedanke, und Sie können hier und jetzt einen anderen wählen.

Nehmen Sie sich ein paar Minuten Zeit, sich auf den Erfolg und Wohlstand zu konzentrieren, den Sie in Ihr Leben holen möchten, und nutzen Sie dazu die folgenden Übungen. Schreiben Sie Ihre Antworten auf ein Blatt Papier oder in Ihr Tagebuch.

 Ihr Umgang mit dem Geld

Schreiben Sie drei Verhaltensweisen im Umgang mit dem Geld auf, für die Sie sich selbst immer wieder kritisieren. Vielleicht machen Sie ständig Schulden, können kein Geld sparen oder haben keine Freude am Geld.

Finden Sie zu jeder dieser problematischen Verhaltensweisen ein Beispiel, wo Sie das unerwünschte Verhalten *nicht* an den Tag gelegt haben. Zum Beispiel:

- *Ich kritisiere mich dafür,* dass ich zu viel Geld ausgebe und ständig verschuldet bin. Ich bekomme meine Ausgaben nicht in den Griff.

- *Ich lobe mich dafür,* dass ich in diesem Monat meine Rechnungen bezahlt habe. Ich bezahle alle meine Rechnungen zur rechten Zeit und mit Freude.

 Spiegelarbeit

Stellen Sie sich mit ausgebreiteten Armen hin und sagen Sie: »Ich bin offen und empfangsbereit für alles Gute.« Wie fühlen Sie sich dabei?

Schauen Sie nun in den Spiegel und sagen Sie diese Affirmation ein zweites Mal.

Welche Gefühle löst das in Ihnen aus? Wenn die Fülle des Universums ungehindert in Ihr Leben strömt, sind Sie frei, sich Ihre Träume zu erfüllen. Notieren Sie, was Sie mit dieser Fülle anfangen möchten.

 Ihre Gefühle bezüglich des Geldes

Untersuchen wir nun, wie es um Ihr Selbstwertgefühl im Hinblick auf das Geld bestellt ist. Beantworten Sie die folgenden Fragen:

1. Stellen Sie sich wieder vor den Spiegel.
   Schauen Sie sich in die Augen und sagen Sie:
   »Meine größte Angst beim Thema Geld ist
   _____.«
   Schreiben Sie die Antwort auf und erklären
   Sie, warum Sie so empfinden.
2. Was haben Sie als Kind über Geld gelernt?

3. In welcher Zeit sind Ihre Eltern aufgewachsen? Wie haben sie über Geld gedacht?
4. Wie ging man in Ihrer Familie mit den Finanzen um?
5. Wie gehen Sie heute mit Geld um?
6. Was würden Sie an Ihrem Geld-Bewusstsein gerne ändern?

 Ein Ozean der Fülle

Ihr Wohlstandsbewusstsein ist nicht vom Geld abhängig. Aber es hängt von Ihrem Wohlstandsbewusstsein ab, wie viel Geld in Ihr Leben strömt. Wenn Sie sich mehr vorstellen und zugestehen, dann wird Ihnen auch mehr zufließen.

Visualisieren Sie, dass Sie an einem Meeresstrand stehen. Blicken Sie hinaus auf den weiten Ozean und machen Sie sich bewusst, dass er die für Sie verfügbare Fülle repräsentiert. Schauen Sie auf Ihre Hände hinunter. Was für ein Gefäß halten Sie in den Händen? Ist es ein Teelöffel, ein Fingerhut mit Loch darin, ein Pappbecher, ein Glas, ein Krug, ein Eimer, ein Waschbottich – oder besitzen Sie vielleicht eine Pipeline, durch die Sie direkt an die Fülle des Ozeans angeschlossen sind?

Schauen Sie sich um und machen Sie sich klar, dass immer genug für alle da ist, ganz egal, wie viele Menschen es gibt und welche Gefäße sie besitzen. Sie können den anderen nichts wegnehmen, und die anderen können Ihnen nichts wegnehmen. Es ist einfach unmöglich, dass Sie alles Wasser aus dem Ozean verbrauchen. Das Gefäß ist Ihr Bewusstsein, und Sie können es jederzeit gegen ein größeres austauschen.

Machen Sie diese Übung oft, um Gefühle der Fülle und unerschöpflichen Versorgung zu erfahren.

 **Ihr Geld-Bewusstsein**

Was denken und glauben Sie bezüglich Ihrer finanziellen Situation? Beantworten Sie dazu die folgenden Fragen. Sprechen Sie nach jeder Frage eine oder mehrere der folgenden positiven Affirmationen, um dem negativen Glaubenssatz entgegenzuwirken.

1. Glauben Sie, finanziellen Wohlstand zu verdienen und sich daran erfreuen zu dürfen?
2. Was fürchten Sie bezüglich des Geldes am meisten?
3. Was »bringt« Ihnen dieser Glaubenssatz?
4. Was, fürchten Sie, könnte geschehen, wenn Sie diesen Glaubenssatz aufgeben?

 Affirmationen

- *Ich fließe entspannt und harmonisch mit dem Leben, und das Leben versorgt mich leicht und mühelos mit allem, was ich benötige.*
- *Ich bin ein unendliches Wesen, das aus unerschöpflichen Quellen unendlich viel Gutes empfängt.*
- *Ich bin ein Magnet für göttlichen Wohlstand.*
- *Mein Leben ist ein Erfolg.*
- *Ich habe immer so viel, wie ich brauche.*
- *Ich verdiene jetzt alles Gute. Ich lasse es zu, dass gute Erfahrungen mein Leben erfüllen.*
- *Ich bin über alle Maßen gesegnet, mehr, als ich es mir je erträumt hätte.*
- *Ich bin offen und empfangsbereit für alles Gute und alle Fülle im Universum.*
- *Es gibt mein perfektes Zuhause, und ich akzeptiere es jetzt.*

- *Mein Einkommen wächst stetig.*
- *Ich verdiene das Beste und ich akzeptiere jetzt das Beste.*
- *Ich gebe mir die Erlaubnis, zu gedeihen und wohlhabend zu sein.*
- *Ich weiß, dass ich wertvoll bin und Erfolg mein natürlicher Zustand ist.*
- *Ich lebe im unendlichen Raum aller Möglichkeiten. Wo ich bin, ist das Gute.*
- *Unendlicher Wohlstand ist mein, und ich lasse die Welt großzügig daran teilhaben. Ich bin gesegnet.*
- *Ich vertraue darauf, dass für alle meine Bedürfnisse gut gesorgt ist.*
- *Das Leben ist wunderbar, alles ist gut in meiner Welt, und alle meine Schritte dienen meinem höchsten Wohl.*
- *Ich ziehe Reichtümer aller Art magnetisch an.*
- *Es ist immer genug für alle da, auch für mich.*
- *Ich empfange mein Gutes jetzt aus bekannten und aus unerwarteten Quellen.*

Wohlstandsbehandlung

Ich bin offen und empfangsbereit für den Wohlstand und die Fülle, die das Universum mir zu bieten hat. Für alle meine Bedürfnisse ist gesorgt, noch ehe ich danach frage. Ich bin immer göttlich geführt und beschützt und ich treffe ausschließlich Entscheidungen, die meinem höchsten Wohl dienen. Ich freue mich am Erfolg anderer Menschen, denn ich weiß, es ist genug für alle da. Stetig erweitere ich mein Bewusstsein der Fülle, und das spiegelt sich in meinem stetig wachsenden Einkommen und Wohlstand. Mein Gutes kommt von überall her. Alles ist gut in meiner Welt.

5

Berufliche
Herausforderungen meistern

Jeder Mensch sucht nach Erfüllung, und den richtigen Beruf zu finden ist ein wichtiger Teil davon. Dennoch hört man so viele Menschen sich über ihre Arbeit beklagen. Sie hassen ihre Arbeit, finden keine Arbeit, kommen mit ihrem Chef nicht klar, verdienen nicht genug Geld … und so weiter. Ertappen Sie sich oft dabei, dass Sie sich solche oder ähnliche Dinge sagen hören? Vergessen Sie nie, dass die berufliche Situation, in der Sie sich gegenwärtig befinden, von Ihnen selbst erschaffen wurde – durch Ihr eigenes Denken. Lassen Sie alle einengenden Gedanken hinter sich und erlauben Sie es sich, beruflich vorwärtszukommen, hin zu Freude und Erfüllung. In diesem Kapitel finden Sie Berichte von Menschen, die sich eine für sie ideale berufliche Situation erschaffen haben.

Ungeahnte Möglichkeiten
von Melanie, Direktorin für Wohltätigkeitsarbeit, Kalifornien

In den frühen 90er-Jahren hatte ich das Glück, Louise Hay zu begegnen. Das war sehr aufregend für mich, denn ich hatte seit Jahren ihre Bücher gelesen und sie auch an Freunde und Verwandte weitergegeben. Zwischen uns entstand eine »Freundschaft auf den ersten Blick«! Ein paar Monate später fragte Louise mich um Rat, welche gemeinnützigen Organisationen sie am besten durch Spenden unterstützen solle. Es war mir eine Freude, ihr dazu einige Vorschläge zu machen. Dann ging ich für einige Jahre an die Ostküste. Bei meiner Rückkehr nach Kalifornien gab es ein sehr schönes Wiedersehen mit Louise. Damals hatte ich beruflich mit mehreren örtlichen Organisationen zu tun, und wieder fragte mich Louise, wie Hay House durch Spenden etwas zum Wohl der Gesellschaft beitragen könne.

Später ging ich einer interessanten Tätigkeit als Betreuerin von Pflegekindern nach und wirkte bei der Organisation von Wohltätigkeitsveranstaltungen mit. Damals, es war im Jahr 2005, erwachte in mir der Wunsch, auf konkrete, spürbare Weise etwas für eine große Zahl von Menschen zu bewirken. Als ich meine nächste jährliche Visualisierungstafel anfertigte, brachte ich darauf auch ein Bild von Louise und mir an. Wir standen mit weit ausgebreiteten Armen lächelnd nebeneinander. Unter das Bild schrieb ich: *Ungeahnte Möglichkeiten.* Oft nahm ich die Tafel in meine Hände und affirmierte: *Ich habe eine in jeder Hinsicht wunderbare berufliche Aufgabe. Ich arbeite mit wunderbaren Menschen zusammen und habe ein wunderbares Einkommen. Jeden Tag leiste ich einen wunderbaren Dienst für die Allgemeinheit.* Diese Affirmation stammt von Florence Scovel Shinn, einer von Louises Lehrerinnen.

Im Jahr 2008 wurde aus meiner Affirmation Wirklichkeit, denn mir wurde bei Hay House die Stelle einer Direktorin für Wohltätigkeitsarbeit angeboten. Ich kann wirklich sagen, dass es sich dabei um eine »ungeahnte Möglichkeit« handelte! Jetzt habe ich tatsächlich eine in jeder Hinsicht wunderbare berufliche Aufgabe. Ich bin so dankbar, dass Louise mir die Gelegenheit gibt, aktiv an der Verwirklichung ihrer Vision mitzuarbeiten, wie wir Heilung und inspirierende, Mut machende Bücher zu den Menschen bringen können, um ihnen ein besseres Leben zu ermöglichen. Auch ehrt es mich, Louise auf ihren Reisen zu begleiten, auf denen sie bis heute ihre Liebe, Güte, Schönheit und ihren wunderbaren Sinn für Humor allen schenkt, die ihren Weg kreuzen.

* * *

Einfach nur staunenswert
von Andrea, ganzheitliche Gesundheitsberaterin, Köchin für Naturkost und Autorin, New York

Mit 28 Jahren ging ich einer wunderbaren Arbeit nach und fühlte mich wie auf Wolke sieben. Dann wurde bei mir eine Schilddrüsenüberfunktion diagnostiziert. Die Ärzte rieten zur Behandlung mit radioaktivem Jod und Synthroid. Ich lehnte aber ab, zumal ich miterlebt hatte, wie meine Mutter trotz Bestrahlung an Brustkrebs gestorben war. Stattdessen stellte ich radikal meine Ernährung und meinen Lebensstil um, wodurch es mir gelang, meine Schilddrüse auf natürliche Weise zu heilen.

Bald nach meiner Heilung begann ich, mich nach der Arbeit leer und unerfüllt zu fühlen. Eine leise Stimme in mir sagte, dass ich lehren sollte, was ich selbst gelernt hatte, um auf diese Weise anderen Menschen zu helfen. Mein Wunsch, eine solche Lehrtätigkeit auszuüben, war stark, aber ich fürchtete mich davor, die Sicherheit meines bisherigen Jobs aufzugeben. Meine Ängste lähmten mich: *Wie soll ich ein eigenes Geschäft gründen? Wie soll ich mich selbst promoten und vermarkten? Wovon werde ich dann meine Miete bezahlen? Ich komme doch schon jetzt nur gerade eben mit meinem Gehalt zurecht.*

Eines Tages saß ich in einem Café und hing wieder einmal diesen negativen Gedanken nach. Ein Mann fragte, ob er sich zu mir an den Tisch setzen dürfe. Da keine anderen Stühle mehr frei waren, sagte ich Ja. Offenbar bemerkte er, wie frustriert ich war, und erkundigte sich freundlich, was mir zu schaffen machte. Ich erzählte ihm, dass ich meinen Job kündigen und ein eigenes Geschäft gründen wollte, aber Angst vor diesem Schritt hatte.

Er erzählte mir von einer Frau namens Louise Hay und schrieb mir den folgenden Satz auf: *Ich bin im Universum stets sicher und geborgen, und das Leben liebt und unterstützt mich.* Er empfahl mir, jeden negativen Gedanken, der mir in den Sinn kam, durch einen positiven zu ersetzen.

Während der nächsten drei Monate hielten sich die negativen Gedanken hartnäckig und prasselten aus meinem Inneren und von außen auf mich ein. Freunde und Verwandte meinten es gut, doch ihre Ängste und Warnungen bezüglich meines Vorhabens trugen nur dazu bei, meine eigenen Zweifel zu verstärken. Ich kämpfte darum, mein Denken zu verbessern, so wie ich zuvor um die Verbesserung meines Gesundheitszustandes gekämpft hatte. Ich las Louises Bücher und wiederholte ständig die Affirmation, die der Mann mir aufgeschrieben hatte.

Während ich von der Arbeit nach Hause ging und still mein Mantra wiederholte, durchfuhr mich ein heftiger Stoß – ich war nicht von einem Taxi angefahren worden, sondern ein plötzlicher Stoß der Erkenntnis hatte mich getroffen: Ich war *wirklich* im Universum sicher und geborgen, und das Leben liebte und unterstützte mich *tatsächlich*! Ich war so ergriffen, dass ich stehen blieb und meine Affirmation laut herausschrie. Die Leute in meiner Nähe gingen rasch weiter, da ich wahrscheinlich aussah und mich anhörte, als hätte ich den Verstand verloren. In Wahrheit hatte ich ihn in diesem Moment gefunden.

Am nächsten Tag kündigte ich. Seitdem verläuft mein Leben einfach nur staunenswert: Ich habe zwei erfolgreiche Bücher geschrieben und arbeite gerade an meinem dritten. Ich bin im Fernseh-Kochwettbewerb *Top Chef* aufgetreten, arbeite als Ernährungsexpertin für einen lokalen Fernsehsender und moderiere eine Kochsendung, in der es um gesunde Ernährung bei bestimmten Krankheiten geht. Bei mehreren Veranstaltungen unterrichte ich jährlich 2000 Schüler. Und, was das Beste ist: Ich bin im Universum stets sicher und geborgen, und das Leben liebt und unterstützt mich.

Danke, Louise Hay. Ich liebe Sie.

* * *

Ein Wunder am Arbeitsplatz
von Telma, Servicemitarbeiterin, Brasilien

Ich arbeitete in der Marketingabteilung eines internationalen Unternehmens und erhielt das Angebot, in eine andere Abteilung zu wechseln. Leider war mein neuer Vorgesetzter ein solches Ungeheuer, dass niemand in der ganzen Firma ihn mochte. Obwohl ich rasch herausfand, dass sich alle völlig zu Recht über ihn beklagten, hielt ich es drei Jahre bei ihm aus. Es war eine solche Herausforderung, dass alle Kollegen und Freunde mir rieten, zu kündigen. Eines Tages kam es zu einem Streit zwischen meinem Vorgesetzten und mir. Inzwischen war ich der Situation so überdrüssig, dass ich zu ihm sagte, ich würde nicht länger für ihn arbeiten. Er überzeugte mich davon, noch so lange zu bleiben, bis er aus dem Urlaub zurückkehrte.

Als er aus dem Urlaub wiederkam, merkte ich sofort, dass mit ihm etwas nicht stimmte – er humpelte und schien sehr krank zu sein. Als ich ihn darauf ansprach, sagte er, er habe einen Bandscheibenvorfall. Er konnte vor Schmerzen nicht mehr laufen und musste für mehrere Tage ins Krankenhaus. Als er zurückkehrte, fragte ich ihn, was die Ärzte herausgefunden hätten. Er schaute mich so verängstigt an, dass ich Mitleid mit ihm bekam. Man merkte ihm an, wie stark seine Schmerzen waren, doch die Ärzte hatten ihm gesagt, dass eine Operation zur Linderung der Beschwerden bei ihm nicht infrage kam. Ich schaute ihm tief in die Augen und sagte, dass ich ihm helfen könnte. Er flehte mich geradezu um Hilfe an.

Ich erzählte ihm von *Gesundheit für Körper und Seele*. Ich hatte das Buch nicht bei mir, sagte ihm aber, dass ich ihm innerhalb von ein paar Stunden ein Exemplar besorgen könnte. Ich ging in die nächste Buchhandlung. Sofort sah ich das Buch im Regal stehen, als hätte es auf mich gewartet. Ich kehrte ins Büro zurück, legte es meinem Vorgesetzten auf den Schreibtisch und sagte ihm in sehr ernstem Ton, er solle es ganz lesen *und* alle Affirmationen anwenden, die für sein Problem passten.

Am nächsten Tag kam er zu mir und sagte, er habe das Buch verschlungen, und seine Beschwerden seien völlig verschwunden. Er benötigte keine Schmerzmittel mehr, und innerhalb einer einzigen Woche wurde er ein neuer Mensch – glücklicher und schmerzfrei. Er spürte, dass er wieder völlig gesund war, ging aber zu seinem Arzt, um es sich bestätigen zu lassen. Danach kehrte er glücklich ins Büro zurück und berichtete, die Untersuchungen hätten ergeben, dass mit seiner Wirbelsäule alles in Ordnung sei. Sein Arzt hatte keine Erklärung dafür, denn Bandscheibenvorfälle seien schwer zu behandeln und könnten unmöglich einfach so verschwinden.

Alle in der Firma fragten mich, was denn mit meinem Vorgesetzten geschehen sei. Er sei neuerdings so anders, viel menschlicher und freundlicher. Das ist vor 15 Jahren geschehen. Frage ich ihn heute, wie es ihm geht, antwortet er, dass er nie wieder Probleme mit der Wirbelsäule hatte. Er schreibt seine Wunderheilung Louise zu und hat inzwischen schon viele Exemplare von *Gesundheit für Körper und Seele* gekauft, die er an Verwandte und Freunde verschenkt.

* * *

Wie ich mir eine wunderbare neue berufliche Aufgabe erschuf

von Melody, Jobberaterin, Michigan

Nach einer »überraschenden« Scheidung beschloss ich, ein berufsbegleitendes Studium zu beginnen, um ein besseres Leben für meine Kinder und mich zu ermöglichen. Es war nicht leicht, als alleinerziehende Mutter zwei Jobs, das Studium und die Hausarbeit zu bewältigen, aber die Sache war es auf jeden Fall wert.

Ich benötigte sechs Jahre, um meinen Studienabschluss im Fach Personalwesen zu erwerben. Nach drei Jahren und unzähligen Vorstellungsgesprächen und Absagen bekam ich endlich »den« Job. Und nach wenigen Monaten wurde mir klar, dass die Arbeit, nach der ich so lange gesucht hatte, mich unglücklich machte. Ich war mir sicher, dass meine Unlust nicht auf die Tätigkeit an sich zurückzuführen war, sondern auf das unmenschliche Arbeitsklima in der Fabrik, wo man mich eingestellt hatte. Nie zuvor hatte ich in einer so feindseligen Umgebung gearbeitet. Ich wusste, dass ich mir unbedingt eine weniger belastende Arbeitsstelle suchen musste.

Wie das Schicksal es wollte, musste ich nicht kündigen – am 28. September 2001 entließ das Unternehmen einen großen Teil des Personals. Mein Gehalt hatte gerade eben meine Ausgaben gedeckt. Ich besaß keinerlei Ersparnisse oder Versicherungen. Ich weinte angesichts dieser Lage, spürte aber auch Erleichterung. Mein starker Glaube daran, dass sich eine neue Tür für uns öffnet, wenn sich eine andere geschlossen hat, schenkte mir Kraft und Mut.

Ich habe in meinem Leben schon manche Hindernisse überwunden. In der Kindheit ließ mein Vater uns im Stich. So hatte ich Armut, eine Schwangerschaft als Teenager, Krebs und den Betrug durch meinen Mann bewältigen und mich als alleinerziehende Mutter durchschlagen müssen. Aufgrund früherer Erfahrungen stand für mich ohne jeden Zweifel fest, dass aus dieser neuen »Herausforderung« nur Gutes entstehen würde.

Kurz zuvor hatte ich Louise Hays Kartenset *Körper und Seele* gekauft. Ich ging nach Hause und nahm ein paar Karten aus der Schachtel. Laut sagte ich: »Auf einer dieser Karten steht eine Botschaft für mich.« Ich zog eine Karte, und tatsächlich stand darauf: *Ich erschaffe mir jetzt eine wunderbare neue berufliche Aufgabe.* Auf der Rückseite der Karte las ich: *Ich bin offen und empfangsbereit für eine wunderbare neue berufliche Aufgabe, bei der meine kreativen Talente und Fähigkeiten gefragt sind und ich mit liebenswerten Menschen zusammenarbeite, an einem schönen Arbeitsplatz und gegen gute Bezahlung.* Ich steckte die Karte in mein Portemonnaie. Immer wieder während meines Alltags nahm ich sie heraus und wiederholte die Affirmation. Ich glaubte aufrichtig an diese Botschaft und wusste tief im Herzen, dass sie sich verwirklichen würde.

Sechs Wochen später fand ich eine Anstellung in einer staatlichen Beratungsstelle für Arbeitslose. Dort bestand meine Aufgabe darin, die Betroffenen für eine erfolgreiche Jobsuche zu schulen. Die Stelle war neu eingerichtet worden. Hier arbeitete ich mit gleichgesinnten Menschen zusammen, nur acht Kilometer von zu Hause entfernt, mit einer schönen Flusspromenade gleich vor der Tür! Und mein Anfangsgehalt lag deutlich über dem, was mir an der vorherigen Arbeitsstelle gezahlt worden war. Nach nur neun Monaten wurde ich zur Abteilungsleiterin befördert und erhielt eine Gehaltserhöhung.

Das war vor fast zehn Jahren. Es erfüllt mich mit großer Befriedigung, und ich habe das Gefühl, eine gute Bestimmung zu erfüllen, wenn ich die Resultate meiner Schulungen erlebe. Der schönste Lohn für meine Arbeit ist es, wenn Arbeitsuchende niedergedrückt und mutlos in unsere Beratungsstelle kommen und sie mit einem neuen Leuchten in den Augen wieder verlassen. Menschen, die schwere Zeiten durchmachen, Hoffnung zu schenken ist eine sehr dankbare Aufgabe. Ich weiß es nicht nur, sondern ich *fühle* durch und durch, dass ich meine Nische, meine Lebensaufgabe gefunden habe. Danke, Louise!

* * *

Wie ich durch den Spiegel meine Kraft entdeckte

von Chronopoulou, Krankenpflegelehrerin, Griechenland

Ich bin 23 Jahre alt und arbeite seit etwa zwei Jahren als Assistentin in einer Privatschule in der Nähe meines Wohnorts. Gleich zu Anfang sagte mein Chef zu mir, dass ich befördert werden würde, wenn meine Leistungen den Erwartungen der Schule entsprächen. Ich nahm dieses Versprechen aber nicht zu ernst und erledigte meine Arbeit ohne große Erwartungen.

Ich besaß schon seit einiger Zeit Louise Hays Buch *Die Kraft einer Frau*, hatte aber noch nie hineingeschaut. Nun las ich es aufmerksam und sprach vor dem Spiegel Affirmationen für positive Veränderungen in meinem Leben. Ahnen Sie, was daraufhin geschah? Nach einem Monat bekam ich meine Beförderung! Ich hätte nie für möglich gehalten, dass die Affirmationen so leicht und schnell wirken würden. Ich war sehr glücklich und begeistert.

Wenn ich heute einmal besorgt bin, was das Leben oder das Universum mir künftig bringen wird, mache ich sofort wieder meine »Spiegel-Übungen«. Wir alle haben die Möglichkeit, glücklich zu sein und das Gute, das wir verdienen, zu bekommen. Ist es nicht verrückt, dass wir dies manchmal gänzlich vergessen? Ich bin Louise sehr dankbar und ich danke ihr für den Mut, den Menschen diese weisen Erkenntnisse zu vermitteln. Ich freue mich schon darauf, ihr neues Buch zu lesen, und hoffe, dass es schon bald ins Griechische übersetzt wird.

* * *

Wie ich wieder zu der Frau wurde, die ich früher war
von Ann, Pferdemasseurin und Reitlehrerin, Kanada

Ich stamme aus Jamaika, wo ich als Teenager mit meinem Vater Versammlungen der Science of Mind besuchte. Dort lernten wir die Werke von Ernest Holmes kennen. Mitte der 1980er-Jahre entdeckte mein Vater die Bücher von Louise Hay. Sie gefielen ihm sehr, und er las uns immer wieder daraus vor. Durch Louise veränderte sich sein Leben, und sein Geschäft florierte. So wuchs ich mit dem Wissen auf, dass mein Bewusstsein schöpferisch ist und ich die Kontrolle über mein eigenes Universum habe. Die Jahre vergingen. Ich heiratete und bekam Kinder. Mit der Zeit vergaß ich, was ich von meinem Vater und von Louise gelernt hatte. Ich wurde depressiv und verlor das, was ich einst gewesen war.

Mit 40 erwachte in mir das Interesse an den Autoren neu, aus deren Büchern mein Vater uns vorgelesen hatte. Ich entdeckte Louises Bücher wieder, vor allem *Gesundheit für Körper und Seele*. Aus diesem Buch lernte ich, wie wichtig Vergebung ist. Erst als ich bestimmten Personen vergab, änderten sich die Dinge wirklich für mich. Ich wurde als Kind sexuell missbraucht und war Opfer eines bewaffneten Überfalls. Dank der Kraft von Louises Affirmationen und meiner Gespräche mit den Engeln wurde ich wieder zu der Frau, die ich früher gewesen war.

Im Jahr 2009 bin ich 50 geworden, und in diesem Jahr wagte ich einen Neubeginn. Zusammen mit einer Freundin gründete ich ein »Wissensnetzwerk« für Frauen. Bei einem unserer Kursangebote nutzen wir Pferde als Spiegel unserer Seele – durch integrierte Therapie können wir so viel von den Pferden lernen! Das stärkt uns und ist eine Reise, bei der wir unser wahres Sein entdecken. Ich finde es sehr aufregend, nun auch weitere Seminarprogramme zu organisieren, zu Themen wie Kochen mit Naturkost, gesundes Leben und »Befreiung durch Tanzen«.

Ich bin so dankbar dafür, dass Louise vor 30 Jahren meinen Vater dazu inspirierte, sein Leben zu ändern, und dass sie heute Vorbild für mich ist und mir zeigt, wie ich anderen durch meine Arbeit helfen und das Beste aus meinem Leben machen kann.

* * *

Die Richtige für diesen Job
von Donna, Büroleiterin, New York

In den späten 80er-Jahren schenkte mir Noelle, meine beste Freundin, mein erstes Louise-Hay-Buch (*Gesundheit für Körper und Seele*). In den vergangenen 20 Jahren ist Louise unser Wunder gewesen – Noelle und ich haben Louises Methoden viele Male eingesetzt und ihre wunderbaren Worte der Weisheit und Inspiration an andere Menschen weitergegeben.

Eines meiner persönlichen Wunder ereignete sich im Frühjahr 1991. Damals hatte ich Louises Vorschlag, Affirmationen aufzuschreiben, in die Tat umgesetzt. Ich war damals ohne Job und suchte nach einer neuen Aufgabe. Ich schrieb meine Affirmationen auf Karteikarten und legte sie mir nachts unter mein Kopfkissen. Tagsüber las ich sie mir immer dann, wenn Gelegenheit dazu war, laut vor, manchmal vor dem Spiegel, wie Louise es empfiehlt. Ein paar Wochen nachdem ich mit dieser täglichen Praxis begonnen hatte, bewarb ich mich auf eine Stelle bei *Reader's Digest*. Daraufhin wurde ich zu einem Vorstellungsgespräch in ihre Abteilung für gekürzte Buchausgaben eingeladen. Die Frau, die das Gespräch führte, sagte, sie hätte schon ungefähr 175 Leute interviewt, aber niemand davon sei wirklich geeignet für den Job. Befriedigt kam sie zu dem Schluss, dass *ich* geeignet sei. Es war eine einzigartige Teilzeitstelle, weil der Arbeitgeber die vollen Zusatzleistungen anbot, was für mich sehr wichtig war.

Damals hatte *Reader's Digest* 20 000 Angestellte, doch dies war im ganzen Unternehmen die einzige Teilzeitstelle, für die es die vollen Zusatzleistungen gab. Das war einfach unglaublich! Ich nahm einen zusätzlichen Nachmittagsjob an, um mein Einkommen zu ergänzen. Nach einem Jahr wurde mir von beiden Firmen eine Ganztagsstelle angeboten. Ich entschied mich für die bei *Reader's Digest* und arbeitete dort zehn Jahre lang.

Louise, bis heute sind Sie eine Inspiration für mich, meine Familie und meine Freunde. Wenn wir miteinander sprechen, sagen wir: »Schau einfach bei Louise nach. Du kannst dich selbst heilen.« Wir wissen, dass wir einfach nur eines Ihrer Bücher aufschlagen müssen, dann finden wir den jeweils passenden Rat. Danke für alles!

Ich visualisierte eine brillante Zukunft
von Myrna, Schriftstellerin, Mexiko

Atlanta, Oktober 2003: Louise Hay war die treibende Kraft und der Name hinter der *I Can Do It!*®-Konferenz. Im Moment, als sie die Bühne betrat, berührte sie mein Leben wie ein feuriger Energiestrom. Ihre Begeisterung übertrug sich auf mich, und ich schrieb fleißig mit, damit mir keines ihrer Worte entging. Ich folgte ihrem Vorschlag und notierte einige »köstliche« Erinnerungen, gefolgt von einer Liste, wie ich gerne künftig leben wollte. Ich stellte mir ein Leben vor, in dem ich Yogakurse besuchen und Bauchtanz lernen würde, mit dem Fahrrad am Meer entlangfuhr und täglich in meinem eigenen Studio schrieb, vor einem großen Fenster, wo der Mond und die Sonne im Rhythmus des Windes mit den Musen tanzen konnten.

Alles, was Louise an jenem Tag und während der ganzen Konferenz sagte, sprach mich außerordentlich an. Jedoch ein Satz entflammte wirklich meine Seele: »Ich weiß nicht, was die Zukunft bringen wird, aber ich sehe ihr freudig gespannt entgegen.« Ausgerüstet mit dieser Waffe der Hoffnung, erwachte die Kriegerin in mir und machte sich an die Arbeit. Ich beherzigte, dass, wie Louise lehrt, das Universum auf unsere Gedanken reagiert und es deshalb wichtig ist, freudvolle und positive Gedanken zu wählen. Ich arbeitete von nun an konsequent mit Affirmationen, um positive Veränderungen in meinem Leben (und dem meines Mannes) herbeizuführen.

Im Mai 2004 verkauften wir unseren Besitz in den Vereinigten Staaten und zogen nach Cozumel in Mexiko, wo wir unser Traumhaus bauten und eine neue, uns wirklich am Herzen liegende Firma gründeten, die sich sehr gut entwickelt und uns Freude und Erfüllung schenkt.

Nun wache ich um fünf Uhr morgens auf, fahre mit dem Fahrrad durch die kleine Stadt und werde vom Meer begrüßt. Ich praktiziere täglich Yoga und besuche Bauchtanzkurse. Jeden Nachmittag schreibe ich für eine Weile im Heiligtum meines Studios. Dort sitze ich an einem Schreibtisch aus edlem Holz vor einem großen Fenster, wo Mond und Sonne sich darin abwechseln, den Pfad der Musen zu beleuchten, sodass sie frei durch mich tanzen können. Und der Tanz hat Gestalt angenommen.

Anfang 2009 erschien mein erstes Buch als weltweit vermarktetes eBook – der Beweis, dass das Universum tatsächlich auf unsere Gedanken reagiert.

Louise hat meinen Glauben wiederbelebt, indem sie Angst durch Hoffnung ersetzte. Ich weiß jetzt, dass jede Erfahrung gut für mich ist und dass ich der Zukunft freudig gespannt entgegensehen kann!

* * *

Was unsere Arbeit uns widerspiegeln kann
von Robyn, Therapeutin und Krankenschwester, Australien

Der Moment, als Louise L. Hay mein Leben wirklich veränderte, kam für mich 1999. Damals arbeitete ich als Krankenschwester auf einer psychiatrischen Station. Während ich dort beschäftigt war, schien die Aggressivität der Patienten, mit denen ich dort zu tun hatte, immer mehr zuzunehmen. Als ich schließlich von einem Patienten tätlich angegriffen wurde, wusste ich, dass ich dort nicht weiterarbeiten konnte. Ich war eine ziemlich sanfte Seele, und mit diesem Arbeitsumfeld kam ich einfach nicht klar.

Verwirrt und verunsichert ging ich in meinen örtlichen New-Age-Shop und fragte mich, wie es mit meinem Leben weitergehen sollte. Dann sah ich Louises Bücher *Heile deinen Körper* und *Gesundheit für Körper und Seele* – und mein neues Leben begann! Ich erkannte den Sinn meiner negativen beruflichen Erlebnisse: Sie sollten mich dazu anregen, mich mit meiner eigenen Vergangenheit und deren Auswirkungen zu beschäftigen.

Viele Menschen sind durch Louises Arbeit körperlich geheilt worden. Zwar hatten meine Probleme eher mit meinem Berufsleben zu tun, aber mir wurde klar, dass ich mich endlich mit einigen Problemen in meinem Leben auseinandersetzen musste, um zu verhindern, dass ich in Zukunft körperliche Symptome oder Krankheiten entwickelte.

Im Lauf der Jahre waren bei mir bereits einige Probleme aufgetreten, die mit Fruchtbarkeit und Fortpflanzung zu tun hatten. Dazu gehörten Fehlgeburten, Eileiterschwangerschaften und eine Totgeburt. Die Tragödie, innerhalb weniger Jahre sowohl meine Tochter als auch meine Mutter zu verlieren, stieß mich in einen schmerzhaften Trauerprozess und führte bei mir zu Verhaltensweisen, auf die ich alles andere als stolz war – was starke Schuldgefühle auslöste und mein Selbstvertrauen untergrub.

Mir wurde bewusst, dass meine Arbeit auf der psychiatrischen Station mir lediglich widerspiegelte, welche Aspekte meines Lebens ich dringend untersuchen musste, weil sie meine persönliche Entwicklung behinderten.

Dank meiner Arbeit mit vielen von Louises Büchern und Videos kann ich heute aufrichtig sagen, dass ich gelernt habe, mich selbst auf einer ganz neuen Ebene zu lieben und zu akzeptieren. Ich benutze auch weiterhin Louises Affirmationen, für mich persönlich und in der Arbeit mit meinen Klienten. Ja – ich arbeite heute als Therapeutin und unterrichte außerdem verschiedene alternative Heilverfahren. Ich spüre, dass ich die für mich perfekte berufliche Aufgabe gefunden habe, bei der ich die ganze Zeit von Liebe und positiver Energie umgeben bin.

Ich rate meinen Klienten, sich unbedingt *Gesundheit für Körper und Seele* griffbereit ins Bücherregal zu stellen und sich auch einige von Louises anderen Büchern mit Affirmationen anzuschaffen. Zusätzlich empfehle ich Louises CDs, Videos und Kartensets.

Wenn es mir gelingt, den Klienten und Schülern, die zu mir kommen, wenigstens ein klein wenig von den Segnungen weiterzugeben, die ich selbst empfangen habe, ist das schon ein großer Gewinn für uns alle.

Ich danke Ihnen, Louise, dafür, dass Sie das Leben so vieler Menschen berühren und verändern!

* * *

Der Mut, seine Träume zu verwirklichen
von Bonnie, Künstlerin, Massachusetts

Ich bin immer schon Künstlerin gewesen. Tatsächlich half meine Kreativität mir, in einer sehr gestörten Familie geistig gesund zu bleiben. Ich erinnere mich, dass ich mit 19 sagte: »Ich werde Künstlerin.« Doch ich folgte diesem Pfad erst, als mir fünf Jahre später, 1987, das Universum eine Art Weckruf schickte. Bei einer gynäkologischen Routineuntersuchung wurde eine große Zyste an meinen Eierstöcken entdeckt. Eigentlich sollte die Zyste durch einen einfachen Eingriff entfernt werden, doch daraus wurde eine komplizierte Operation – ich war sehr krank und hatte nichts davon gewusst.

Als Geschenk zur Genesung brachte mir meine Schwester das Buch *Gesundheit für Körper und Seele* von Louise Hay mit. Das war der Beginn meines spirituellen Erwachens. Die Informationen in diesem Buch waren neu für mich, aber ich war offen für diese Ideen. Ich fragte mich, warum ich diese Krankheit entwickelt hatte. Als ich las, dass die Eierstöcke symbolisch mit der Schöpfung und der Kreativität verbunden sind, ging mir ein Licht auf. Ich hatte meine Kreativität unterdrückt und mir etwas versagt, mit dem ich mich eigentlich immer schon leidenschaftlich gern beschäftigt hatte. Ich war immer schon Künstlerin gewesen, hatte aber nie den Mut aufgebracht, meinen Traum zu verwirklichen und diesen Weg konsequent zu gehen. Mir wurde klar, wie kostbar das Leben ist und dass wir nie wissen, wann für uns die Zeit kommt, den Planeten zu verlassen. Also beschloss ich, meinen Beruf aufzugeben und noch einmal aufs College zu gehen.

Ich musste einige Opfer bringen. Ich arbeitete in einem Vollzeitjob, um mein Studium zu finanzieren. Nebenbei verkaufte ich auf Kunsthandwerkermärkten selbst hergestellten Schmuck. Ich brauchte sieben Jahre, um mein Studium der bildenden Kunst zu absolvieren. Aber ich schaffte es! Und Louise hat mir geholfen, dorthin zu gelangen, wo ich heute bin.

Durch Louises Lehren wird mein Leben besser und besser. Heute bin ich eine erfolgreiche Künstlerin und habe eine Vorliebe für den Bereich des persönlichen Wachstums. Louise begleitet mich – auf dem Nachttisch, in der Küche und im Auto. Sie hat mir geholfen, mir selbst zu helfen und ein wundervolles neues Leben zu führen.

Dank Louise kann ich sagen: »Ich bin geborgen in der Unendlichkeit des Lebens, wo alles vollkommen, heil und in Harmonie ist.« Ich bin ihr aus tiefstem Herzen dankbar.

* * *

Wahrhaft gesegnet
von Peggy, Aromatherapeutin und Lehrerin, England

Mein Leben ist bis heute eine ganze Kette von Wundern. Das erste geschah, als ich in den Vierzigern war. Damals lebte ich in Wales. Ich hatte mit Eheproblemen zu kämpfen und war darüber sehr unglücklich. Nachdem ich Louise Hays Buch *Gesundheit für Körper und Seele* gelesen hatte, beschloss ich, eine kreative Visualisierung und einige Affirmationen für mich zu nutzen, die ich auf Kassette aufnahm. Nachdem die Aufnahme fertig war, besuchte ich meine im Nachbarort wohnende Tochter. Sie sagte mir, dass sie ausziehen wolle, und bot mir an, für ein paar Wochen in ihrer bisherigen Wohnung einzuziehen, um meine Situation in Ruhe zu überdenken. Während ich nun dort wohnte, hörte ich mir meine Aufnahme immer wieder an. Ich hatte übersinnliche akustische und visuelle Wahrnehmungen und telepathische Sinneseindrücke. Das veränderte mein Leben völlig. In den folgenden Jahren ließ ich mich zur Aromatherapeutin und Gesundheitsberaterin ausbilden.

Ich beschloss, mich als Louise-Hay-Lehrerin ausbilden zu lassen. Doch kurz vor Beginn des Kurses erlitt ich einen Autounfall, weswegen ich die Schulung mit starken Rückenschmerzen antrat. Doch ich war dort in Gesellschaft so vieler positiver und liebenswürdiger Menschen, dass ich meine Schmerzen bald völlig vergaß. In den drei Kurstagen lernten wir, Louises Affirmationen richtig einzusetzen und unsere eigenen zu formulieren. Dann wurde uns gezeigt, wie wir Louises Lehren in die Praxis umsetzen und sie anderen Menschen vermitteln konnten. Am dritten Tag ging es mir schon wieder so gut, dass ich mit den anderen Kursteilnehmern tanzen konnte!

Nach Abschluss des Kurses fühlte ich mich dazu inspiriert, mehrere Wochenendseminare in Aromatherapie und Massage zu veranstalten. Ich gab das Wissen, die Affirmationen und Lieder aus meinem Louise-Hay-Kurs an meine Massageschüler weiter. Das half ihnen, das nötige Selbstvertrauen zu entwickeln, um sich auf die doch recht intime Massagesituation mit fremden Menschen einlassen zu können.

Ich kann sagen, dass ich heute, wo ich auf die 70 zugehe, meinem absoluten Traumberuf nachgehe.

Hier noch ein interessanter Nachtrag: Inzwischen lebe ich in Südspanien. Als ich dort eintraf, sah ich, dass ein wunderschönes Haus zur Vermietung angeboten wurde. Doch als ich es mir anschauen wollte, war es leider verkauft worden. Ich spazierte oft dorthin, um die herrliche Aussicht von dem benachbarten Kirchplatz zu genießen. Immer wieder stellte ich mir lebhaft vor, wie es wäre, in diesem Haus zu wohnen. Ich begegnete den neuen Besitzern des Hauses, und wir wurden gute Freunde. Ein Jahr später bin ich nun doch glückliche Mieterin dieses Hauses, denn die Eigentümer mussten aus beruflichen Gründen nach England zurückkehren.

Ich lasse mich auch weiterhin von Louises Büchern, Audio-CDs und DVDs inspirieren und erfreue mich immer wieder an wunderbaren Erfahrungen. Ich fühle mich wahrhaft gesegnet.

* * *

Ich bin jetzt eine freie Frau
von Lisa, Chefsekretärin, Ohio

Im letzten Jahr hat sich mein Leben dramatisch verändert, und ich glaube, dass Louise Hays Bücher und Lehren die Katalysatoren für diese Veränderung waren.

Fünfzehn Jahre lang hatte ich einen lieblosen und mich ständig verbal attackierenden Ehemann ertragen und geglaubt, es gäbe keinen Ausweg aus meiner Lage. Dann las ich vor zwei Jahren Louises Buch *Gesundheit für Körper und Seele*, und es war, als hätte jemand für mich eine Tür geöffnet, von deren Existenz ich nichts gewusst hatte. Ich sah plötzlich alles in einem klaren Licht und entwickelte eine deutliche Vorstellung davon, was ich mir für mein Leben wirklich wünschte. Als ich mir dann den Film zum Buch anschaute, bestätigte er meinen neu entdeckten Glauben, dass ich in mir über die Kraft verfügte, mein Leben so zu gestalten, wie ich es mir wünschte. Ich konnte ein neues Leben für mich und meine Kinder erschaffen, ein Leben voller Glück und Frieden.

Ich fing an, täglich über meine Absichten zu meditieren. Ich visualisierte, was für ein Leben ich mir wünschte, und dann sprach ich laut meine Affirmationen. In der ersten Affirmation ging es darum, dass ich ein friedliches Ende meiner Ehe wünschte; die zweite drehte sich darum, dass ich mir Arbeit wünschte, um eigenes Geld zu verdienen. Ich war Hausfrau mit drei Kindern, und mein Mann hatte die Kontrolle über das Geld. Ich wusste, dass ich einen gut bezahlten Job brauchen würde, um ein unabhängiges Leben führen zu können.

Ich beendete jede Affirmation mit dem Satz: »Ich empfange es jetzt.« Wenn ich diese Worte laut aussprach, wurde es mir sofort leichter ums Herz. Es war, als ob das Universum dann die Last der Sorgen, die mich drückten, von meinen Schultern nahm.

Nun kann ich glücklich und dankbar berichten, dass meine Ehe auf zivilisierte Weise geschieden wird und dass ich eine fantastische Arbeitsstelle gefunden habe. In der heutigen Wirtschaftslage einen solchen Job zu bekommen grenzt an sich schon an ein Wunder. Meine Verwandten und Freunde kommen aus dem Staunen nicht heraus, und ich lächle, weil ich weiß, dass das Universum mich hierbei partnerschaftlich unterstützt hat!

Während dieser Veränderungen machte ich stets Dankbarkeit zum zentralen Thema meiner Affirmationen. Und ich richtete meine Worte als Gebete an den Geist und meine geistigen Führer. Sie haben bewiesen, dass sie mir immer treu zur Seite stehen.

Louise, danke für Ihre Lehren! Sie sind eine Inspiration für mich. Ich verdanke es Ihnen, dass ich heute eine freie Frau mit einem wunderbaren Beruf und einem noch besseren Leben bin.

* * *

Louises Arbeit ... und meine

von Mary Margarette, Geschäftsführerin,
Australien

1994 wurde ich mit heftigen Rückenschmerzen in ein Krankenhaus eingeliefert. Ich bekam Spritzen gegen die Schmerzen und erhielt einen Streckverband, doch die Ärzte fanden keine eindeutige Ursache für meine Beschwerden. Meine Schwester rief an und fragte, wo genau mich denn der Schmerz plage. Ich antwortete: »Von der Taille abwärts.« Darauf erwiderte sie: »Dir machen Schuldgefühle und Geldängste zu schaffen.«

Meine Ehe war nach 20 Jahren geschieden worden, und ich wohnte in einem kleinen Apartment mit sehr wenigen Möbeln. Ich hatte kein Geld, und das neue Geschäft, das ich gegründet hatte, kam nur mühsam in Gang. Betroffen von dem, was meine Schwester da sagte, fragte ich sie: »Woher weißt du das?«

»Es steht in dem Buch *Gesundheit für Körper und Seele*«, erklärte sie mir.

Ich ließ mir das Buch von einer Freundin besorgen und las es sofort. Am folgenden Tag wurde ich (schmerzfrei) aus dem Krankenhaus entlassen. Von nun an saugte ich Louises Worte auf wie ein Schwamm. Positive Affirmationen waren nun meine täglichen Begleiter, und ich wurde zu einer glühenden Anhängerin von Louises Arbeit.

1997 stieß ich wie zufällig auf den Prospekt eines Seminars mit dem Titel »Liebe dich selbst und heile dein Leben«. Es fand in San Diego, Kalifornien, statt. Obwohl ich immer noch hart arbeiten musste, um mein Geschäft aufzubauen, war ich fest entschlossen, daran teilzunehmen. Nachdem ich den Kurs absolviert hatte, kehrte ich in meine Heimat Australien zurück, und während der nächsten vier Jahre unterrichtete ich dort an den Wochenenden selbst viele dieser Hay-Trainingskurse, während ich parallel mein Geschäft aufbaute.

Ich erwarb meinen Doktor in Psychologie und bin heute Geschäftsführerin meines eigenen privaten Krankenpflegedienstes mit Millionenumsätzen. 2007 gründete ich ein Lehrinstitut, in dem wir viele Kurse anbieten, einschließlich solcher zur Persönlichkeitsentwicklung.

Louises Werk nimmt darin eine wichtige Rolle ein. Ich gebe Louises Botschaften an mein gesamtes Leitungsteam weiter und versorge sie auf unseren monatlichen Meetings mit Affirmationen. Meine beiden Söhne und ihre Partnerinnen arbeiten mit mir zusammen. Sie teilen meine Liebe zu Louise und dem, was sie tut.

Meine Rückenschmerzen sind nie wieder aufgetreten. Heute bin ich gesund, glücklich und wohlhabend. Es erfüllt mich mit Stolz, Louises Arbeit weiterzuführen, die dadurch auch zu meiner eigenen geworden ist.

* * *

Wie ich meine innere Kraft entdeckte
von Montie, Innendesignerin, Missouri

Vor 15 Jahren war ich eine junge Witwe mit zwei Kindern im Teenageralter. Mein Mann war plötzlich an einem Herzinfarkt gestorben – von einem Moment zum anderen geriet meine ganze Welt aus den Fugen. Obwohl ich keine Ahnung von den geschäftlichen Angelegenheiten meines Mannes hatte, hoffte ich, dass die Erbangelegenheit rasch und unkompliziert abgewickelt werden würde. Doch das erwies sich schon bald als Irrtum. Es zeigte sich, dass ich alle meine Kraft zusammennehmen und an drei verschiedenen Fronten kämpfen musste. Als Erstes übte ich die Rolle einer cleveren Geschäftsfrau aus (obwohl ich in dieser Hinsicht keinerlei

Erfahrung besaß), als Zweites galt es, die aufmerksame und liebevolle Mutter für zwei wundervolle und über den Tod des Vaters verzweifelte Kinder zu sein, und als Drittes war da noch meine eigene Trauer.

Ich bin immer schon ein spiritueller Mensch gewesen, aber das half mir nun nicht weiter. Mehrere Leute in der Firma meines Mannes arbeiteten gegen mich, und mein Leben schien sich in ein völliges Chaos zu verwandeln.

Nachdem ich mich wieder einmal in den Schlaf geweint hatte, stand ich am nächsten Tag vor dem Selbsthilfe-Regal in meiner örtlichen Buchhandlung und suchte nach einem Wunder. Als ich ein Buch aus dem Regal zog, fiel mir das Buch daneben auf den Fuß. Ich hob es auf und dachte, dass es dann bestimmt das war, was ich gerade brauchte. Es hieß *Gesundheit für Körper und Seele*.

Nachdem ich Louises Buch gekauft und es mehrmals hintereinander verschlungen hatte, erkannte ich, wie wichtig es war, Gedanken zu wählen, die mir Kraft gaben. Ich schadete mir, wenn ich negativ dachte oder mich wie ein Opfer verhielt. Es war an der Zeit, meine innere Kraft zu entdecken und zu nutzen! Das Buch schenkte mir enorm viel Hoffnung und wusch den größten Teil meiner Ängste einfach fort. Wenn ich nachts nicht schlafen konnte, nutzte ich, statt mich in Angstattacken oder Tränenausbrüchen zu ergehen, die Zeit für Affirmationen und Visualisierungen darüber, was ich mir für den nächsten Tag wünschte. Von da an traten in meinem Leben immer mehr positive Veränderungen ein. Es war wie Zauberei, und das verdanke ich Louise Hay.

Ich nahm mein Leben endlich selbst in die Hand, lernte, wie man Geld investiert, und gründete meine eigene Firma – die ich nun seit elf Jahren leite. Ich bin also *doch* eine tüchtige Geschäftsfrau! Ich heiratete einen wunderbaren Mann, der mein Partner im Leben ebenso wie bei unseren gemeinsamen spirituellen Entdeckungen ist, und meine Kinder sind heute in ihren eigenen beruflichen Karrieren glücklich und erfolgreich.

Louise hat mein Leben verändert. Während ich meine Reise fortsetze, empfinde ich es als großes Glück, ihre Worte der Weisheit und ihre Bücher an Freunde und Verwandte weiterzugeben. (Mein Mann, meine Tochter und ich haben inzwischen Louise persönlich getroffen … wie aufregend das war! Ich versprach ihr, dass ich meine Geschichte aufschreiben würde, sodass andere Menschen sich davon inspirieren lassen können, und ich bin dankbar, dass mir hier die Gelegenheit dazu gegeben wird.)

* * *

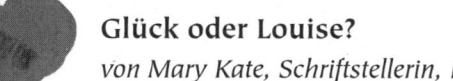

Glück oder Louise?
von Mary Kate, Schriftstellerin, Irland

Im Jahr 2005 war ich unglücklich, übergewichtiger als je zuvor, lebte in einer unglücklichen Beziehung und hatte Mühe, meinen Lebensunterhalt zu verdienen. Ich fühlte mich verloren und hatte keine Ahnung, wie ich die restlichen 40 oder 50 Jahre meines Lebens bewältigen sollte. Ich meldete mich für ein Gesundheitsseminar an, und als ich dort eintraf, merkte ich, dass ich, eine leidenschaftliche Leserin, zum ersten Mal im Leben vergessen hatte, ein Buch einzupacken. Zum Glück gab es in dem Seminarhaus eine Bibliothek. Dort fiel mir *Gesundheit für Körper und Seele* auf. Ich nahm es mit auf mein Zimmer und fing an zu lesen. Als ich es am nächsten Tag ausgelesen hatte, begann ich noch einmal von vorn. Während dieser erneuten Lektüre war mir, als hörte ich Glocken läuten. Das war genau die Hilfe, die ich gesucht hatte.

Im Herbst jenes Jahres nahm ich an mehreren Louise-Hay-Workshops teil, die von einer sehr inspirierenden Lehrerin geleitet wurden. Als ich nach Hause zurückkehrte, zerbrach meine Beziehung endgültig. Ich war traurig, aber zugleich blickte ich optimistisch in die Zukunft. Jahrelang war ich so unglücklich gewesen, doch nun fühlte ich mich wieder glücklich, weil ich endlich begriffen hatte, was es bedeutete, meine Gedanken selbst zu wählen. Zunächst waren die äußeren Manifestationen noch klein, aber meiner Familie fiel auf, dass eine Veränderung mit mir vorging. Und die größeren Manifestationen ließen nicht lange auf sich warten.

Ich machte es mir zur festen Gewohnheit, Louises Affirmationskarten an meinen Spiegel zu kleben und mich beim Blick in den Spiegel zu segnen. Und ich hörte mir täglich Louises CD mit Morgen- und Abendmeditationen an. Es dauerte nicht lange, da ereigneten sich in meinem Leben Wunder. Zum Beispiel arbeitete ich zu Jahresbeginn für eine Zeitarbeitsfirma, wo mir nur der Mindestlohn gezahlt wurde. Zum Ende des Jahres verdiente ich so viel, dass mein Einkommen über dem Landesdurchschnitt lag.

Ich gewann einen Platz in einem hervorragenden beruflichen Weiterbildungskurs, holte meinen Universitätsabschluss nach und sicherte mir einen sehr lukrativen geschäftlichen Auftrag. So konnte ich es mir leisten, meinen 40. Geburtstag zusammen mit Freunden in Venedig zu feiern, wo wir ein zauberhaftes Wochenende erlebten. Ich habe wunderbare Menschen kennengelernt, darunter einen sehr wertvollen Mentor und Freund, der mir bei meiner Karriere enorm geholfen hat. Die Leute staunten, wie viel Glück ich plötzlich hatte.

Bis heute bietet das Leben mir immer wieder wunderbare Möglichkeiten. Ich bereise beruflich die ganze Welt und ich liebe meine Arbeit leidenschaftlich. Jetzt, wo ich mich selbst mag, achte ich viel mehr auf mein körperliches Selbst, und mein Körper ist kräftiger, schlanker und beweglicher geworden. Meine Beziehungen zu anderen Menschen sind besser denn je, und obwohl mein Leben nicht perfekt ist (und auch ich bin ja ganz bestimmt nicht perfekt!), lebe ich die meiste Zeit über in einem Zustand der Wertschätzung. Mein geliebter Vater ist 2006 unerwartet gestorben, aber obwohl ich ihn sehr vermisse, bin ich doch gut mit diesem Verlust fertiggeworden, indem ich Dankbarkeit und Wertschätzung dafür praktizierte, was er für ein wunderbarer Mensch war und was er mir alles geschenkt hat, ehe er weiterging.

Und immerzu strömt Gutes in mein Leben, im Kleinen wie im Großen.

Louise ist in vielen Augenblicken des Tages bei mir, besonders wenn ich aufwache und wenn ich schlafen gehe. Durch Louises Werk wurde mein Leben nicht nur geheilt, sie hat es *gerettet*. Meine Dankbarkeit ihr gegenüber kann ich nicht in Worten ausdrücken.

* * *

Vertrauen in die Kraft der Affirmationen
von Devon, Werbetexterin, Kalifornien

1993 arbeitete ich zusammen mit meiner Freundin Alexa in einer Werbeagentur, in der wir beide sehr unglücklich waren. Ungefähr 30 Leute (überwiegend klatschsüchtige Frauen) waren dort in einem Büro zusammengepfercht, das nicht viel größer als ein Wohnzimmer war, und es gab eine Menge negative Energie.

Während der Mittagspause machten Alexa und ich täglich einen Spaziergang und sprachen dabei Affirmationen. Wir waren beide Fans von Louise Hay. Also adaptierten wir ihre positiven Gedanken für unsere Situation und benutzten bei unserem Pausenspaziergang Aussagen wie *Wir arbeiten zusammen in einer Firma, wo es uns gut gefällt. Wir werden gut für unsere Arbeit bezahlt, und unser Einkom-*

men wächst stetig. Wir haben ein wunderbares Verhältnis zu unseren Kolleginnen und Kollegen. Und so weiter ...

Da wir damals 70 Kilometer weit voneinander entfernt wohnten, hielten wir es für unwahrscheinlich, dass wir wieder eine gemeinsame Arbeitsstelle finden würden.

Doch man sollte stets an die Kraft der Affirmationen glauben ...

Die Firma, für die wir gearbeitet hatten, setzte alle Mitarbeiter auf die Straße, sodass Alexa und ich getrennte Wege gehen mussten. Ich fand Arbeit als Texterin bei einer anderen Werbeagentur (wo ich mich aber ebenfalls nicht wohlfühlte), und Alexa ging wieder zur Schule, um sich beruflich weiterzubilden.

Dann erhielt ich überraschend einen Anruf von einer Firma, für die ich vier Jahre zuvor schon einmal kurz gearbeitet hatte. Diese Firma befand sich damals auf halbem Weg zwischen Alexas und meinem Wohnort – und einer meiner Freunde war dort für die Personaleinstellungen zuständig. Er sagte, sie suchten einen Artdirector. Ob ich ihnen jemanden empfehlen könnte. Mir fiel sofort Alexa ein. Um es kurz zu machen: Sie bekam den Job. Ein paar Wochen später rief mich diese Firma wieder an, und diesmal fragten sie mich, ob ich als Texterin bei ihnen anheuern wollte. Natürlich sagte ich Ja!

Und so hat sich unsere Affirmation verwirklicht: Alexa und ich arbeiten zusammen in einer Firma, in der es uns sehr gut gefällt, und ich bin sicher, dass wir das in nicht geringem Maße unserer Bewunderung für Louise und unseren gemeinsam praktizierten Affirmationen verdanken. Bei dieser Firma arbeiten wir nun schon ... *16 glückliche Jahre lang!*

* * *

Heilungsarbeit
mit Louise

Wir alle sind heute dort, wo wir sind, weil wir uns für bestimmte Denkmuster entschieden haben. Die Menschen und »Probleme« in unserem Leben spiegeln einfach nur wider, was wir zu verdienen glauben.

Wenn alle Ihre Gedanken im Hinblick auf Ihre Arbeit negativ sind, wie können Sie dann erwarten, sich ein glückliches Arbeitsumfeld zu erschaffen? Segnen Sie Ihre momentane berufliche Situation (auch wenn Sie gerade arbeitslos sein sollten) und machen Sie sich klar, dass sie ein Entwicklungsschritt, eine Stufe auf Ihrem Lebensweg ist. Konzentrieren Sie sich auf die Karriere und Arbeitsumgebung, die Sie sich wünschen.

Die nachfolgenden Übungen helfen Ihnen dabei.

Schreiben Sie Ihre Antworten auf ein Blatt Papier oder in Ihr Tagebuch.

 **Zentrieren Sie sich**

Nehmen Sie sich, bevor Sie beginnen, einen Moment Zeit, um sich zu zentrieren. Legen Sie Ihre rechte Hand auf Ihren Bauch gleich unterhalb des Nabels. Stellen Sie sich vor, dass sich dort das Zentrum Ihres Seins befindet. Atmen Sie. Schauen Sie in einen Spiegel und sagen Sie dreimal: *»Ich bin bereit, mich von dem Bedürfnis zu lösen, bei der Arbeit unglücklich zu sein.«*

Sagen Sie es jedes Mal ein bisschen anders. Ziel der Übung ist es, Ihre Bereitschaft und Offenheit für Veränderungen zu erhöhen.

 Ihr Arbeitsleben

Untersuchen wir nun Ihre Gedanken in Bezug auf Ihre Arbeit:

1. Arbeiten Sie in einer angenehmen Umgebung?
2. Was würden Sie an Ihrem jetzigen Job gerne verändern?
3. Was würden Sie an Ihrem Arbeitgeber gerne verändern?
4. Glauben Sie, dass Sie es verdienen, einen guten Job zu haben?
5. Was ist Ihre größte Angst bezüglich Ihrer Arbeit?
6. Was »bringt« Ihnen dieses Denkmuster?

 Denken Sie über die Wirtschaftslage nach

Viele Leute machen sich Sorgen wegen der wirtschaftlichen Lage und glauben, dass sie infolge der aktuellen wirtschaftlichen Situation entweder Geld verdienen oder verlieren werden. Doch mit der Wirtschaft geht es ständig auf und ab. Es spielt also keine Rolle, was dort draußen geschieht oder was andere tun, um die wirtschaftliche Entwicklung zu beeinflussen. Es kommt nicht darauf an, was »dort draußen« geschieht, sondern was Sie über sich selbst glauben.

Denken Sie nun darüber nach, wie Ihre perfekte Karriere aussieht. Lassen Sie alle Ängste bezüglich der wirtschaftlichen Entwicklung hinter sich und wagen Sie es, einen großen Traum zu träumen! Nehmen Sie sich einen Moment Zeit, um zu visualisieren, wie Sie Ihrem Traumjob nachgehen. Visualisieren Sie, wie Ihr Arbeitsumfeld aussieht, sehen Sie Ihre Kollegen oder Geschäftspartner und fühlen Sie, wie es sich anfühlen würde, eine Arbeit zu tun, bei der Sie Erfüllung finden – und für die Sie gut bezahlt werden. Halten Sie an dieser Vision fest, in dem Wissen, dass sie sich in Ihrem Bewusstsein bereits verwirklicht hat.

 ## Beschreiben Sie die Menschen in Ihrem Arbeitsumfeld

Was denken und fühlen Sie bezüglich Ihres gegenwärtigen Jobs? Beschreiben Sie mit zehn Adjektiven:

- Ihren Chef
- Ihre Kollegen
- Ihre berufliche Position

 ## Mit Liebe segnen

Etwas mit Liebe zu segnen ist eine machtvolle Methode. Schicken Sie Liebe und Segen voraus, wenn Sie unterwegs zu Ihrem Arbeitsplatz sind. Segnen Sie jeden Menschen und jedes Ding dort mit Liebe. Wenn Sie Probleme mit einem Kollegen, Vorgesetzten, Lieferanten oder auch nur mit der Temperatur im Gebäude haben, segnen Sie alle diese Personen, Dinge oder Phänomene liebevoll. Affirmieren Sie, dass Sie sich mit der Person oder Situation von nun an im Einklang und in perfekter Harmonie befinden.

Wählen Sie eine der nachstehenden Affirmationen oder formulieren Sie eine eigene, die zu Ihren beruflichen Problemen passt, und wiederholen Sie sie immer wieder. Wiederholen Sie die Affirmation immer dann, wenn Sie an die Person oder Situation denken müssen. Löschen Sie alle negative Energie bezüglich dieses Problems aus Ihrem Bewusstsein.

Allein durch Ihr Denken können Sie die Erfahrung verändern.

 Affirmationen

- *Ich bin bei der Arbeit immer glücklich. Meine Karriere ist erfüllt von Freude, Lachen und Fülle.*
- *Meine Arbeit ermöglicht es mir, meine Kreativität frei zum Ausdruck zu bringen. Ich verdiene gutes Geld damit, Dinge zu tun, die ich liebe.*
- *Ich bin fähig, kompetent und stets zur rechten Zeit am rechten Ort.*
- *Ich bin frei, ein höheres Einkommen zu erzielen als meine Eltern.*
- *Ich arbeite immer für ausgezeichnete Chefinnen oder Chefs, und sie behandeln mich mit Liebe und Respekt.*
- *Es gibt immer genug Kunden für das, was ich anzubieten habe.*
- *Ich freue mich an meiner Arbeit und an den Menschen, mit denen ich zusammenarbeite.*
- *Ich erschaffe mir geistigen Frieden, und mein Arbeitsplatz spiegelt das wider.*
- *Meine Arbeit wird von allen anerkannt.*
- *Alles, was ich unternehme, schenkt mir tiefe Erfüllung.*
- *Mein Einkommen wächst stetig, und zwar unabhängig von der allgemeinen Wirtschaftslage.*
- *Alles, was ich anfange, wird ein Erfolg.*

- *Ich lebe in vollkommener Harmonie mit meinem Arbeitsumfeld und allen Menschen, mit denen ich bei der Arbeit zu tun habe.*
- *Mein Chef ist großzügig, und es ist eine Freude, für ihn zu arbeiten.*
- *Alle Kollegen und Kunden wertschätzen mich und meine Leistungen.*
- *Ich bin offen und empfangsbereit für neue Einkommensquellen.*
- *Ich verwandle jede Erfahrung in eine gute Gelegenheit für mehr Freude und Fülle.*
- *Ich akzeptiere jetzt eine wunderbare neue berufliche Aufgabe.*
- *Ich bin offen und empfangsbereit für eine wunderbare neue Arbeitsstelle, an der ich meine Talente und Fähigkeiten optimal entfalten kann.*
- *Immer wieder öffnen sich für mich neue Türen.*

Behandlung für beruflichen Erfolg

Ich entfalte meine einzigartigen Talente und Fähigkeiten auf für mich zutiefst befriedigende und erfüllende Weise. Es gibt immer Menschen, die genau das suchen, was ich anzubieten habe. Ich bin immer gefragt und kann mir meine Arbeitsmöglichkeiten aussuchen. Ich tue, was mir Freude und Befriedigung schenkt, und verdiene damit gutes Geld. Meine Arbeit ist eine Freude für mich. Alles ist gut in meiner Welt.

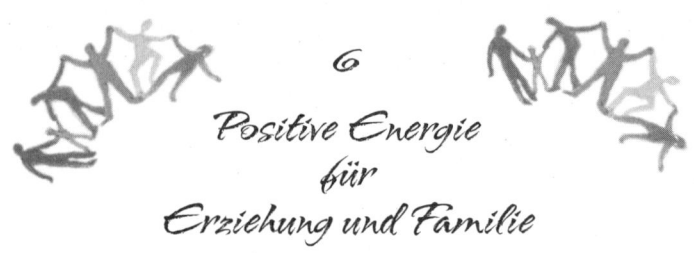

6
Positive Energie
für
Erziehung und Familie

Denkmuster und Überzeugungen übertragen sich von Generation zu Generation, weil Kinder von der sie umgebenden mentalen Atmosphäre beeinflusst werden.

Das, was unsere Eltern zu Themen wie Wohlstand, Gesundheit, Schuldgefühlen und Liebe geglaubt haben, haben wir als Kinder in der Regel einfach akzeptiert. Oft behalten wir diese Muster auch im Erwachsenenalter bei, ohne sie zu hinterfragen.

Benutzen Sie das jedoch bitte nicht als Rechtfertigung, um Grollgefühle gegen Ihre Eltern zu hegen und Ihrer Vergangenheit die Schuld an all Ihren Problemen zu geben. Damit bleiben Sie in der Opfermentalität stecken. Und dann geben Sie die gleichen Muster, die Sie unglücklich gemacht haben, an Ihre Kinder weiter, und an die Kinder Ihrer Kinder. Hier und jetzt haben Sie die Möglichkeit, diesen Teufelskreis zu durchbrechen, indem Sie sich und anderen vergeben und sich von der Vergangenheit lösen. Wenn Sie bei sich selbst innere Harmonie erschaffen, erzeugen Sie damit auch Harmonie in Ihrer Familie.

Die folgenden Erfahrungsberichte machen deutlich, wie sich Probleme in der Erziehung oder andere familiäre Schwierigkeiten heilen oder transformieren lassen.

Kindern aus der Dunkelheit heraushelfen

von Ronald und Miguel, Pflegeeltern, Vermont

Wir sind ein schwules Paar und Pflegeeltern. Wir nehmen als schwierig geltende Teenager auf, deren Unterbringung in anderen Einrichtungen gescheitert ist. Wenn diese Jugendlichen zu uns kommen, sind sie erfüllt von negativen Gedanken und dem Wunsch, alles und jeden zu kontrollieren, was immer zu Unglücklichsein führt. Alle diese Mädchen und Jungen sind spirituell verwundet. Daher wissen wir die Hilfe sehr zu schätzen, die Louises Botschaften uns dabei sind, diesen Kindern zu vermitteln, wie sie sich selbst heilen können. Täglich lassen wir unsere Jugendlichen eine von Louises *Du kannst es!*-Karten ziehen. So erhalten sie ihre Botschaft für den Tag. Auf langen Autofahrten spielen wir Louises Kassetten, damit die Jugendlichen mit positiven Botschaften versorgt werden. Und wenn wir ihnen die DVD *You Can Heal Your Life – Der Film* zeigen, laufen ihnen oft die Tränen über die Wangen, und sie spüren, dass dieser Film sie unmittelbar anspricht. Louises Botschaften helfen, unsere eigene Botschaft an diese Kinder zu verstärken, dass sie gute, wertvolle Menschen sind, die Respekt und ein menschenwürdiges Dasein verdienen, und dass sie durch eine positive Lebenseinstellung Gutes in ihr Leben ziehen können.

Wir haben beide festgestellt, dass unsere Arbeit, diesen jungen Männern und Frauen dabei zu helfen, sich selbst zu heilen, bei uns bewirkt, dass auch in uns manches geheilt wird, von dem wir gar nicht wussten, dass es Heilung brauchte. Indem wir den Kindern vermittelten, wie sie selbst die Verantwortung für ihr Glück übernehmen können, machten auch wir uns diese Zusammenhänge bewusst und konnten sie auf unsere eigenen Probleme anwenden. Indem wir sie lehrten zu vergeben, was ihnen von ihren Eltern angetan worden war, wurden wir daran erinnert, auch in unserem eigenen Leben Vergebung zu praktizieren. Louises Arbeit hat uns das alles sehr viel leichter gemacht. Sie ist ein Segen für unsere Familie, und wir empfinden große Wertschätzung für sie und ihr Werk. Ich hoffe, sie ist sich bewusst, wie viele Menschen sie inspiriert hat und wie viele Leben dank ihres Engagements im Licht statt in der Dunkelheit gelebt werden.

* * *

Affirmationen funktionieren auch bei Kindern!

von Carla, Expertin für Internetmarketing, Texas

In der Vorschule erhielt meine Tochter Haley mehrmals in der Woche Verweise, weil sie zu viel redete. Ich sagte zu ihr: »Süße, du musst aufmerksam sein und zuhören.« Aber das half nichts. Im ersten Schuljahr setzte sich das Problem fort. Nun versuchte ich es mit der Drohung, ihr Sachen wegzunehmen, wenn sie in der Schule störte, aber das funktionierte auch nicht wirklich.

Als Haley in die zweite Klasse kam, empfahl mir jemand die Bücher von Louise Hay. Ich war bereits ein Fan von *The Secret*, Wayne Dyer und Esther Hicks, aber *Gesundheit für Körper und Seele* öffnete mir wirklich die Augen.

Als Haley in den ersten neun Wochen zwei Einträge wegen »Schwatzens« bekommen hatte, redete ich mit der Lehrerin. Sie sagte mir, dass meine Tochter einfach nur sehr kommunikativ sei und ich mir keine Sorgen machen solle. Sie sagte, Haley sei in der Klasse beliebt, und sie habe auch gar nicht die Absicht, den Unterricht zu stören – sie reagiere einfach nur auf die anderen in der Klasse, die versuchten, ihre Aufmerksamkeit zu erregen.

Wie meine Tochter bin auch ich gesellig und kommunikativ, und ich wollte sie nicht für etwas ausschimpfen, was ich eigentlich als positiv empfinde. Daher formulierte ich eine positive Affirmation für sie, die wir zusammen möglichst oft wiederholten: *Ich bin eine gute Zuhörerin.* Ich dachte mir: Wenn sie sich darauf konzentriert, eine gute Zuhörerin zu sein, ist sie vielleicht in der Lage, gleichzeitig zu reden und zuzuhören. Es funktionierte – während des ganzen restlichen Schuljahrs bekam Haley keine Einträge mehr. Auch lernte sie, ihre positiven Gedanken an ihre Freundinnen und Freunde weiterzugeben, und sie machte mich damit sehr stolz.

Gerade habe ich mit einer neuen Affirmation für meine Tochter begonnen, denn im ersten Schuljahr wurde sie als »langsame Leserin« eingestuft. Das haben die Lehrerinnen wortwörtlich so zu ihr gesagt und mir einen Brief geschrieben. Darin hieß es, Haley würde wegen ihres Leseproblems nun Förderung erhalten. In meiner Antwort erklärte ich der Lehrerin, welche Maßnahmen ich ergreifen würde. Ich schrieb ihr: »Ich glaube fest daran, dass wir bekommen, was wir denken. Ich habe das Haley in den letzten Jahren immer wieder gesagt, und sie weiß, dass es wahr ist. Die Methode, die ich benutze, um ihr zu helfen, ist sehr wirkungsvoll. Nennen Sie das ruhig verrückt, wenn Sie möchten, aber für Haley und mich funktioniert es. Die positive Affirmation, die ich mit Haley formuliert habe, lautet: *Ich verstehe alles, was ich lese.*«

Ich habe dies auf Blätter und Aufkleber notiert und bei uns zu Hause überall angebracht. Ich habe den Aufkleber auch auf Haleys Schulhefte und Mappen geklebt. Wir haben damit erst vor fünf Tagen begonnen, und sie zeigt beim Lesen schon deutlich mehr Selbstvertrauen.

Danke, Louise Hay. Sie sind wunderbar.

* * *

Ein »unmöglicher Traum« wird Wirklichkeit

von Connie, zurzeit erwerbslos, Florida

Im Jahr 1990 war ich seit zehn Jahren verheiratet und wünschte mir sehnlich Kinder. Mein treibender Gedanke war dabei nicht der Wunsch, »meine« eigenen Kinder zu haben, denn ich war selbst Adoptivkind. Auch meine Adoptivmutter war ihrerseits adoptiert worden, und meine leibliche Mutter war ebenfalls Adoptivkind. Obwohl es ganz sicher ein Geschenk gewesen wäre, ein eigenes Kind zu bekommen, ging es mir nicht darum, meine DNA weiterzugeben. Ich wollte einfach ein Kind, dem ich meine Liebe schenken konnte. Doch mein Mann und ich hatten immer wieder Rückschläge bei der Verwirklichung unseres Adoptionswunsches hinzunehmen. Es war wie verhext! Ich war inzwischen 40 geworden und sicher, dass meine biologische Uhr für ein eigenes Kind abgelaufen war. Dann las ich *Gesundheit für Körper und Seele* von Louise Hay.

Ich habe panische Angst davor, Brücken zu überqueren. Sie können sich also die Überraschung meiner Familie vorstellen, als ich ganz allein nach Rumänien flog, wo ich keine Menschenseele kannte. Aber Louise Hay hatte mir geholfen, mir über meine Bestimmung klar zu werden, und ich wusste instinktiv, dass in diesem Land ein Kind auf mich wartete. Jeden Abend hörte ich mir eine von Louises Kassetten an. Wenn ich in der kleinen Wohnung, in der ich bei einer Familie einquartiert war, die kein Wort Englisch sprach, abends die Augen schloss, war es Louises Stimme, die mir half, Gefahr und Verzweiflung durchzustehen. Nur wenige Leute werden sich vorstellen können, was ich dort in Rumänien tagtäglich zu Gesicht bekam: Säuglinge, die an Aids starben; Straßenkinder, die um Essen bettelten; schmutzige, schlecht beheizte, unbewohnbare Waisenhäuser für behinderte Kinder; unbewaffnet für die Freiheit demonstrierende Menschen, gegen die mit Panzern vorgegangen wurde. Ich erkannte, wie viel wir in der »zivilisierten Welt« einfach für selbstverständlich halten.

Aber stellen Sie sich meine Freude vor, als ich das kleine Kind fand, das auf mich gewartet hatte … ich nahm es mit nach Hause, und ein paar Jahre später flog ich noch einmal dorthin und holte ein zweites Kind.

Heute sind die beiden in Rumänien geborenen Kinder, die mein Mann und ich damals adoptierten, erwachsen. Unser Sohn musste viele Schwierigkeiten überwinden. Er wurde als »geistig zurückgeblieben« eingestuft. Im siebten Schuljahr wurde von sogenannten Experten behauptet, er sei so stark hirngeschädigt, dass er niemals richtig lesen lernen, geschweige denn den Highschool-Abschluss schaffen würde. Nun, seine Erfolge straften diese negativen Erwartungen Lügen: Er erzielte ausgezeichnete Noten in Englisch, Physik und Mathematik und schaffte nicht nur den Abschluss, sondern erhielt sogar ein Collegestipendium. Er hat sich dafür entschieden, zunächst zum Militär zu gehen, ehe er seine Ausbildung fortsetzt. Unsere Tochter musste ebenfalls manche Herausforderungen bestehen, aber nun hat sie zwei Jobs und geht aufs College, wo sie sehr gute Noten erzielt.

Ich danke Louise dafür, dass sie mich ermutigt hat. Ihre Worte haben es möglich gemacht, dass zwei Kinder ein Zuhause an einem Ort fanden, wo viele Träume Wirklichkeit werden: in Orlando, Florida. Menschen zu helfen, ihre Vergangenheit zu heilen und unerfüllbar scheinende Träume zu verwirklichen ist das, was Louise am besten kann. Dafür ist meine Geschichte der beste Beweis.

* * *

Eine Familie wagt sich auf Neuland vor
von Nancy, Englischlehrerin, Deutschland

Zu lernen, wie man Gesundheit, Glück und Zufriedenheit erschafft, war das Wunder für unsere ganze Familie – und wir schreiben das alles Louise Hay zu. Kurz nach der Geburt meines zweiten Sohnes erkrankte ich an ständig wiederkehrenden Virus- und Bakterieninfektionen. Gerade wenn ich glaubte, meine alte Kraft zurückzugewinnen, erwischte mich die nächste Infektion oder Erkältung. Oder ich bekam Hautausschläge im Gesicht und auf der Brust. In dieser Zeit arbeitete ich tagsüber in zwei Jobs, während mein Mann nachts arbeitete. Wir sahen einander kaum und fühlten uns ständig erschöpft. Dennoch glaubten wir, alles unter Kontrolle zu haben.

Als ich es schließlich leid war, ständig krank zu werden, ging ich zu einem alternativen Therapeuten. Unter anderem empfahl er mir *Heile deinen Körper*, was mich zu *Gesundheit für Körper und Seele* führte. Glücklicherweise standen mein Mann und ich diesen Büchern aufgeschlossen gegenüber – er las sie auf Deutsch, seiner Muttersprache, und ich las sie auf Englisch. Louises Ideen erschienen uns einleuchtend, und wir begannen sofort damit, sie in die Praxis umzusetzen. Eine der ersten Affirmationen benutzten wir, um unserem ältesten Sohn gegen einen Husten zu helfen, der ihn vor allem nachts plagte. Mein Mann legte sich eine ganze Nacht lang zu unserem Jungen, nahm ihn in den Arm und sagte ihm leise eine einfache Version von Louises Affirmation vor. Das war eine verblüffend einfache Methode, und sie funktionierte: Unser Sohn sank in einen friedlichen Schlaf, und der Husten verschwand, ohne jemals wiederzukehren.

Von da an ereigneten sich in unserem Leben viele Veränderungen. Mein Mann und ich machten viel »Seelenarbeit«, meditierten und praktizierten Vergebung. Nach nur sechs Monaten besserte sich meine Gesundheit. Mein Mann fand einen neuen Job, der besser zum Lebensrhythmus unserer Familie passte, und wir beide betrachteten das Leben mit mehr Leidenschaft, Einfühlungsvermögen, Geduld und Liebe. Wir haben Louises Ideen auch bei der Erziehung unserer Kinder angewandt. Jedes Kind bekam seine eigene Kassette mit Affirmationen, die jeweils zum Alter und der Persönlichkeit passten. Obwohl es inzwischen Jahre her ist, dass ich diese Kassetten aufnahm, hören die Kinder sie sich immer noch häufig vor dem Einschlafen an. Und sie selbst bringen Louises Ideen zum Ausdruck, wenn wir sie beispielsweise sagen hören: »Meine Affirmation ist: *Ich bin jetzt besser in der Schule*«, oder: »Wenn eine Situation nicht so läuft, wie ich es gerne möchte, ändere ich einfach meine Gedanken.«

Es gibt immer wieder neue Herausforderungen zu meistern, aber meine ganze Familie fühlt sich dem viel besser gewachsen, und das verdanken wir all den positiven Dingen, die wir von Louise gelernt haben. Ihre Überzeugungen in unserem Leben praktisch anzuwenden war für uns völliges Neuland, aber es hat wahre Wunder bewirkt. Wir lieben Louise und können ihr gar nicht genug danken.

* * *

Meine beiden Mütter
von Carolyn, Direktorin eines gemeinnützigen ganzheitlichen Lernzentrums, Virginia

Ich wuchs in sehr unsicheren, von Gewalt geprägten familiären Verhältnissen auf. Meine Eltern waren beide Alkoholiker. Mein Vater nahm sich im Alter von 42 Jahren das Leben. Naiverweise glaubte ich, meine Mutter würde, nachdem er nicht mehr da war, mit dem Trinken aufhören. Doch sie trank noch mehr. Als ältestes Kind musste ich deshalb schon früh Verantwortung sowohl für meine Mutter als auch für meinen Bruder übernehmen.

Jahre später, nachdem ich ausgezogen war und mir mein eigenes Leben aufgebaut hatte, rief meine Mutter mich oft in betrunkenem Zustand an und sagte, sie habe vor, den Kopf in den Gasherd zu stecken. Ich wünschte mir immer noch, dass sie glücklich werden würde, aber mir war klar geworden, dass das in ihrer eigenen Verantwortung lag. Ich sagte zu ihr, dass es ihr freistünde, den Gasherd als Fluchtweg zu benutzen, oder sie könne sich von mir dabei helfen lassen, ihr Leben wieder in den Griff zu bekommen. Sie entschied sich für die letztere Möglichkeit und bekam einen Platz in einem Wohnheim für alkoholkranke Frauen, wo sie es schaffte, ein Jahr lang nüchtern zu bleiben. Doch unsere Beziehung litt in dieser Zeit sehr darunter, ließ sie doch ihre ganze Verbitterung an mir aus.

Ich erinnere mich an ein Telefonat mit meiner Mutter, bei dem sie mich derartig wütend machte, dass ich meine Arme in die Luft warf und Gott um Hilfe bat. Gleich am nächsten Tag wurde mir eines von Louise Hays Videos geschenkt – und als ich es mir anschaute, wusste ich, dass ich meine Lehrerin gefunden hatte. Nachdem ich an zwei ihrer zehntägigen Intensivseminare in Kalifornien teilgenommen hatte, gründete ich in meinem Wohnort einen »Heilzirkel«, der sich sechs Jahre lang wöchentlich traf. In dieser Zeit gab ich Louises Philosophie an Hunderte von Menschen weiter. Es war wirklich erstaunlich.

Ich organisierte Reisen zu Louises Veranstaltungen, sogar bis nach Holland und Australien, wo sie eigene Seminare gab und andere großartige Motivationsautoren der Öffentlichkeit präsentierte.

Aus dem Heilzirkel entwickelte sich eine gemeinnützige Organisation, deren Vorsitzende ich wurde. Louise und ich wurden gute Freundinnen, und ich erhielt Gelegenheit, unzähligen Männern und Frauen diese bemerkenswerte Frau und ihre Geschichte nahezubringen, wodurch sie auf wunderbare Weise dazu inspiriert wurden, ihr Leben zum Besseren zu verändern.

Mein eigenes Leben und meine Weltsicht wurden transformiert, nachdem ich mich dafür entschieden hatte, Louises einfache, klare Philosophie anzuwenden. Auf diese Weise kam es zwischen meiner Mutter und mir einige Jahre vor ihrem Tod zu einer wirklichen Aussöhnung. Das war ein machtvolles Heilungserlebnis für uns beide. Ich habe es erreicht, meine Eltern wirklich zu verstehen und zu lieben und ihnen beiden zu vergeben. Ich erkenne jetzt, dass sie auf diesen Planeten gekommen sind, um mir wunderbare Lernerfahrungen zu ermöglichen.

Ich habe das Gefühl, dass mir zwei Mütter geschenkt wurden: Die eine ermöglichte es mir, die Lektionen zu lernen, für die ich geboren wurde, und die andere hat mich gelehrt, mich selbst zu heilen. Gott segne dich, Mama! Und Gott segne dich, Louise! Ich danke euch beiden für alles!

* * *

Das Wunder der Empfängnis

von Maria, Fernmeldetechnikerin, Mexiko

Ich bin ein sehr glücklicher, vom Leben reich beschenkter Mensch. Von Louise Hay erfuhr ich im Jahr 2001. Durch sie entdeckte ich eine ganz neue Lebensweise und viele ausgezeichnete Selbsthilfemethoden. Zwar hatte ich zuvor schon durch andere Autoren etwas über Metaphysik und die Wirkung von Affirmationen erfahren, doch Louises Philosophie sprach mich ganz besonders an. Ich habe viele Affirmationen aus

Louises Büchern angewendet und sogar ein Affirmations-programm für meine kleine Tochter Renata begonnen, die im Jahr 2000 zur Welt kam.

Wir wünschten uns ein zweites Kind, doch irgendwie gelang es mir nicht, wieder schwanger zu werden. Mein Mann und ich suchten schließlich einen Arzt auf, der eine Hormontherapie verordnete. Dreimal versuchten wir es mit künstlicher Befruchtung, doch auch das brachte keinen Erfolg. Nun wurde mir zu einer Operation geraten, um abzuklären, ob bei mir eine Verklebung in der Gebärmutter bestand. Ich willigte ein, und unter Vollnarkose stach man drei Löcher in meinen Leib. Die Ärzte kamen zum Ergebnis, dass ich völlig gesund war. Wir versuchten es mit einer vierten künstlichen Befruchtung, die aber wieder erfolglos blieb.

Im Dezember 2006 beschloss ich, alle weiteren Versuche aufzugeben. Ich sagte mir: *Seit Jahren erschaffe ich in meinem Leben alles, was ich mir wünsche oder benötige, aber nun bin ich nicht in der Lage, schwanger zu werden. Gott schickt mir damit eine klare Botschaft: Ich soll innehalten und ergründen, was wirklich in mir vorgeht. Ich muss herausfinden, warum ich dieses Problem erschaffen habe.*

Damals hatte ich bereits eine Therapie begonnen, um »tief Vergrabenes« in mir aufzudecken. Im Januar 2007 nahm ich an einem Seminar teil, das die »Wunderkur« hieß. Es bestand überwiegend aus Meditationen und einem mentalen Übungsprogramm. Auf diesem Seminar erfuhr ich von Louises CD *Meditations for Personal Healing*. Ich wohne in Monterrey, Mexiko, und hier unten ist nur wenig von Louises Material erhältlich. Glücklicherweise konnte ich mir die CD über das Internet bestellen.

Zwei Monate lang arbeitete ich mit dieser CD. Ich versuchte, im Fluss zu sein. Ich erstellte eine Liste mit Affirmationen aus Louises Buch *Gesundheit für Körper und Seele*. Ich sagte mir, dass es völlig in Ordnung war, wenn

Renata mein einziges Kind bleiben würde. Doch dann, am 21. März 2007, stellte ich fest, dass ich wieder schwanger war – Rodrigo kam am 11. November zur Welt und ist ein sehr glücklicher kleiner Mann. Ich fühle mich so reich beschenkt und gesegnet!

Ich bin mir ganz sicher, dass meine Affirmationen und Meditationen das in mir geheilt haben, was einer neuen Schwangerschaft im Weg stand. Ich bin so von Louises Philosophie überzeugt, dass ich sie an möglichst viele Menschen weitergeben möchte. Daher plane ich, in diesem Jahr das Louise-Hay-Trainer-Zertifikat zu erwerben.

* * *

Eine Tochter lernt vergeben
von Lynn, Highschool-Lehrerin, Kalifornien

Ich hatte immer schon Probleme mit meiner Mutter. Sie kritisierte mich ständig, versuchte, mein Leben zu kontrollieren und mich übermäßig zu beschützen. Das hatte zur Folge, dass ich voller Ängste und Selbstzweifel steckte. Ich versuchte ein paarmal, mich ihrem Einfluss zu entziehen, ging sogar ins Ausland. Doch stets kehrte ich zurück und versuchte, mir ihre Anerkennung zu verdienen. Doch die bekam ich nie, und auch keine wirkliche Unterstützung. Jedes Mal wenn ich als Heranwachsende mit einem Problem zu ihr ging, kritisierte sie mich und griff mich an. Sie nannte das »die Advokatin des Teufels spielen« und behauptete, sie täte es zu meinem Wohl. So kam es, dass ich völlig verunsichert war. Ständig dachte ich, mit mir stimme etwas nicht und ich würde das Falsche denken und tun.

Ich versuchte mir einzureden, meine Mutter meine es gut und bemühe sich, mir zu helfen, so gut sie konnte. Aber insgeheim wuchs mein Groll gegen sie und gegen mich, weil ich nicht den Mut aufbrachte, ihr zu sagen, was ich wirklich empfand. Meine Freunde drängten mich, ihr endlich einmal die Meinung zu sagen, aber ich konnte es nicht. Wenn sie auf mich einredete, erstarrte ich und ließ ihre Kritik und Vorwürfe stumm über mich ergehen.

Dann heiratete ich einen Mann, der mich genauso behandelte. Ich zählte in unserer Ehe überhaupt nichts – meine Meinung interessierte ihn nicht. Er wollte eine Frau, die sich allen seinen Wünschen fügte. Wenn ich es doch einmal schaffte, aufzubegehren, zog er sich noch mehr von mir zurück. Dennoch hielt ich es 23 Jahre mit ihm aus!

Als ich dann an Brustkrebs erkrankte, schenkte mir eine Freundin die Bücher von Dr. Bernie Siegel und Louise Hay. Sie erschlossen mir eine Welt, von deren Existenz ich nie etwas geahnt hatte. Ich las und las. So fand ich schließlich zu der Kraft, mich von meinem Mann zu trennen. Immer wenn ich mich ängstlich oder minderwertig fühlte, wiederholte ich Louise Hays Affirmationen. Natürlich musste ich anfangs viele Ängste überwinden, aber zu meinem Erstaunen lernte ich, dass ich durchaus für mich selbst und meinen Sohn sorgen konnte.

Ich entdeckte eine Meditations-CD, die Louise speziell für Menschen aufgenommen hatte, die lernen möchten, schwierigen Menschen in ihrem Leben zu vergeben. Ich hörte sie mir ein paarmal an, und dadurch wurde ich fähig, meiner Mutter wirklich zu vergeben.

Ich fand das zunächst ganz unglaublich, aber nachdem ich Louise aufmerksam zugehört und ihre Empfehlungen befolgt hatte, fühlte ich mich ruhig und friedvoll. Ich war nicht mehr wütend. Von da an war ich in der Lage, gegenüber meiner Mutter meinen Standpunkt zu vertreten, und wider Erwarten hörte sie mir tatsächlich zu. Es entstand eine neue Nähe zwischen uns. Sie fing an, mich wirklich zu respektieren, und sagte mir das auch.

Vor Kurzem ist sie gestorben, und ich trauerte aufrichtig um sie. Ich bin Louise so dankbar! Ich mag mir gar nicht vorstellen, wie es gewesen wäre, wenn ich meiner Mutter nicht vergeben hätte und nicht in der Lage gewesen wäre, ihr zu sagen, dass ich sie liebe. Wahrscheinlich würde ich mich dann mein ganzes Leben lang schuldig fühlen.

* * *

Wie ich mein Leben verwandelte ... und das meines Sohnes rettete
von Michele, Versicherungsagentin, Wisconsin

Es ist eine große Ehre für mich, über eine Frau schreiben zu dürfen, die ich für die größte Heilerin unserer Zeit halte. Mit ihren weisen und zutiefst inspirierenden Worten hat sie das Leben unzähliger Menschen verwandelt. Ich glaube, dass sie dafür ausersehen wurde, uns Gottes heilende Gnade zu lehren.

Lassen Sie mich beginnen, indem ich Ihnen erzähle, wie Louise Hay in mein Leben getreten ist. Ich hatte einen körperlichen Zusammenbruch erlitten, und nachdem ich mehrere (ergebnislose) ärztliche Untersuchungen über mich ergehen lassen hatte, betete ich zum Himmel, dass mir gezeigt werden möge, wie ich mich selbst heilen könne. Ich war zutiefst verzweifelt, doch dann wurde mir *Gesundheit für Körper und Seele* empfohlen. Als ich dieses lebensverändernde Buch las, geschahen Wunder.

Louise war genau die »Ärztin«, die ich brauchte. Sie ist zu meiner Mentorin geworden, die mich lehrte, wie man das Leben wirklich sehen, spüren und erfahren kann. Was ich an Schule und Universität lernte, ist nichts im Vergleich zu dem Wissen, das sich mir durch Louises wunderbare Lehren erschlossen hat. Ihre Philosophie sollte an allen Schulen fester Bestandteil des Lehrplans werden! Stellen Sie sich einmal vor, wie wunderbar es wäre, wenn alle Kinder mit Louises positiven, lebensbejahenden Botschaften aufwüchsen!

Wie geschah es nun, dass Louise meine Seele berührte und mich in die Lage versetzte, mein Leben auf wundervolle Weise zu verwandeln?

Nun, durch ihre Weisheit lernte ich die Macht des gegenwärtigen Augenblicks kennen. Ich hatte keine Ahnung von dieser Macht, bis Louise mir den Weg wies. Die folgenden Worte erleuchteten mein Denken: *Es ist nur ein Gedanke, und Gedanken lassen sich ändern.* Ich lernte, mich selbst zu lieben und zu akzeptieren. Ich transformierte meine Welt durch die tägliche Anwendung von Affirmationen vor dem Spiegel. Ich vergab dem Leben, anderen Menschen und den äußeren Umständen. Und dadurch wurde ich frei.

Daraus, dass ich Louises Lektionen und Affirmationen täglich praktisch anwendete, entwickelte sich für mich eine ganz neue Lebensweise. Das Geschenk der Selbstliebe, das Louise an mich weitergab, verwandelte nicht nur mich selbst. Es rettete auch meinem Sohn das Leben! Während ich Louises Philosophie immer mehr in meinem Leben verwirklichte, ahnte ich noch nicht, dass ihre Weisheit mich darauf vorbereiten würde, meine größte Herausforderung zu bewältigen.

Denn zum Ende meines persönlichen Heilungsweges hin wurden bei meinem Sohn mehrere Gehirntumore diagnostiziert. Nach Ansicht der Ärzte war diese Diagnose ein Todesurteil. Die alte Michele hätte nicht gewusst, wie sie ihn hätte heilen können; die verwandelte, zu einer neuen Sicht des Lebens erwachte Michele wusste, dass in dieser traumatischen Situation ein Geschenk verborgen liegen musste und dass mir gezeigt werden würde, wie ich sein Leben retten konnte. Durch eine neue, innovative

Chemotherapie und Louises ganzheitlichen Therapieansatz gelang es mir, mit reiner Liebe, Glauben und beharrlichen Spiegel-Affirmationen meinen Sohn zur Gesundheit zurückzuführen.

Louise, ich möchte Ihnen sagen, welche tiefe Dankbarkeit ich empfinde, heute und für alle Zeit. Mögen Sie noch für viele Jahre das Universum durch Ihre liebevolle Präsenz beschenken.

* * *

Wunder des Herzens

von Sampoorna, Psychologin und Therapeutin, Indien

Bei meiner Arbeit höre ich immer wieder von erstaunlichen persönlichen Transformationen. Sicherlich sind Berichte über geheilte Menschen sehr inspirierend, diese Geschichte ist jedoch anders. In diesem Fall hat Louise Hay in Indien ein Wunder für einen Hund bewirkt.

Der elfjährige Junge Manav wünschte sich sehnlich einen Hund. Nachdem er ihnen monatelang keine Ruhe gelassen hatte, gaben seine Eltern endlich nach, und ein Irischer Setter namens Flurry zog bei ihnen ein. Ein Jahr später kam Geetha, Manavs Mutter, völlig aufgeregt zu mir. Flurry war sehr krank und sollte eingeschläfert werden. Manav war deswegen so verstört, dass er nicht mehr in die Schule ging, um so viel Zeit wie möglich mit Flurry zu verbringen. Mit dem Handy seiner Mutter machte er ständig Fotos von dem Hund, um die Erinnerung an seinen geliebten Freund zu bewahren.

Durch mein Seminar »Liebe dich selbst und heile dein Leben« waren Geetha und ihr Mann Prakash mit Louise Hays Werk vertraut. Ehe Geetha die traurige Entscheidung traf, dass der Hund erlöst werden sollte, hatte sie in dem Zimmer, in dem Flurry lag, immer wieder Louises *Stress-Free*-CD abgespielt. Pausenlos bombardierte sie den Hund mit Affirmationen, und die Familie schenkte Flurry so viel Liebe und Zuwendung wie irgend möglich. Nach dem Gespräch mit mir beschloss Geetha, mit dem Einschläfern des Hundes noch ein paar Tage zu warten. Vielleicht erholte Flurry sich ja doch noch. So spielte sie dem kranken Tier weiterhin die CD vor, auf der Louises liebevolle, gütige Stimme zu hören war.

Eigentlich erübrigt es sich zu erwähnen, dass die Geschichte glücklich ausging. Es dauerte nicht lange, da fing der hilflos daliegende Hund an, sich zu bewegen. Flurry wurde gesund! Nachdem er wieder zu fressen begonnen hatte, erholte er sich phänomenal schnell. Heute geht es Flurry bestens, er tollt wieder fröhlich herum, ist voller Energie und wunderbar integriert in eine liebevolle Familie.

Nach Flurrys Heilung entdeckte Geetha die Fotos, die Manav mit ihrem Handy aufgenommen hatte. Ihr Sohn hatte nacheinander vier Aufnahmen des Hundes in der gleichen Position gemacht – und Geetha fiel auf, dass auf einem dieser Fotos im Hintergrund ein Herz aus Licht zu erkennen ist. Da man das Herz nur auf einem der Bilder sieht, kann es sich nicht um irgendeinen Kamerareflex handeln. Louises Stimme und ihre Botschaften der Liebe überwanden alle Schranken zwischen Mensch und Tier und bewirkten, dass Flurry wieder zu Kräften kam und genas. Dass die Lichterscheinung auf dem einen Foto genau so aussieht wie Louises Herzsymbol, ist bemerkenswert.

Oh, welche Wunder vollbringt die Liebe!

* * *

Kleine Veränderungen, große Wirkung
von Terrie, Tagesmutter, Kalifornien

Ich arbeite seit vielen Jahren als Tagesmutter, und meine täglichen Erlebnisse mit Kindern bereichern mein Leben und haben mich zutiefst verändert.

Ich habe an vielen Ausbildungsseminaren über die Arbeit mit Kindern teilgenommen, aber eines hat mein Leben ganz besonders beeinflusst und verändert. Dort wurde ich mit Louise Hays Lehren bekanntgemacht und lernte, welchen enormen Einfluss positives Denken und Sprechen auf Kinder haben kann. Ich fing an, zu den Kindern Dinge zu sagen wie »Du kannst wirklich stolz auf dich sein« statt »Ich bin stolz auf dich«, und ich sagte von da an viel öfter Ja zu ihnen.

Sehr eindrucksvolle Veränderungen lassen sich, wie ich herausfand, schon allein dadurch bewirken, dass man das Kind auf positive Weise mit seinem Namen anspricht. Kinder sind so sehr daran gewöhnt, Dinge zu hören wie »Michael Smith, komm sofort hierher!«. Da hat eine positive Ansprache wie »Ich freue mich wirklich sehr, dass du heute hier bist, Michael Smith« eine tief greifende Wirkung, und zwar auf die Kinder ebenso wie auf mich selbst.

Im Lauf der Jahre haben viele Eltern mir bestätigt, wie sehr diese scheinbar kleinen Dinge das Denken ihrer Kinder verändert haben. Es ist so lohnend, mitzuerleben, was man allein durch eine positive Lebenshaltung bei Menschen jeden Alters bewirken kann.

Louise, ich habe mein ganzes Leben dem Schutz und dem Wohlergehen der Kinder gewidmet, und darum weiß ich Ihre großartige Arbeit wirklich zu schätzen!

* * *

Mein wahres Leben

von Chantale, derzeit auf Arbeitssuche, Kanada

Gesundheit für Körper und Seele las ich zum ersten Mal als Teenager. Ich weiß, dass ich dabei lächelte und dachte: *Na ja, das ist mal wieder eines dieser unrealistischen Esoterikbücher, die einem das Blaue vom Himmel versprechen.*

Ein paar Jahre später schien es für mich nur noch eine Entscheidung zu geben: Weiterleben oder Selbstmord begehen? In diese ausweglose Situation war ich durch schwere familiäre Probleme geraten. Um es kurz zu machen: Mein Vater verließ uns, als ich vier Jahre alt war. Meine Mutter lebte von da an mit mir bei meiner Großmutter, die ständig zu mir sagte, ich wäre eine Versagerin und würde nichts taugen. Meine Mutter verteidigte mich nie, weil sie nicht auf sich allein gestellt ein Kind großziehen wollte. Wenn meine Großmutter auf mich losging, tat meine Mutter, als ginge es sie nichts an, und schaute einfach weg. Dann tauchte plötzlich ein neuer Traumprinz im Leben meiner Mutter auf, der ihr versprach, für uns beide zu sorgen. Dieser »Retter« entpuppte sich als sexuell gestörter Workaholic und Rotweinliebhaber. Und seine Tochter verfolgte mich jahrelang mit ihrer Eifersucht. Wieder schaute meine Mutter einfach weg.

In dieser Situation wurde ich erneut auf Louise Hay aufmerksam, und nun war ich bereit, auf das zu hören, was sie zu sagen hatte. Ihre positiven Affirmationen brachten eine ganz neue Saite in mir zum Klingen, und ich klebe sie überall hin. Ich bin auch ein großer Fan ihrer Spiegelarbeit, die sehr viel Heilung in meinem Leben bewirkt hat. Heute fühle ich mich stark, frei und friedvoll – und endlich habe ich Selbstachtung und ein gutes Selbstwertgefühl entwickelt.

Ich hatte nie eine tödliche Krankheit und ich habe noch keinen nahestehenden Menschen verloren, wie kann man also das, was ich erlebt habe, als Wunder bezeichnen? Nun, wenn man bedenkt, wie ich mich vor noch gar nicht langer Zeit fühlte, ist offensichtlich, dass ich ohne Louise heute tot wäre. Sie hat mir mein wahres Leben zurückgegeben, und dafür bin ich sehr, sehr dankbar.

* * *

Neue Denkmuster für Mutter und Tochter
von Barbara, Schriftstellerin, Florida

Meine siebenjährige Enkelin wurde von ständig wiederkehrenden nächtlichen Ohrenschmerzen geplagt. Jedes Mal wenn ich mit meiner Tochter telefonierte, berichtete sie, dass die Kleine wieder die ganze Nacht geweint hatte. *Das ist doch einfach nicht normal*, dachte ich. Meine erste Reaktion war, mein inzwischen durch häufigen Gebrauch abgenutztes Exemplar von *Gesundheit für Körper und Seele* zur Hand zu nehmen. Auf Seite 304 fand ich die Antwort. Ich nickte und dankte Louise im Stillen.

Dort stand, dass Wut die wahrscheinliche Ursache für Ohrenschmerzen ist und dass diese Wut eine Reaktion auf »zu viel Durcheinander« oder »Streit der Eltern« sein kann.

Wie hatte Louise bloß wissen können, dass sie den Nagel genau auf den Kopf traf? Meine Tochter und mein Schwiegersohn stritten sich seit Jahren, aber sie wollte keine Scheidung. »Das würde den Kindern unnötig wehtun«, sagte sie immer wieder zu mir. »Ich finde es einfach besser, wenn sie mit Mutter und Vater aufwachsen. Ich fand es schlimm, als du und Vater damals geschieden wurdet.«

Ich rief meine Tochter sofort an und sagte ihr: »Ich habe gute Neuigkeiten. Vertrau mir. Ich weiß, was helfen wird.« Ich berichtete ihr, was ich in *Gesundheit für Körper und Seele* gelesen hatte. Ich betonte, wie wichtig es sei, dass sie sich jeden Abend vor dem Einschlafen zu meiner Enkelin setzte und mit ihr das von Louise empfohlene neue »Gedankenmuster« wiederholte, und zwar gleich nach dem Abendgebet.

Ich rief sie eine Woche lang jeden Morgen an, um sie zu ermutigen (und zugegebenermaßen, um mich zu vergewissern, dass Louises Affirmationen auch wirklich zum Einsatz kamen). Ich seufzte erleichtert, als ich hörte, dass meine Enkelin unmittelbar vor dem Einschlafen ihr neues Gedankenmuster vor sich hin sagte, und sie sagte es auch morgens nach dem Aufwachen.

Nach der ersten Woche verzichtete ich auf meine morgendlichen »Kontrollanrufe«, denn ich war mir nun sicher, dass Louises Methode funktionierte. Nach drei Wochen dachte ich: *Hmm … ich habe in letzter Zeit gar nichts mehr über die Ohrenschmerzen gehört. Besser, ich frage mal nach.*

Stellen Sie sich meine Freude vor, als meine Tochter mir berichtete: »Mama, es ist ein Wunder! Sie hat schon seit Wochen keine Ohrenschmerzen mehr. Ich hatte ja keine Ahnung, dass unsere Ehestreitigkeiten unserem kleinen Mädchen so zugesetzt haben. Es freut dich bestimmt zu hören, dass ich mir inzwischen auch ein Exemplar von *Gesundheit für Körper und Seele* zugelegt habe. Und stell dir vor: Gestern habe ich mir den Zeh gestoßen und mir gesagt: *Das ist bestimmt eine Botschaft.* Ich nahm das Buch zur Hand und las nach, was dort auf Seite 320 zum Stichwort Zehen steht. Mein morgendliches und abendliches Mantra lautet nun: Alle Details ergeben sich von selbst.

Danke, Mama. Ich liebe dich und ich liebe Louise.«

* * *

Die Kraft der Vergebung und letztlich des Vergessens

von Carmen, Immobilienmaklerin, Kalifornien

Im März 2008 wurde bei meiner Mutter ein Lymphom diagnostiziert. Sie baute rasch ab und verlor in fünf Monaten fast 14 Kilo Gewicht. Ich kaufte ihr *Gesundheit für Körper und Seele*. Als sich zeigte, dass sie zu schwach war, um es selbst zu lesen, las ich ihr daraus vor. Das Leben meiner Mutter war hart gewesen, und ich erinnerte sie immer wieder daran, dass alle Schmerzen und alle Grollgefühle, die sie während ihrer Lebensreise in sich aufgestaut hatte, aufgelöst werden müssten, und zwar *hier* und *jetzt*. Während ich mich bemühte, sie zu ermutigen, machte ich ihr zugleich bewusst, wie wichtig es war, dass sie sich von dem Schmerz vergangener Erlebnisse befreite.

Sechs Monate später brachten wir sie in einem Hospiz unter – die medizinische Behandlung, die uns empfohlen worden war, hatte schwere Nebenwirkungen, und wir hatten beschlossen, der 82-jährigen alten Dame diese Qualen zu ersparen. Dennoch gaben wir sie nicht auf und versorgten sie weiterhin mit positiven Affirmationen und viel Lachen und Fröhlichkeit. Das alles zahlte sich aus, denn heute singt und tanzt sie wieder und hat zu ihrer früheren Vitalität zurückgefunden.

Eines Tages kam meine Mutter zu mir und sagte: »Weißt du was? Ich habe endlich alles vergeben, was in meinem Leben schlecht war, und mich davon gelöst. Ich fühle mich dadurch jetzt wieder großartig und denke überhaupt nicht mehr an diese schweren Zeiten.« Das war eine bemerkenswerte Entwicklung, denn früher hatte sie immer wieder gesagt: »Ich vergebe, aber ich kann nicht vergessen.« Dann erinnerte ich sie daran, dass sie nicht wirklich vergeben könne, wenn sie nicht vergessen könne. Nun hatte sie das also endlich geschafft!

Während ich diese Zeilen schreibe, sind zehn Monate vergangen, seit bei meiner Mutter Krebs diagnostiziert wurde. Das neue Jahr, von dem wir alle befürchtet hatten, dass es traurig beginnen würde, zeigt sich nun von einer fröhlichen Seite. Mama ist wieder glücklich und hat ihren Frieden gefunden.

Louise, ich kann Ihnen gar nicht sagen, wie wichtig Sie für die Heilung meiner Mutter gewesen sind – ich weiß, wie sehr es sie inspirierte, dass auch Sie Ihre Krebserkrankung überwunden haben. Danke für all Ihre wunderbaren Worte. In ihnen finden wir die Wahrheiten, die wir benötigen, um alle Herausforderungen zu überleben, die das Leben uns bringt. Meine Familie und ich verbringen gerade wunderbare Stunden mit Mama … dank Ihnen!

* * *

Von der Hoffnungslosigkeit zu erstaunlichen Wundern

von Dixie, Rechtsbeistand für Kinder und Behinderte, Schriftstellerin, Mutter von acht Kindern, Massachusetts

Wenn ich durch Louises Bücher etwas gelernt habe, dann das: Wenn Menschen mit optimistischen Gedanken und positiven Affirmationen auf die Herausforderungen des Lebens reagieren, führt das letztlich zu Frieden, Heilung und Hoffnung.

Das bewahrheitete sich, als mein 13-jähriger Sohn 2001 von einem Geländewagen angefahren wurde. Er erhielt die letzte Ölung und lag acht Wochen im Koma. Als er schließlich wieder die Augen öffnete, musste er noch viele Monate im Krankenhaus verbringen und ganz neu lernen, zu gehen, zu sprechen und einfachste Handlungsabläufe zu bewältigen. Seine Hirnverletzung veränderte sein Leben und das seiner sieben Geschwister für immer.

Unsere Familie hätte darauf mit Wut, Hilflosigkeit und Angst reagieren können. Stattdessen entschieden wir uns dafür, Louises Philosophie anzuwenden. Wir ließen uns nicht von Hoffnungslosigkeit überwältigen, sondern fingen an, positiv zu denken (und zu leben!). Das weckte in uns neue Hoffnung. Pauls Heilung machte so gute Fortschritte, dass er nicht mehr auf den Rollstuhl angewiesen war – und dann war er zu etwas in der Lage, was die Ärzte für unmöglich gehalten hatten: Er konnte ohne fremde Hilfe aufs Podium steigen, um sein Highschool-Zeugnis in Empfang zu nehmen.

Louise erinnert uns daran, dass wir unsere Einstellung gegenüber negativen und unvorhergesehenen Lebensereignissen ändern können, indem wir den ganzen Tag über auf positive Weise reagieren, denken und Energie ins Universum aussenden.

Als dann vier Jahre nach Pauls schwerer Hirnverletzung bei ihm Leukämie diagnostiziert wurde, behielt meine Familie erneut das positive Denkmuster bei. Wir wappneten uns mit festem Glauben, Durchhaltevermögen und Entschlossenheit – ergänzt durch Sinn für Humor und jede Menge Liebe –, um als Familie diesen neuen Kampf zu bestehen. Durch die Lektüre von Louises Büchern und die praktische Anwendung ihrer Gedanken gelang es uns, auch mit dieser Situation fertigzuwerden. Gott sei Dank konnte eines seiner Geschwister Paul durch eine Knochenmarkspende helfen. Zwar musste mein Sohn erneut jahrelange Behandlungen und Klinikaufenthalte durchstehen, doch er und unsere Familie überlebten.

Heute ist Paul krebsfrei. Unsere Familie hilft nun anderen Familien, die ähnliche Albträume durchstehen müssen, weil ein Kind eine Hirnverletzung erlitten hat oder an Krebs erkrankt ist. Wir schenken Hoffnung und sammeln Spenden, um denen zu helfen, die mit solchen Herausforderungen fertigwerden müssen. Mein Sohn ist eine positive Kraft, genau wie Louise – auch er hilft, das Leben anderer Menschen zum Besseren zu verändern.

Durch die Krisen, die wir bewältigen mussten, hat meine Familie eine neue, konstruktive Art zu denken erlernt: Wir halten niemals einen Augenblick oder eine Person für selbstverständlich; wir leben jeden Tag voller Freude, Dankbarkeit und Hoffnung.

Wir sind Ihnen aufrichtig dankbar, Louise!

* * *

*Heilungsarbeit
mit Louise*

Sie können Ihre Kinder nicht zwingen, so zu werden, wie Sie es wollen. Sie können auch Ihre Ehepartner, Eltern, Geschwister oder sonst irgendjemanden nicht zwingen, sich zu ändern – mögen Sie es auch noch so gut meinen. Der einzige Mensch, den Sie ändern können, sind Sie selbst. Doch wenn in einem Haushalt ein Mensch damit anfängt, sich selbst lieben zu lernen, breitet sich dadurch Harmonie in der ganzen Familie aus.

Wenn etwas in Ihrer Familie Sie unglücklich macht, konzentrieren Sie sich möglicherweise auf die falschen Dinge. Lenken Sie Ihre Aufmerksamkeit nach *innen*. Lösen

Sie sich von Überzeugungen und Denkmustern, die Ihnen nicht länger dienlich sind und Sie davon abhalten, sich selbst zu lieben. Seien Sie Vorbild für Ihre Kinder, Ihre Familie und alle anderen Menschen in Ihrer Umgebung.

Die folgenden Übungen werden Ihnen dabei helfen, Probleme im Hinblick auf Ihre Familie zu überwinden. Schreiben Sie Ihre Antworten auf ein Blatt Papier oder in Ihr Tagebuch.

 ## Ihre Gefühle gegenüber Ihrer Familie

Denken Sie an drei Ereignisse in Ihrem Leben, bei denen Sie das Gefühl haben, dass Sie von Mitgliedern Ihrer Familie schlecht behandelt wurden. Was war das? Hat Sie jemand betrogen, oder wurden Sie in einer schwierigen Situation im Stich gelassen? Beschreiben Sie, was jeweils geschah, und notieren Sie auch die Gedanken, die Sie unmittelbar vor dem Erlebnis hatten.

Denken Sie nun an drei Situationen, in denen Ihnen von Familienmitgliedern *geholfen* wurde. Vielleicht tröstete Sie jemand in einer Zeit der Trauer oder lieh Ihnen Geld, als Sie in finanziellen Schwierigkeiten steckten. Beschreiben Sie, was geschah, und notieren Sie die Gedanken, die Sie vorher hatten.

Erkennen Sie in Ihrem Denken ein Muster?

 ## Die Vergangenheit neu schreiben

Versetzen Sie sich für einen Moment in Ihre Kindheit zurück. Vervollständigen Sie offen und aufrichtig die nun folgenden Aussagen.

1. *Meine Mutter machte mich immer wieder ...*
2. *Ich hätte mir gewünscht, sie hätte stattdessen gesagt ...*
3. *Meine Mutter wusste nicht, dass ...*
4. *Mein Vater sagte mir, ich dürfte nicht ...*
5. *Hätte mein Vater doch nur gewusst, dass ...*
6. *Ich wünschte, ich hätte meinem Vater sagen können ...*

 ### Wertschätzung und Vergebung

Denken Sie nun an ein Familienmitglied, mit dem Sie unaufgelöste Konflikte haben. Gibt es eine alte Wut, einen Schmerz oder ein Grollgefühl gegenüber dieser Person? Schreiben Sie ihr einen Brief. Sprechen Sie alle alten Enttäuschungen und Verletzungen an. Schreiben Sie wirklich alles auf, was Sie bedrückt. Verschweigen Sie nichts.

Wenn der Brief fertig ist, lesen Sie ihn einmal durch, falten Sie ihn zusammen und schreiben Sie auf die Außenseite: »*Was ich mir wirklich wünsche, ist deine Liebe und Wertschätzung.*« Verbrennen Sie den Brief dann und lassen Sie los.

 ### Ihre Familie und Ihr Selbstwertgefühl

Untersuchen wir nun, wie es im Zusammenhang mit Ihrer Familie um Ihr Selbstwertgefühl bestellt ist. Beantworten Sie die folgenden Fragen, so gut es geht. Sprechen Sie nach jeder Antwort eine der nachfolgenden Affirmationen, um dem negativen Glaubenssatz entgegenzuwirken.

1. Glauben Sie, ein glückliches Familienleben und liebevolle Beziehungen zu verdienen?
2. Welche Ängste veranlassen Sie dazu, Ihre Familie nicht zu nah an sich heranzulassen?

3. Was »bringt« Ihnen dieser Glaubenssatz?
4. Was, fürchten Sie, könnte geschehen, wenn Sie diesen Glaubenssatz aufgeben?

Affirmationen

- *Ich trage zu einem harmonischen, liebevollen und friedlichen Familienleben bei. Alles ist gut.*
- *Ich akzeptiere meine Eltern, und im Gegenzug akzeptieren und lieben sie mich.*
- *Ich bin ein positives Vorbild für meine Kinder. Unsere Kommunikation ist frei und liebevoll.*
- *Alle meine Beziehungen sind harmonisch.*
- *Ich bin offen und bereit, die Dinge auch vom Standpunkt anderer Familienmitglieder zu betrachten.*
- *Alle in meiner Familie bemühen sich nach Kräften, auch ich.*
- *Ich bin bereit, zu vergeben und mich liebevoll von der Vergangenheit zu lösen.*
- *Ich kann gefahrlos über die Begrenzungen meiner Eltern hinausgehen.*
- *Wenn ich aufhöre, mich selbst und andere zu kritisieren, werde ich auch selbst nicht länger Zielscheibe für Kritik sein.*
- *Ich kann gefahrlos erwachsen werden. Ich meistere mein Leben freudig, mit Leichtigkeit und Schwung.*
- *Ich habe eine wunderbare, liebevolle, warmherzige, offene Kommunikation mit allen Mitgliedern meiner Familie.*
- *Ich sehe in allen Menschen nur das Beste, und sie reagieren dementsprechend auf mich.*
- *Meine Familie ist liebevoll und unterstützt mich auf bestmögliche Weise.*

- Ich sende allen Menschen liebevolle, tröstende Gedanken und weiß, dass diese Gedanken stets zu mir zurückkehren.
- Ich strahle Akzeptanz aus, und ich werde von anderen Menschen aufrichtig geliebt.
- Ich vergebe meinen Eltern. Ich weiß, dass sie sich nach Kräften bemüht und ihr Bestes gegeben haben.
- Ich bin meiner Familie gegenüber aufrichtig. Je aufrichtiger ich bin, desto mehr werde ich geliebt.
- Es verleiht mir Kraft, zu vergeben und loszulassen.
- Es gibt kein Richtig oder Falsch. Ich lasse jetzt Schuldzuweisungen und Verurteilungen hinter mir und befreie mein Denken.
- Ich kann offen mit mir selbst und meiner Familie umgehen, denn ich bin immer sicher und geborgen.

Behandlung für ein gutes Verhältnis zu den eigenen Kindern und ein glückliches Familienleben

Ich beanspruche jetzt für mich eine fröhliche, liebevolle Familie. Liebevoll segne ich jedes Mitglied meiner Familie. Wir alle bemühen uns nach Kräften und geben stets unser Bestes. Ich entscheide mich jetzt dafür, mein Herz für Liebe, Mitgefühl und Verständnis zu öffnen. Damit lösche ich alle Erinnerungen an frühere Schmerzen aus. Ich lasse ab jetzt nur noch liebevolle, inspirierende Menschen in meine Welt. Mein Leben ist von Liebe und Freude erfüllt. Das ist die Wahrheit meines Seins, und ich akzeptiere, dass es so ist. Alles ist gut in meiner Welt.

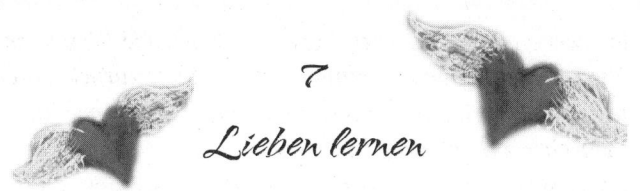

7
Lieben lernen

Romantische Liebe ist eine wunderbare Sache. Doch die wichtigste Form der Liebe ist die SELBSTliebe. Uns selbst wirklich zu lieben bedeutet, eine tiefe Wertschätzung für unsere eigene Person zu empfinden, und zwar auch für das, was wir als unsere »Fehler« oder »Schwächen« betrachten. Es ist traurig, aber viele von uns glauben, sich selbst nur lieben zu können, wenn sie vorher irgendein albernes selbst auferlegtes Ziel erreicht haben, zum Beispiel schlank werden, viel Geld verdienen oder einen Partner finden.

Diese Ziele sind aber lediglich Ablenkungen, die den wirklichen Mangel in unserem Leben verdecken. Letztlich können wir keine gesunden, liebevollen Beziehungen zu anderen Menschen unterhalten, wenn wir keine gesunde, liebevolle Beziehung zu uns selbst haben.

Ich hoffe, die folgenden Berichte werden Sie dazu inspirieren, sich selbst mehr zu lieben.

Die Macht der Liebe
von Stacey, Assistentin der Geschäftsführung, Kalifornien

»Du musst dich selbst lieben, wenn du willst, dass die anderen dich lieben.« Jedes Mal wenn ich diesen Satz hörte, zuckte ich innerlich zusammen, denn ich hatte schon sehr früh gelernt, dass ich nicht liebenswert war.

Als ich vier Jahre alt war, verließ mein Vater meine Mutter. Im selben Jahr versuchte sie, sich das Leben zu nehmen. Mein Bruder, meine Schwester und ich lebten bei den Großeltern, während meine Mutter sich in stationärer psychiatrischer Behandlung befand. Nach einem Jahr hatte sie sich so weit erholt, dass wir wieder bei ihr leben durften. Aber sie war weiterhin nicht in der Lage, wirklich für uns zu sorgen. Sie begann zu trinken und nahm Drogen – und es erging uns wie den meisten Kindern von suchtkranken Eltern: Wir wurden vernachlässigt und Situationen ausgesetzt, wie man sie keinem Kind wünscht.

Als ich eingeschult wurde, hoffte ich, damit wenigstens ein paar Stunden des Tages in einer sicheren Umgebung verbringen zu können. Doch wegen meiner roten Haare und Sommersprossen behandelten die anderen Kinder mich leider schlecht. Sie hänselten mich, als wäre ich eine Missgeburt. Am Valentinstag tauschten die Kinder in meiner Klasse Karten aus und schenkten sich etwas. Nur ich ging leer aus. Jeden Abend lag ich in meinem Bett und flehte Gott an, mich schön zu machen, damit ich endlich geliebt wurde. Tatsächlich entwickelte ich mich zu einer hübschen jungen Frau, und statt gehänselt zu werden, sagte man mir nun immer wieder, dass ich gut aussähe … aber das half nichts, denn ich fühlte mich noch immer hässlich. Wegen meines geringen Selbstwertgefühls traf ich einige Entscheidungen, die ein Mensch, der sich selbst liebt, sicherlich nicht getroffen hätte. Ich trank ein bisschen mehr, als gut für mich war, suchte mir Männer aus, die mich nicht gut behandelten, und ließ mir einige gute Gelegenheiten entgehen.

Eines Tages schenkte mir eine Freundin das Buch *Gesundheit für Körper und Seele*. Sie sagte, dass mir das vielleicht weiterhelfen würde. Nachdem ich es gelesen hatte, begann ich, Affirmationen gegen meine negativen Gedanken und hartnäckigen Ängste einzusetzen. Das fiel mir nicht leicht, denn ich hatte mein ganzes Leben in Angst verbracht – ständig fürchtete ich zu verlieren, was ich besaß, oder nicht zu bekommen, was ich mir wünschte. Ich arbeitete aber beharrlich weiter mit den Affirmationen.

Um es kurz zu machen: Zehn Jahre vergingen, in denen meine Lebenssituation sich nach und nach verbesserte. Nun suchte ich einen neuen Job und verwendete die Affirmation *Ich habe eine berufliche Tätigkeit, die ich liebe, und ich bin finanziell bestens abgesichert.* Ich hatte bislang nie im Internet nach Jobangeboten gesucht, spürte aber nun den deutlichen inneren Impuls, dies zu tun. So wurde ich zu einem Bewerbungsgespräch eingeladen für eine Arbeitsstelle, die sich als absolut perfekt für mich erwies: Assistentin der Geschäftsführung beim Verlag Hay House!

Inzwischen arbeite ich seit beinahe acht Jahren bei Hay House und fühle mich dadurch wunderbar gesegnet. Ich habe eine berufliche Aufgabe, die mir Freude und Erfüllung schenkt, und ich bin finanziell bestens abgesichert. Kürzlich habe ich mir ein Haus gekauft und im Garten eine Louise-Hay-Rose gepflanzt. Ich bin nicht mehr das kleine Mädchen, das nichts zum Valentinstag geschenkt bekommt – ich habe wundervolle Freunde, bin gesund und glücklich.

Ich bin so dankbar für alles, was Louise mich gelehrt hat. Heute kann ich mit Überzeugung sagen: »Ich liebe mich.« Und das meine ich wirklich!

* * *

Die Saat ausbringen
von Jennifer, Sonderschullehrerin, Wisconsin

Als *Wunder* bezeichnet man Ereignisse, die den Naturgesetzen zu widersprechen scheinen und als direktes Eingreifen Gottes betrachtet werden. Ich kann wirklich sagen, dass die Veränderungen in meinem Leben Wunder sind – dank Louise Hay!

Bevor ich Louise für mich entdeckte, war meine Beziehung zu Gott schwach und distanziert geworden. Ich litt an schweren Depressionen, starken Stimmungsschwankungen und quälenden Migräneanfällen. Seit der Kindheit machten mir Verlustängste und Einsamkeitsgefühle zu schaffen. Das hatte zur Folge, dass meine Liebesfähigkeit stark beeinträchtigt war. Schuldgefühle, Selbstzweifel, mangelndes Vertrauen in mich selbst und andere Menschen waren meine ständigen Begleiter.

Ich suchte nach Linderung und stieß dabei auf *Gesundheit für Körper und Seele*. Dieses Buch verdeutlichte mir, dass andere Menschen mich nur dann lieben konnten, wenn ich mich selbst lieben lernte. Louise zeigte mir, mich selbst so zu sehen und dann zu lieben, wie Gott mich sieht und liebt. Louise lehrte mich, meinen Eltern zu vergeben und sie in einem neuen Licht zu sehen. Als ich lernte, wie man überlebt, statt sich als Opfer zu fühlen, fielen Jahre der Traurigkeit von mir ab.

Louise zeigte mir, wie sehr die Liebe zu uns selbst uns stärkt. Ich erfuhr, wie viel Kraft dadurch freigesetzt werden kann. Das ist das Wunder, das mir geschenkt wurde: Ich liebe mich selbst! Das ist keine Floskel und keine Schönfärberei – es ist die Wahrheit! Und ich lasse andere an Louises Geschenken teilhaben: Bei der Arbeit mit meinen Sonderschülern vergeht kein Tag, ohne dass ich ihre Worte und Weisheiten nicht in der einen oder anderen Form an sie weitergebe. Ich bitte meine Schüler, sich Louises kraftvollen Affirmationen ins Tagebuch zu schreiben, was ihr Selbstvertrauen und ihre Zuversicht sehr stärkt. Manche Schüler, die zu Beginn des Schuljahres mit sehr düsterer, negativer Weltsicht in meine Klasse kommen, entdecken innerhalb weniger Monate die Kraft des positiven Denkens für sich. Damit sind die Samen gesät!

Louise, Sie haben mir das Leben gerettet. Ihnen verdanke ich es, dass mein Leben nicht mehr von Depression und Unsicherheit beherrscht ist. Ich bin jetzt in der Lage, der wundervolle Mensch zu sein, der ich früher nur in meinen Träumen war. Ich bin jetzt in der Lage, liebevolle Beziehungen zu mir selbst, zu Gott, meinen Freunden und Verwandten zu pflegen (einschließlich meiner Mutter, die ich jahrelang gehasst habe). Ich lebe Ihre Philosophie und bin dadurch zum Vorbild für meine Lieben, meine Kollegen und Schüler geworden. Ich bin in der Lage, das Leben zu genießen und mich für all die Schönheit ringsumher zu öffnen. Ich bin fest überzeugt, dass ich es verdiene, glücklich zu sein. Und ich kann lächeln und meine es auch wirklich. Louise, Ihr Buch hat mir geholfen, allen Schmerz, alle seelischen Wunden in meinem Leben zu heilen. Ich bin der lebende Beweis dafür, was geschieht, wenn man Ihre Worte in die Praxis umsetzt und sich aufrichtig selbst liebt!

* * *

Zauberhafte Verwandlung
von Dijana, leitende Angestellte, Australien

Als Astrologin befinde ich mich schon lange auf einer Reise der Selbstentdeckung. Als meine Ehe nach 15 Jahren in eine Krise geriet, sah ich mich vor eine schwerwiegende Wahl gestellt: Sollte ich *meiner* Wahrheit folgen oder der meines Mannes? Das war der Ruf, den ich schon länger vernahm, aber bislang ignoriert hatte. Es war offensichtlich, dass unsere Partnerschaft zu Ende war. Ich hatte geglaubt, mein Mann und ich wären »entwickelt« genug, um dieses Ende anständig und harmonisch zu bewältigen, doch da irrte ich mich. Plötzlich bewegte ich mich durch ein emotionales Minenfeld. Das Leben stellte mir schwierige Prüfungen in den Weg. Es war an der Zeit, endlich all das praktisch anzuwenden, was ich im Lauf der Jahre gelernt hatte. Ich nahm mein Exemplar von *Gesundheit für Körper und Seele* zur Hand, um mein Denken zu verändern und die Kraft der Affirmationen zu nutzen.

Neben der Astrologie faszinierten mich heidnische Rituale, bei denen die Energien der Erde und die weiblichen Prinzipien geehrt wurden. Ich fing an, meine Affirmationen durch den Einsatz von planetaren Energien und Ritualen zu unterstützen, um mich von allem zu befreien, was ich nicht länger mit mir herumschleppen wollte. Die Resultate waren absolut erstaunlich!

An meinem 41. Geburtstag führte ich ein zielorientiertes Ritual aus, und daraufhin fiel mir eine wunderbare berufliche Chance förmlich in den Schoß, wie durch göttliche Fügung. Sehen Sie, ich bin in Australien in der Verlagsbranche tätig und liebe meinen Beruf. Ich habe mich immer schon sehr für Literatur zum Thema Persönlichkeitsentwicklung und ganzheitliches Bewusstsein interessiert, doch solche Bücher gehörten nicht zum Programm des Verlages, für den ich arbeitete. Eines folgenreichen Tages rief mein Chef mich zu sich und fragte, ob ich nicht unmittelbar mit Hay House zusammenarbeiten und mich um die Vermarktung von deren Programm in Australien kümmern wollte. Zu erfahren, dass ich die Bücher der Frau vermarkten sollte, die *mir* so enorm geholfen hatte, ließ mich in Tränen ausbrechen. Am nächsten Tag traf ich mich mit dem Team von Hay House, und es war sozusagen Liebe auf den ersten Blick. Heute, ein Jahr später, kann ich sagen, dass dies der Höhepunkt meiner Karriere ist – gekrönt dadurch, dass ich inzwischen das Vergnügen hatte, Louise persönlich kennenzulernen.

Konnte es da überhaupt noch besser kommen? Ja, das konnte es! Achtzehn Monate nach dem Ende meiner Ehe hatte ich begonnen, über eine neue Partnerschaft nachzudenken. Mit klarer Absicht beschloss ich, die Liebesbeziehung in mein Leben zu holen, die ich mir immer schon gewünscht hatte. Ich wusste nun, dass ich über alle dafür nötigen Hilfsmittel verfügte. Ich war glücklich und wollte dieses Glück gerne mit einem Partner teilen. Während eines Waage-Vollmonds verwendete ich Louises Liebesaffirmationen und konzentrierte meine ganze Energie darauf, klar zu definieren, was ich mir wünschte. Ich übermittelte meinen Wunsch dem Universum und hatte das Vertrauen, dass alles sich perfekt entfalten würde. Zwei Wochen später trat dieser Mann in mein Leben.

Er ist anders, nicht so wie der »Typ Mann«, mit dem ich früher Beziehungen eingegangen war, aber ich erkannte ihn sofort. Der Rest ist Geschichte – ich habe den Mann meines Lebens gefunden! Er ist alles, was ich mir je erträumte, und noch so viel mehr. Jeder Tag mit ihm ist ein Geschenk.

Danke, Louise, dass Sie mir die Methoden an die Hand gaben, um meine große Liebe zu finden und eine magische Transformation zu bewirken.

* * *

Eine völlig neue Lebensweise
von Candice, Managementassistentin, Michigan

1993, damals war ich 23 Jahre alt, wurde mir unabhängig voneinander von zwei Leuten *Gesundheit für Körper und Seele* geschenkt. In jener Zeit arbeitete ich als Hostess in New York. Eine der beiden Personen, die mir das Buch schenkten, riet mir, mich vor den Spiegel zu stellen und zu mir zu sagen: »Ich liebe dich.« Das fiel mir unendlich schwer.

Als Kind wurde ich von fünf Männern sexuell belästigt, vor meinem 15. Geburtstag wurde ich schwanger, worauf eine Abtreibung folgte. Obwohl ich immer schon intelligent und kreativ begabt war, glaubte ich nie an mich und meine Fähigkeiten. Das änderte sich erst, als ich die Affirmationen aus *Gesundheit für Körper und Seele* anwendete. Dieses Buch erschloss mir eine völlig neue Lebensweise, und meine Gedanken begannen schon bald, Louises Philosophie widerzuspiegeln. So gelang es mir, meinem Leben eine positive Wendung zu geben. Doch das wurde nur möglich, weil ich lernte, mich selbst zu lieben und meine Talente und meine Einzigartigkeit wertzuschätzen.

Louise lehrte mich jene Methoden, die man braucht, um ein erfülltes Leben zu führen. Heute gebe ich voller Dankbarkeit dieses Wissen an andere Frauen weiter.

* * *

Reine, bedingungslose Liebe
von Lareena, Buchhalterin, Kalifornien

Als ich drei Jahre alt war, verließ meine Mutter meinen Vater, meinen Bruder und mich. Meine Erinnerungen an sie sind lebhaft, aber schmerzerfüllt. Sie hatte immer wieder andere Männer mit nach Hause gebracht und hatte Sex mit ihnen. Ich erinnere mich noch, dass ich in einer Zimmerecke saß und so tat, als würde ich mich mit meiner Puppe unterhalten, um jene Geräusche auszublenden, die ein kleines Mädchen nicht hören sollte. Nachdem sie uns verlassen hatte, bewohnten mein Vater, mein einjähriger Bruder und ich ein einzelnes Zimmer im Haus meiner Großmutter. Auch mein Vater brachte ständig Frauen auf dieses Zimmer und schlief mit ihnen. Dann heiratete er eine psychotische Frau, die mich und meinen Bruder neun Jahre lang körperlich und seelisch misshandelte. Mein Vater tat, als bekäme er von alledem nichts mit. Emotional blieb er fast mein ganzes Leben distanziert. Es gab kaum Nähe zwischen uns.

Als ich 18 wurde, lernte ich einen älteren Mann kennen und ließ mich auf eine sehr traumatische Beziehung ein, die neun Jahre dauerte. Danach geriet ich erneut an einen gewalttätigen Mann und wurde sehr krank. Bei mir wurde Lupus diagnostiziert, und meine Nieren versagten. Mit nur 28 Jahren war ich dem Tode nahe … und doch fühlte ich mich frei. Das Leiden, das ich mein ganzes Leben durchgemacht hatte, neigte sich endlich dem Ende zu, und zum ersten Mal spürte ich ein Gefühl des Friedens. Ich lag in meinem Krankenhausbett, wissend, dass ich sterben würde. Ich rief meine Lieben zu mir und verabschiedete mich. In einem Gebet dankte ich Gott für diese Erfahrung, und dann sagte ich Ihm, dass ich müde sei und gerne nach Hause wollte. Ich fühlte, wie ich davonglitt, und dann sah ich das schönste weiße Licht, das man sich nur vorstellen kann. Zu meiner Überraschung wachte ich in der Intensivstation auf, und meine Schmerzen waren völlig verschwunden.

Ich musste mich einer Chemotherapie unterziehen und viermal pro Woche für vier Stunden zur Dialyse. Ich hatte 17 verschiedene Medikamente einzunehmen, benötigte zum Gehen einen Stock und lag die meiste Zeit im Bett. In jener Zeit schenkte meine geliebte Tante mir das Buch *Gesundheit für Körper und Seele* von Louise L. Hay. Daraus benutzte ich vor allem folgende Affirmationen: *Ich äußere frei und mühelos meine Wünsche und stehe für mich ein. Ich beanspruche meine Kraft und Macht. Ich liebe und wertschätze mich. Ich bin frei und geborgen.*

Zu meinen täglichen Aktivitäten gehörten Gebete, Meditationen und Visualisierungen. Dazu kam die Spiegelarbeit, die mir äußerst schwerfiel. Es war hart, in meine Augen zu schauen, in denen so viel Schmerz verborgen lag. An einem Punkt sagte ich mit großem Nachdruck: »Lareena, ich liebe dich so sehr. Ich liebe dich so, wie du bist.« Dabei liefen mir Tränen übers Gesicht – und ich erkannte, dass ich endlich die reine, bedingungslose Liebe empfing, nach der ich mich immer gesehnt hatte.

Nach einiger Zeit fühlte ich, dass sich tief in mir etwas veränderte. Ich konnte lächeln und lachen, fühlte mich leichter und entwickelte zum ersten Mal Lebensfreude. Meine Genesung dauerte sechs Monate, danach waren keine Chemotherapie und Dialyse mehr notwendig. Meine Nierenfunktionen sind völlig wiederhergestellt, und seit zwei Jahren ist der Lupus inaktiv. Mit 31 Jahren bin ich heil und gesund, und alles ist gut in meiner Welt!

* * *

Das unbezahlbare Geschenk
von Marina, Übersetzerin, Russland

Solange ich denken kann, litt ich unter Minderwertigkeitskomplexen. Ich glaubte, »weniger wert zu sein« als andere. Aber warum? Ich wollte auf jeden Fall endlich die Wahrheit herausfinden. Mit 13 Jahren entdeckte ich Louise Hays Buch *Gesundheit für Körper und Seele*. Zunächst verstand ich nur wenig von dem, was ich darin las, aber ein Gefühl sagte mir: *Das ist der richtige Weg.* Schritt für Schritt heilte ich meine Seele. Wirklich große Veränderungen stellten sich ein, als ich beschloss, anders über mich selbst zu denken.

Während einer Phase von eineinhalb Monaten wiederholte ich über 400-mal täglich Affirmationen für mehr Selbstliebe. Und es funktionierte! Vielleicht finden Sie das nicht sehr beeindruckend, aber wenn man einen ständigen Schmerz im Herzen trägt, der einen daran hindert, sich am Leben zu freuen, und dann die Liebe entdeckt – besonders die Liebe zu sich selbst –, ist das ein wirkliches Wunder. Sich selbst zu lieben heißt, dass man jeden Tag Wunder erleben kann!

Meine Heilung begann vor 15 Jahren und geht immer weiter. Mein Leben hat sich vollkommen verändert, und das ist das unbezahlbare Geschenk, das Louise mir gemacht hat. Dafür danke ich ihr von ganzem Herzen!

* * *

Eine schicksalhafte Begegnung
von Julie, Krankenschwester, Alaska

Nach einigen sehr anstrengenden Wochen verspürte ich das Bedürfnis, in der New-Age-Abteilung einer Buchhandlung etwas zu finden, das mir helfen würde, mich zu entspannen. Während ich die angebotenen Bücher betrachtete, kam ein Mann zu mir und sagte: »Wenn Sie mal ein wirklich gutes Buch lesen möchten, empfehle ich Ihnen dieses.« Er zeigte auf *Gesundheit für Körper und Seele*. Ich war sprachlos. Seit 25 Jahren antwortete ich auf die Frage nach meinem Lieblingsbuch stets: »*Gesundheit für Körper und Seele.*«

Mein erster Gedanke war: *Das ist eine Engel-Begegnung, obwohl dieser Mann gar nicht so aussieht, wie ich mir einen Engel vorstelle.* Ich erzählte ihm, wie viel ich von Louise Hay halte und wie gut mir gerade dieses Buch gefällt. Nachdem wir ein paar Minuten miteinander geplaudert hatten, trennten sich unsere Wege.

Dann empfing ich plötzlich eine Botschaft. Ich hörte eine Stimme sagen: »Lass ihn nicht gehen.« Ich lief dem Mann nach und erklärte ihm, dass unsere Begegnung gewiss kein Zufall sei. Er sagte, das scheine ihm auch so. Er sei durch die ganze Stadt gefahren, um in dieser Buchhandlung Louises Buch für einen kranken Freund zu kaufen. In der Buchhandlung, wo er sonst einkaufe, sei es nicht vorrätig gewesen. Sie hatten zwar angeboten, es für ihn zu bestellen, aber er verspürte das dringende Gefühl, das Buch sofort besorgen zu müssen. So war er trotz des mittäglichen Verkehrs bis hierher gefahren.

Das ist nun zwei Jahre her, und wir sind seitdem ein Paar. Inzwischen haben wir uns verlobt und wollen bald heiraten. Und jedem, der es hören will, erzähle ich die Geschichte, wie wir uns kennengelernt haben. Dank an Louise und meine geliebten Engel!

* * *

Mich selbst zu lieben war die Lösung
von Cynthia, Managementassistentin, Florida

Vor neun Jahren machte ich in den USA Urlaub und beschloss, zu bleiben. Alle meine Verwandten leben in Peru, daher waren die ersten zwei Jahre hier sehr schwierig. Im Jahr 2005 machten mir plötzlich Panikattacken zu schaffen – vier Monate lang überkamen sie mich jeden Tag, und ich fühlte mich wirklich schlecht. Ich reiste geschäftlich nach Los Angeles und ging dort in ein Wellnesscenter. In diesem Center entdeckte ich einige CDs von Louise Hay und ihr Buch *Wahre Kraft kommt von Innen*. Dieser Titel machte mich neugierig.

Nachdem ich mir die CDs angehört und das Buch gelesen hatte, beschäftigte ich mich sehr intensiv mit den von Louise empfohlenen Affirmationen. Vor allem wiederholte ich ständig: *Ich liebe mich*. Es dauerte nicht lange, bis sich mein Leben veränderte. Dadurch, dass ich negative Gedanken durch neue, positive ersetzte, fing ich an, das Leben anders zu sehen.

Ich war so dankbar, dass ich Louise eine E-Mail schrieb. Ihre Assistentin schickte mir eine sehr liebevolle, Hoffnung spendende Antwort. Ich ging in eine Buchhandlung und kaufte mir die spanische Ausgabe von *Gesundheit für Körper und Seele* und die *Stress-Free*-CD auf Englisch (die höre ich immer im Flugzeug, da sie mir hilft, mich zu entspannen und einzuschlafen … die Wirkung dieser CD ist wirklich erstaunlich). Inzwischen hatte ich schon seit vier Jahren keine Panikattacke mehr.

Durch Louises Bücher und CDs habe ich gelernt, dass der Schlüssel zu einem wunderbaren Leben darin besteht, sich selbst zu lieben. Einer meiner Wünsche ist es, Louise persönlich zu treffen. Ich denke, sie ist eine wunderbare Frau, die ihr Leben der Aufgabe gewidmet hat, Menschen wie mir zu helfen. Dafür bin ich ihr sehr dankbar.

* * *

Training für mein Gehirn
von Melanie, Teamleiterin, Kanada

Da ich in den meisten Lebensbereichen ein sehr logisch denkender Mensch bin, fiel es mir schwer, mit den Emotionen fertigzuwerden, die mir zu schaffen machten, nachdem ich mich von dem Mann getrennt hatte, mit dem ich zehn Jahre verheiratet gewesen war. Allein für meine drei Kinder, unseren Lebensunterhalt und unser Haus verantwortlich zu sein bewirkte, dass ich mich überfordert fühlte – ich wusste nicht, an wen ich mich wenden sollte, oder was ich da eigentlich empfand.

Eine Kollegin empfahl mir *Gesundheit für Körper und Seele*. Ich hatte vorher noch nie von Louise Hay gehört, aber nach diesem Buch las ich gleich noch weitere ihrer Werke. Durch ihre Bücher hat Louise mir vermittelt, wie ich mein Gehirn darauf trainieren kann, positiv zu denken. Ich erkannte, dass ich mich zuvor nicht wirklich geliebt habe … doch heute ist das anders!

Mein Leben zu ändern erforderte viele unterschiedliche Tugenden wie Geduld und Entschlossenheit. Besonders lohnend war es, meine Intuition zu entwickeln und sie ge-

meinsam mit dem Verstand einzusetzen. Mühelos gelingt
es mir jetzt, mich selbst und meine Umwelt wertzuschätzen. Voller Liebe sehe ich die Schönheit in allen Dingen.
Meine Freunde und meine Familie spüren, wie verwandelt ich bin. Ich habe Unabhängigkeit, Lebensfreude und
Liebe neu entdeckt. Jeden Tag bin ich dankbar für Louises
Buch und die Heilung meines Lebens.

* * *

Das wichtigste Wunder von allen
Martin, Versicherungsvertreter, Argentinien

Ich bin 30 Jahre alt und lebe in Argentinien.
Gesundheit für Körper und Seele habe ich im Alter von erst
15 Jahren entdeckt – und mein Leben hat sich dadurch
vollkommen verändert.

Dass mir bereits in so frühem Alter die Augen für die Gesetze des Lebens geöffnet wurden, verdanke ich Louise.
Es war das Beste, was mir passieren konnte. Das Leben
in Argentinien ist nicht leicht. Es gibt wirtschaftliche Probleme und schlimme Armut. Louise zeigte mir, dass man
sich über all das erheben kann. Ich schwor mir, dass ich
mein Denken und meine Überzeugungen ändern würde.
Ich begann mit der Affirmation *Ich bin keine Statistik.* Das
wiederholte ich viele Male täglich.

Obwohl mir alle sagten: »Es ist nicht leicht, hier Arbeit
zu finden«, sagte ich mir und fühlte die innere Gewissheit,
dass ich eine *wirklich gute* Arbeit finden würde … und so
kam es dann auch. Auch fing ich an, gut für meinen Körper zu sorgen. Ich wurde Vegetarier und begann ein täg-
liches Langlauftraining (zuerst konnte ich noch nicht einmal einen Häuserblock weit laufen, aber heute nehme ich
mehrmals im Jahr an Marathonläufen teil). Ich unternahm Reisen um die ganze Welt und lernte erstaunliche

Menschen kennen, die mir wertvolle Denkanstöße gaben und meinen Horizont erweiterten. Aber das wichtigste Wunder, das Louise in mein Leben gebracht hat, ist die unglaubliche Liebe, die ich heute für mich selbst und andere empfinde – sie ist von unschätzbarem Wert. Louise hat mir eine ganz neue Existenzweise geschenkt. Dafür werde ich ihr mein Leben lang dankbar sein.

Wir neigen dazu, lediglich große Dinge, wie etwa die Heilung von einer schweren Krankheit, als Wunder zu betrachten. Doch Louise lehrt, dass wir ständig von Wundern umgeben sind: Sie sind in jedem Atemzug, jedem Lächeln, jeder Rose und jedem Sonnenuntergang.

Danke, Louise, dafür, dass Sie mich inspiriert und mir das wichtigste Wunder von allen gezeigt haben: die Liebe zu uns selbst. Sie sind die Größte!

* * *

Verbitterung und Schmerz führen zu Liebe und Frieden
von Margaret, Schmuckdesignerin im Ruhestand, Maryland

Als ich eines Tages im Jahr 1990 nach Hause kam, fand ich dort einen kurzen Brief meines Mannes vor, in dem er mir mitteilte, dass er mich verlassen hatte. Ich war wütend und verwirrt und hatte das Gefühl, dass unsere 15 gemeinsamen Jahre nichts als eine Lüge gewesen waren. Ich arbeitete weiter und erfüllte meine Pflichten, aber innerlich war ich zutiefst enttäuscht und verbittert. Ich war misstrauisch geworden und haderte mit der Welt.

1995 hatte ich dann das Gefühl, am absoluten Tiefpunkt angelangt zu sein. Ich begegnete einer Frau, die mir auf erschreckende Weise ähnelte – es war, als besuchte mich der Geist der Zukunft, um mir zu zeigen, wie ich enden würde, wenn ich auf meinem Pfad blieb. Mein ganzes Leben lang war ich von Atheisten umgeben gewesen, sodass ich in dieser Richtung stark voreingenommen war und mich nie sonderlich für Spiritualität interessiert hatte. Aber in jener Nacht sank ich auf die Knie und betete darum, dass mir gezeigt würde, wie ich mich ändern konnte.

Als Erstes wurde ich zu Louise Hays Buch *Gesundheit für Körper und Seele* hingeführt. Ich verschlang es regelrecht und tippte alle Affirmationen und Übungen ab, um sie laut zu sprechen. Am schwersten fiel es mir, vor dem Spiegel zu sagen: »Margaret, ich liebe dich.« Bis mir das gelang, brauchte ich zwei Wochen.

Die spirituelle Verbundenheit, die Louise beschreibt, öffnete mir eine ganz neue Welt. Mein größtes und bemerkenswertestes spirituelles Erwachen ereignete sich, als ich *Gesundheit für Körper und Seele* gelesen hatte. Danach gab es kein Zurück mehr. Ich lernte, mich von all dem Hass, dem Misstrauen und der Einsamkeit zu befreien, die ich schon so lange fühlte. Ich machte mir sehr große Sorgen um meine Zukunft, daher arbeitete ich daran, ein besseres Selbstwertgefühl zu entwickeln. Dann brachte ich mehr finanzielle Fülle in mein Leben, denn zuvor hatten mich ständige Geldsorgen geplagt.

Die Jahre der Arbeit an mir selbst, zu denen Louises Buch mich inspirierte, haben mein ganzes Leben verändert. Besonders dankbar bin ich dafür, dass sie mich lehrte, mich von meiner Verbitterung zu befreien, sodass endlich das Gute in mein Leben strömen konnte, das das Universum für mich bereithielt. So fand ich schließlich auch meinen wahren Seelengefährten und lebe nun in einer wunderschönen, vertrauensvollen, spirituellen Partnerschaft und Ehe. Das Beste, was ich von meinem neuen Mann gelernt habe, ist bedingungslose Liebe. (Obendrein ist er auch noch sehr wohlhabend und hat mir die finanzielle Sicherheit geschenkt, nach der ich immer gesucht habe.)

Vermutlich hätte ich mich sonst mühsam weiter durchs Leben geschleppt und immer wieder die gleichen Fehler gemacht – aber Louises Buch öffnete mir die Augen dafür, dass es einen besseren Weg gibt. Sie öffnete mein Herz für die Liebe und ließ mich meine Verbundenheit mit meinem Geist und dem Universum entdecken. Bis zum heutigen Tag begleitet mich diese Spiritualität und schenkt mir Frieden.

* * *

Wie ich mich selbst wieder lieben lernte
von Leah, lizenzierter Coach, Kanada

Die Werke von Louise Hay entdeckte ich in einer besonders schwierigen Lebensphase. Ich hatte für gut eineinhalb Jahre im Ausland gearbeitet und wusste nicht, welchen Weg ich künftig einschlagen sollte. Ich fragte mich, wann ich wieder nach Hause zurückkehren sollte beziehungsweise ob ich überhaupt zurückkehren wollte und wohin ich eigentlich gehörte. Ich fühlte mich isoliert und einsam – heimwehkrank vor Sehnsucht nach meiner Familie und meinen Freunden und der vertrauten Umgebung – und doch war ich geradezu süchtig danach, weitere Länder zu besuchen.

Um vor dem Stress und den anstehenden schwierigen Entscheidungen zu fliehen, betäubte ich mich mit Alkohol und Essen und nahm stark an Gewicht zu. Nun schämte ich mich zusätzlich für mein Aussehen, wodurch es mir noch schwerer fiel, mich zu einer Rückkehr nach Hause durchzuringen. Zu meiner Schande muss ich gestehen, dass ich sogar Drogen konsumierte, und das in einem Land, in dem dies streng bestraft wird.

Eines Tages ging ich in eine Buchhandlung, was selten geschah. Ich hoffte, dort etwas englische Lektüre zu finden, und entdeckte *Gesundheit für Körper und Seele*. Die Gedanken und Affirmationen in diesem Buch berührten mich zutiefst, und ich fragte mich, wie es wohl wäre, mich selbst wieder zu lieben.

Ich machte Spiegelarbeit und sagte immer wieder zu mir: »Leah, ich liebe dich. Ich liebe dich wirklich.« Durch die tägliche Arbeit mit den Affirmationen stellten sich allmählich einige erstaunliche Veränderungen ein: Ich begann, mich selbst wertzuschätzen, und gönnte mir Urlaubsreisen durch Asien.

Dann traf ich schließlich die bewusste Entscheidung, nach Hause zurückzukehren. Ich schloss neue Freundschaften und traf einen hervorragenden Coach, der mir half, durch Walking und gesunde Ernährung über 18 Kilo abzunehmen. Das ging leichter und sanfter, als ich es je für möglich gehalten hätte!

Als ich schließlich nach Kanada zurückkehrte, war es bestimmt kein Zufall, dass ich nach nur einer Woche den Mann traf, der heute mein Verlobter ist. Ich hatte »den richtigen Mann« angezogen, weil ich zu »der richtigen Frau« geworden war, die sich selbst liebte.

Louise inspirierte mich dazu, mein wahres Selbst zu entdecken. Durch ihre Arbeit wurde ich sogar motiviert, einen neuen Berufsweg einzuschlagen – heute arbeite ich erfolgreich als zertifizierter Coach und helfe jungen Menschen, sich eine Karriere aufzubauen, die ihnen wirkliche Erfüllung schenkt.

Louise, Sie haben mein Leben enorm beeinflusst.

Danke, dass Sie für so viele Menschen auf dem Planeten eine Quelle der Inspiration und Heilung sind.

* * *

Zeit für Veränderung

von Gloribell, Studentin, Schauspielschülerin und Mutter, New Jersey

Durch *Gesundheit für Körper und Seele* hat sich für mich alles verändert. Im Jahr 2003 ging ich durch eine der dunkelsten und stürmischsten Phasen meines Lebens. Damals stand ich vor den Trümmern meiner sechsjährigen Ehe. Ich sah keinen Sinn mehr in meinem Leben und war überzeugt, dass es für alle besser wäre, wenn ich nicht mehr existierte.

Ohne Hoffnung und mit Selbstmordgedanken ging ich in die Bibliothek, um dort etwas Zuflucht und Frieden zu finden. Ich erinnere mich, dass mir ein Buch mit farbenfrohem Einband auffiel. Ich nahm es und las laut den Titel – *Gesundheit für Körper und Seele*. Auf Anhieb faszinierte mich die Idee, dass ich mein Denken ändern und mich bewusst entscheiden konnte, glücklich zu sein.

Da ich immer schon ein sehr gelehriger, wissbegieriger Mensch gewesen war, beschloss ich, das Buch mit nach Hause zu nehmen, um mich ausführlich mit diesen Vorstellungen zu befassen.

Ich las es einmal, ein zweites und auch noch ein drittes Mal. So gelangte ich zu einer erschütternden Erkenntnis: Weder mein Mann noch ich hatten je gelernt, wie man eine gesunde Partnerschaft führt. Wir stammten beide aus Elternhäusern, in denen verbale und körperliche Aggressionen an der Tagesordnung gewesen waren. Daher war der extrem gestörte, von ständigen Streitereien geprägte Zustand unserer Ehe das Einzige, was wir aufgrund unserer Kindheitserfahrungen zu erschaffen imstande waren.

Ich wusste, es war höchste Zeit für eine Veränderung. Ich befolgte Louises Rat und suchte mir eine Psychotherapeutin, die mir half, meinen Eltern zu vergeben, meine eigenen Grenzen zu schützen und mich als Mensch neu zu definieren. Zunächst tat ich das alles, um meine Ehe zu retten, aber als ich bei diesem Prozess der Selbstentdeckung immer weiter in die Tiefe drang, erkannte ich, dass es mir eigentlich darum ging, mich selbst zu retten.

Ich ging wieder zur Schule, um mich weiterzubilden, gewann neues Selbstvertrauen und setzte es mir zum Ziel, das Leben zu genießen. Ich wurde gesünder, und dadurch verbesserte sich auch die Gesundheit meines Mannes. Es gab kein formelles Gespräch, bei dem wir gemeinsam entschieden: »Okay, tun wir etwas für unsere Gesundheit und arbeiten wir an unserer Ehe« – es geschah einfach. Mit anderen Worten, als ich damit aufhörte, meine Ehe retten zu *wollen*, verbesserte sie sich ganz von selbst.

Louises tief gehende Affirmation »Alles ist gut« war dabei meine größte Kraftquelle. Da Louise das mit so viel Kraft und Aufrichtigkeit aussprach, glaubte ich es wirklich, und es half wunderbar, wenn mir Ängste zu schaffen machten. Es fühlte sich an, als würde sie unmittelbar zu mir sprechen: »Alles ist gut, Gloribell!«

Heute lebe ich mit meinem Mann zusammen, weil ich das gerne möchte, und nicht, weil ich es muss.

Ich liebe diesen Mann aufrichtig, aber, was noch wichtiger ist, ich liebe mich selbst. Unsere turbulente Vergangenheit und unser gegenwärtiges Glück sind der beste Beweis für das, was Louise schon seit so vielen Jahren lehrt: »Die Kraft zur Veränderung liegt immer im gegenwärtigen Augenblick.«

* * *

Balsam für alle Wunden

von Renna, Schriftstellerin und Fotomodell, Finnland

Ich wurde 1961 in Estland geboren, das damals zur Sowjetunion gehörte. Wie Sie sich gewiss vorstellen können, war das Leben dort nicht leicht. Ich war ein stilles, introvertiertes Mädchen. Mein Verhältnis zu meiner kalten, ständig Kritik übenden Mutter war schwierig. Als Erwachsene entdeckte ich die Meditation und gewöhnte mir nach über zehn Jahren das Rauchen ab. Doch es hatten mir bereits als sehr junge Frau einige Zähne gezogen werden müssen, und ich fühlte mich sehr unsicher und gehemmt. Für lange Zeit versank ich in tiefe Depression.

In den 90er-Jahren wurden Louise Hays Bücher in die estländische Sprache übersetzt. Darin hieß es sinngemäß unter anderem: Wie dunkel es in deinem Geist auch sein mag, das geht vorüber – die Sonne existiert weiterhin, und du wirst sie zur rechten Zeit wieder sehen können. Eine andere Botschaft lautete, dass es nie zu spät ist, unsere Beziehungen zu anderen Menschen zu heilen. Diese beiden Gedanken inspirierten mich sehr. Sie verliehen mir geradezu spirituelle Flügel. Mir war, als wäre Louise die Sonne, die die schwarzen Wolken meines Gemüts und unseres problembeladenen Landes durchdrang.

Ich las so viele von Louises Werken, wie ich konnte, und praktizierte, was sie lehrte. Ich lernte, dass Liebe der Balsam für alle meine Wunden ist, und heilte die Beziehung zu meiner Mutter. Ich lernte, mich selbst in einem liebevollen Licht zu sehen und mich so zu akzeptieren, wie ich bin. Ich ließ die dunkle Depression hinter mir und erschuf mir ein Leben, das reich ist an Möglichkeiten und Freuden. Ich bin so dankbar, dass es Louise gibt!

* * *

Die Reise zur Liebe
von Misti Marie, Lehrerin, Hawaii

Meine Reise begann mit 16 Jahren, als ich mich verliebte. Als ich 17 war, kam mein Sohn zur Welt, und mit 23 gebar ich eine Tochter. Nachdem die Beziehung zu der »Liebe meines Lebens« drei Jahre gedauert hatte, entdeckte ich, dass dieser junge Mann leider drogensüchtig war. (Dabei bereitete uns sein Alkoholismus schon genügend Schwierigkeiten.)

Die Suchtprobleme meines Freundes hatten viele negative Auswirkungen – emotional, mental und körperlich. Bei mir manifestierte sich dieser Stress in Form von Migräne und Angstattacken. In unserer Beziehung fehlte es an Aufrichtigkeit, Integrität, Respekt und Hingabe. Und es gab auch keine wirkliche Liebe. Aber ich *hielt* es für Liebe. Oft lebte ich in einer Fantasiewelt, in der es mir gelang, meinen Freund dazu zu motivieren, sein Leben in den Griff zu bekommen, sodass unsere schöne Familie erhalten bleiben konnte. Meine höchste Priorität war es, ihn zu ändern. Und wenn ich mich nicht gerade völlig auf ihn fixierte, war ich Mutter, lernte für mein Psychologieexamen und arbeitete als Vorschullehrerin – wobei alle diese Rollen im Grunde Ablenkungen von der eigentlich notwendigen Arbeit an mir selbst waren.

Es gab Zeiten, da ließ ich die Dinge einfach laufen und tat so, als würde ich die Zerstörung unseres Lebens nicht sehen. Ich hoffte, all das würde einfach aufhören. Dann wurden unsere Kinder älter und fingen an, ihre Ängste, Sorgen und Gefühle im Hinblick auf unser völlig gestörtes Familienleben offen zum Ausdruck zu bringen. Und da wusste ich, dass sich dringend etwas ändern musste, aber ich wusste nicht, woher ich die Kraft dafür nehmen sollte.

Nun, ich fand die Kraft in dem Moment, als meine überaus erstaunliche Mama mir Louise Hays Buch *Wahre Kraft kommt von Innen* schenkte. Beim Lesen dieses Buches war es, als spräche Louise direkt zu mir. Sie ist ein Engel, der unsere Seelen berührt, unsere Herzen heilt und unseren Geist inspiriert. Wirklich durch und durch gingen mir ihre folgenden Worte: »Bekräftigen Sie jeden Tag, sagen Sie es nachdrücklich zu sich selbst, was Sie vom Leben erwarten. Sagen Sie es so, als ob Sie es bereits hätten!« In diesem Moment wurde mir klar, dass ich mich darauf konzentrieren musste, *mich* zu ändern, nicht meinen Freund.

Von da an nutzte ich die Selbsthilfeprodukte von Hay House intensiv. *Gesundheit für Körper und Seele* wurde meine Bibel, und abends hörte ich mir die *I Can Do It*-CD an. Louise versorgte mich mit den Techniken, der Motivation und Inspiration, die ich benötigte, um meine Kraft wiederzuerlangen und mich der Erschaffung von Lebensglück zu widmen – was für ein wunderbares Konzept! Ich lernte, dass wir alle die Freiheit der Entscheidung haben und dass wir nur im Hier und Jetzt etwas verändern können. Uns selbst bedingungslos zu lieben und die Kunst der Vergebung zu erlernen sind die beiden Schlüssel zu einem glücklichen Leben.

Am zehnten Jahrestag unserer Beziehung trennte ich mich von meinem Freund. Meine Kinder und ich sind gesegnet. Mein Leben ist nun erfüllt von Frieden, Freude und tiefer Liebe. Ich glaube, dass es so ist, und es ist so! Ich bin Louise zutiefst dankbar, denn sie hat mir ein großes Geschenk gemacht: Liebe, Vergebung und Transformation!

* * *

Was eine liebevolle Umarmung bewirken kann

von Marcela, Ärztin, Spanien

Schon lange wollte ich Louise Hay einen Brief schreiben, um mich dafür zu bedanken, dass sie mir die wichtigste Lektion für meine Reise vermittelte. Nun, heute habe ich endlich die Gelegenheit dazu!

Eine liebevolle Freundin gab mir ihr Exemplar von *Gesundheit für Körper und Seele*, als ich gerade eine schwere Zeit durchmachte. Ich betrachtete das Cover mit dem regenbogenfarbigen Herz darauf und dachte: *Oh mein Gott, sol das ein schlechter Witz sein?* Dass ich mit Louises Botschaft wenig anfangen konnte, ist stark untertrieben. Jedoch entdeckte ich, wie richtig der folgende Satz ist: »Der Lehrer erscheint nur, wenn der Schüler bereit ist.« Auch wenn ich mich noch so sehr dagegen sträubte, immer wieder stolperte ich geradezu über Louise – bis ich eines Tages endlich bereit war, mir ihre Botschaft anzuhören.

Trotz meines äußeren Erfolges und der Anerkennung, die mir von anderen gezollt wurde, entdeckte ich nun, dass ich mich selbst nicht liebte. Diese bittere Pille war schwer zu schlucken. Da ich ausgebildete Wissenschaftlerin bin, beschloss ich, Louises Ideen einem Praxistest zu unterziehen. 30 Tage lang sagte ich jeden Tag vor dem Spiegel: »Ich liebe dich«, glaubte aber nicht, dass das Experiment funktionieren würde – normalerweise sah ich beim Blick in den Spiegel eine Fremde, die mich voller Gleichgültigkeit anschaute. Am Ende der 30 Tage ärgerte ich mich über mich selbst und fühlte mich schlechter als zuvor. Daher tat ich Louises Philosophie als Unsinn ab.

Doch dann geschah etwas. Ich war gerade in eine andere Stadt umgezogen und hatte eine besonders unerfreuliche Woche hinter mir, als meine neue Nachbarin mich freundlich umarmte. Ich war verblüfft und wurde mir bewusst, dass dies seit zwei Monaten mein erster Körperkontakt mit einem anderen Menschen war. Plötzlich erkannte ich, wie sehr es in meinem Leben an Liebe und Nähe mangelte – eine Umarmung alle zwei Monate, dass sind nur sechs Umarmungen pro Jahr!

Ich beschloss, Louises Übungen leicht zu modifizieren und es noch einmal zu versuchen. Diesmal umarmte ich mich selbst täglich! Zuerst versuchte ich es mit vier Umarmungen pro Tag, was sich sehr sonderbar anfühlte. Aber ich blieb hartnäckig und steigerte die Zahl auf acht Umarmungen, dann auf zwölf und noch mehr.

Bei den Umarmungen sagte ich: »Ich liebe dich«, und andere freundliche Worte und ich beschenkte mich mit Ermutigung und Zuneigung.

Mich selbst zu umarmen und dabei »Ich liebe dich« zu sagen hat sich in meinem Leben als überaus wirkungsvoll erwiesen. Ich halte mich in den Armen, so wie eine liebevolle Mutter ihr Kind wiegen würde. Das gibt mir ein Gefühl der Geborgenheit. Besonders wichtig dabei ist, dass ich mich geliebt fühle. Ich habe zwar immer noch schlechte Tage, aber wenn das heute geschieht, weiß ich, dass es ein Zeichen ist, mir selbst mehr Liebe und Zuneigung zu schenken, statt wieder in einer Spirale der Depression zu versinken.

Liebevolle Umarmungen sind fester Bestandteil meines Tagesablaufs. Ich versäume sie nie, denn es sind Momente der Nähe zu dem wichtigsten Menschen in meinem Leben. Und hier ist noch etwas Gutes: Wenn ich mich bei der Arbeit selbst umarme, sieht das aus, als wäre mir kühl, sodass ich noch nicht einmal eine Erklärung dafür geben muss.

Louise, Gott segne Sie.

* * *

*Heilungsarbeit
mit Louise*

Stellen Sie sich eine vollkommene Liebesbeziehung vor, das Gefühl, einen Menschen bedingungslos und ganz und gar zu lieben. So ist es, wenn Sie sich selbst lieben.

Und die Last, dass die Erfüllung dieser Liebe von den Handlungen eines anderen Menschen abhängig ist, entfällt dabei völlig. Ihre Beziehung zu sich selbst ist die beständigste Beziehung, die Sie je haben werden – machen Sie sie also auch zu Ihrer *besten* Beziehung! Sie verdienen es uneingeschränkt, geliebt zu werden. Es ist nicht notwendig, dabei irgendetwas zu beweisen oder eine andere Person zu überzeugen. Wenn Sie einmal anerkannt haben, dass Sie es verdienen, geliebt zu werden, werden auch andere Menschen Sie auf ganz selbstverständliche Weise liebevoll behandeln.

Die folgenden Übungen werden Ihnen helfen, mehr über Ihre Glaubenssätze bezüglich der Liebe herauszufinden. Schreiben Sie Ihre Antworten auf ein Blatt Papier oder in Ihr Tagebuch.

 Ihr kritisches Selbst

Kritik zerbricht unseren inneren Geist, aber sie verändert niemals etwas. Lob baut den Geist auf und kann positive Veränderungen herbeiführen. Notieren Sie zwei Dinge im Bereich von Liebe und Nähe, für die Sie sich selbst kritisieren. Vielleicht schaffen Sie es nicht, anderen Menschen zu sagen, was Sie wirklich empfinden oder was Sie brauchen. Vielleicht haben Sie Angst vor Beziehungen oder Sie neigen dazu, Partner in Ihr Leben zu ziehen, die Ihnen wehtun.

Wenn Sie diese beiden Schwächen benannt haben, denken Sie an etwas, für das Sie sich in diesem Bereich loben können.

 ### Ich liebe mich

Schreiben Sie oben auf Ihr Blatt Papier oder die Tagebuchseite: *Ich liebe mich. Daher ...*

Ergänzen Sie diesen Satz auf möglichst vielfältige Weise. Lesen Sie sich die Liste täglich durch und fügen Sie neue Punkte hinzu. Wenn Sie die Übung gemeinsam mit einem Partner oder einer Partnerin machen können, tun Sie das. Nehmen Sie sich bei den Händen und sagen Sie abwechselnd: »Ich liebe mich. Daher ...«

Der größte Nutzen dieser Übung liegt darin, dass es beinahe unmöglich ist, sich selbst herabzusetzen, wenn man gleichzeitig sagt, dass man sich liebt.

 ### Ihre Gefühle bezüglich der Liebe

Beantworten Sie nun aufrichtig die folgenden Fragen:

1. Was haben Sie als Kind über die Liebe gelernt?
2. Ist Ihr Partner/Ihre Partnerin wie Ihr Vater/Ihre Mutter? Wie äußert sich das?
3. Was waren die größten Probleme zwischen Ihnen und dem Partner oder der Partnerin in Ihren beiden letzten Liebesbeziehungen?

4. Erinnern diese Probleme Sie an Ihr Verhältnis zu Ihrem Vater/Ihrer Mutter oder beiden Eltern? Beschreiben Sie diese Ähnlichkeiten.
5. Wem müssten Sie vergeben, um dieses Muster zu verändern?
6. Beschreiben Sie anhand Ihrer neuen Erkenntnisse, was für eine Beziehung Sie sich wünschen.

 ## Spiegelarbeit

Was die Selbstliebe betrifft, ist Spiegelarbeit äußerst wirkungsvoll. Wenn wir heute in den Spiegel schauen, werden die meisten von uns etwas Negatives über sich selbst äußern. Entweder kritisieren wir unser Aussehen oder machen uns wegen irgendetwas Vorwürfe. Es ist höchste Zeit, sich von dieser Angewohnheit zu befreien.

Stellen Sie sich vor den Spiegel, schauen Sie sich in die Augen und sagen Sie: »*Ich liebe dich,* [fügen Sie Ihren Namen ein]. *Ich liebe dich wirklich.*«

Schreiben Sie jetzt auf, welche Gefühle dabei in Ihnen hochsteigen.

Machen Sie diese Übung jeden Morgen. Sie werden feststellen, dass sie Ihnen mit der Zeit immer leichter fallen wird. Die Liebe in Ihrem Leben wird dadurch auf erstaunliche Weise zunehmen.

 ## Liebe und Nähe

Untersuchen wir nun Ihre Glaubenssätze bezüglich der Liebe. Beantworten Sie die folgenden Fragen. Sprechen Sie nach jeder Antwort eine der nachfolgenden Affirmationen, um diesem negativen Glaubenssatz entgegenzuwirken.

1. Glauben Sie, eine glückliche Liebesbeziehung zu verdienen?
2. Haben Sie Angst davor, sich selbst oder andere zu lieben?
3. Was »bringt« Ihnen dieser Glaubenssatz?
4. Was, fürchten Sie, könnte geschehen, wenn Sie diesen Glaubenssatz aufgeben?

 Affirmationen

- *Ich bin liebevoll und liebenswert und werde geliebt.*
- *Ich gebe mir die Erlaubnis, Liebe und Nähe zu erleben.*
- *Ich verdiene es, geliebt zu werden. Ich erschaffe mir jetzt eine dauerhafte erfüllte Liebesbeziehung.*
- *Liebe und Akzeptanz sind mein. Ich liebe mich selbst.*
- *Ich strahle Liebe aus und ziehe Liebe magnetisch an, wohin ich auch gehe.*
- *Ich bin bereit, Liebe in mein Leben zu lassen. Ich kann mich sicher und geborgen für die Liebe öffnen.*
- *Je mehr ich mich für die Liebe öffne, desto sicherer und geborgener bin ich.*
- *Ich gehe sanft und liebevoll mit mir um, und so behandelt mich auch mein Partner/meine Partnerin.*
- *Ich kann gefahrlos lieben.*
- *Niemand kann mich schlecht behandeln. Ich liebe, wertschätze und respektiere mich.*
- *Andere Menschen lieben mich, wenn ich mich selbst liebe.*
- *Wohin ich auch gehe, immer bin ich geliebt und beschützt.*
- *Ich ziehe wunderbare liebevolle Erfahrungen in mein Leben.*
- *Ich akzeptiere mich vollkommen und sorge gut für mein inneres Kind.*

- *Ich liebe mich und meine Sexualität.*
- *Ich sehe mich mit den Augen der Liebe und ich bin in Sicherheit.*
- *Mein Partner spiegelt die Liebe wider, die ich für meinen Körper empfinde.*
- *Ich bringe meine Wünsche freudig und frei zum Ausdruck. Liebe bewirkt, dass ich mich frei fühle.*
- *Ich gebe mir die Erlaubnis, mich meines Körpers zu erfreuen.*
- *Mich selbst und andere zu lieben fällt mir von Tag zu Tag leichter.*

Liebesbehandlung

Tief im Zentrum meines Seins gibt es einen unerschöpflichen Brunnen der Liebe, der Freude und des Friedens. Ich nehme mir jetzt einen Moment Zeit, um bewusst diesen unerschöpflichen Brunnen der Liebe in meinem Inneren aufzusuchen. Ich fühle die Liebe, die dort wohnt, und lasse sie wachsen und gedeihen und sich immer weiter ausdehnen. Ich beanspruche jetzt Liebe und Nähe in meiner Welt. Ich bin es wert, Liebe zu empfangen. Ich bin nicht meine Eltern oder deren Verhaltensmuster. Ich bin mein eigenes, einzigartiges Selbst und ich entscheide mich bewusst dafür, mir eine dauerhafte liebevolle Paarbeziehung zu erschaffen – eine, die mich und meinen Partner/meine Partnerin in jeder Hinsicht nährt und unterstützt. Das ist die Wahrheit meines Seins, und ich akzeptiere, dass es so ist. Alles ist gut in meiner liebevollen Welt.

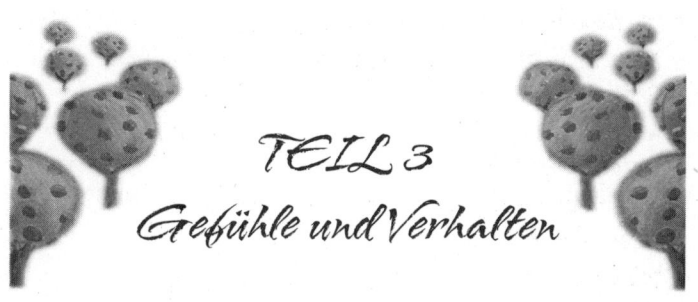

TEIL 3
Gefühle und Verhalten

8
Zu geistiger Gesundheit finden

Wenn Sie die Idee akzeptieren können, dass Sie jeden Gedanken und jedes Gefühl selbst wählen, dann werden auch geistige Gesundheit und Wohlbefinden zu einer persönlichen Wahl. Dass Sie die *Verantwortung* für Ihre Gedanken übernehmen, bedeutet aber *nicht*, sich selbst die Schuld zu geben und sich Vorwürfe zu machen. Es bedeutet nur, selbst die Kontrolle über den eigenen Geist zu übernehmen, indem Sie jeden neuen Gedanken bewusst wählen, und zwar danach, ob es ein Gedanke der Liebe und Selbstachtung ist. Nichts und niemand kann Sie zwingen, sich weiterhin in selbstzerstörerischer Weise zu verhalten, nur weil Sie das bislang getan haben. Anstatt Ihre alten Gefühle der Negativität und Hoffnungslosigkeit zu stärken, können Sie diese Energie umlenken und sie nutzen, um sich ein besseres Leben zu manifestieren, und das jederzeit, ganz gleich, mit welchen Herausforderungen und Problemen Sie es gerade zu tun haben.

In diesem Kapitel berichten Menschen, wie sie Hindernisse physischer und emotionaler Natur überwanden und zu geistiger Gesundheit gelangten.

Mutter-Energie

von Madisyn, Autorin und Lektorin, Oregon

Meine Mutter gab mir eine Kassette und sagte: »Hör dir das an. Es wird dich zum Weinen bringen.«

In den frühen 90er-Jahren ging in meinem Leben überhaupt nichts mehr. Ich steckte in einer Sackgasse, war seit zwei Jahren sehr krank. Die Ärzte wussten nicht, wie sie mir helfen sollten, und ich wusste es auch nicht. Meine Welt war zu einem von Antidepressiva am Laufen gehaltenen Hamsterrad geworden – wenn die maximale Dosis eines Medikaments nicht half, wurde ein anderes ausprobiert. Zu allem Überfluss war auch noch mein Vater plötzlich gestorben, ohne dass vor seinem Tod Gelegenheit zu einer versöhnenden Aussprache gewesen wäre.

Von Louise Hay hatte ich schon gehört, denn in der Nachbarschaft gab es eine metaphysische Buchhandlung, die mich schon immer magisch angezogen hatte. Ich ging gerne in diesen Laden, denn ich fühlte mich dort wohl. Doch kaufte ich fast nie etwas, weil die Auswahl an Selbsthilfebüchern mir überwältigend groß erschien und ich nicht wusste, welche Art Hilfe ich eigentlich brauchte.

Schließlich hörte ich mir an einem ruhigen Tag doch noch die Kassette an, die meine Mutter mir geschenkt hatte. Ich schob sie in meinen Rekorder, setzte die Kopfhörer auf und legte mich aufs Sofa. Ich hatte keine Ahnung, was mich erwartete. Als Louises Stimme erklang, hatte ich sofort das Gefühl, von einer warmen, gütigen »Mutter-Energie« getragen zu werden. Es waren vielleicht gar nicht so sehr ihre Worte, sondern der Klang ihrer Stimme und die dahinter liegende Absicht, die dieses Gefühl ihn mir auslösten. Meine eigene Mutter behielt Recht – ich weinte. Als ich mir die Kassette anhörte, wurde etwas in mir berührt, von dem ich gar nicht wusste, dass es bislang vernachlässigt worden war. Es war fast, als wäre mir plötzlich die Erlaubnis erteilt worden, gesund zu werden, und irgendwo tief drinnen wusste ich, dass alles gut werden würde. Sofort ging ich in die metaphysische Buchhandlung und kaufte viele geführte Meditationen. Dann verbrachte ich diszipliniert jeden Tag eine Stunde damit, mir diese Meditationskassetten anzuhören.

Allmählich öffnete sich meine Welt, und Veränderungen stellten sich ein. Ich begegnete Menschen, von denen ich die Hilfe erhielt, die ich gerade brauchte. Es war ein sehr lange dauernder Prozess, und heute lerne ich immer noch dazu und wachse. Blicke ich auf diese Anfangszeit zurück, weiß ich, dass ich es allein niemals hätte schaffen können – niemand von uns kann das. Heute revanchiere ich mich, indem ich durch meine Arbeit ebenfalls Menschen helfe, und durch meine Bücher, die bei Hay House erschienen sind.

* * *

Das Leben auf andere Weise sehen
von Jacky, Autorin und Erzieherin, England

Ich bin die 51-jährige Mutter eines zehnjährigen Sohnes und möchte hier gerne meine Geschichte erzählen.

Ich hatte das Glück, bis zum achten Monat gestillt zu werden. Weil meine Mutter sehr erschöpft war, wollte sie dann mit dem Stillen aufhören und bat ihren Arzt um Hilfe. Er schlug vor, dass sie bittere Pillen auf ihre Brüste legen solle, was funktionierte. So erlebte ich in diesem Lebensstadium plötzlich eine völlige Zurückweisung. Ich verlor meine Nahrungsquelle – ganz zu schweigen von der Liebe und wohltuenden Nähe zu meiner Mutter. Das war eine zutiefst erschütternde Erfahrung.

Im Alter von vier Jahren wurde eine große Geschwulst an meinem Nacken entdeckt, was einen mehrmonatigen Krankenhausaufenthalt zur Folge hatte. In jenen Tagen war es den Eltern noch nicht erlaubt, bei ihren Kindern im Krankenhaus zu wohnen, also können Sie sich gewiss vorstellen, wie schrecklich es war, dort jeden Tag nach dem Besuch der Eltern allein zurückzubleiben. An dem Tag, an dem ich entlassen werden sollte, fanden die Ärzte eine weitere Geschwulst an meinem Nacken. Ich musste für weitere Untersuchungen im Krankenhaus bleiben, was sich über Wochen hinzog. Das war extrem belastend für ein kleines Mädchen wie mich.

Später litt ich jahrelang an Depressionen. Als Teenager war ich alkoholkrank, wurde dreimal vergewaltigt, und als Erwachsene machten mir immer wieder meine schlechte Gesundheit und wiederkehrende Tumore zu schaffen. Ich zog mir mehrfach schwere Kopfverletzungen durch Unfälle zu, die geschahen, wenn ich betrunken war. Mit dem Mann, der 17 Jahre mein Partner war, gab es ständig Streit und Probleme. Nach unserer Trennung brachte er sich mit Alkohol und Drogen um.

Als ich 41 war, begegnete mir ein wunderbarer Mann. Mit ihm habe ich einen prächtigen Jungen (was auch deshalb ein ganz besonderes Geschenk war, weil ich bis zu diesem Punkt immer geglaubt hatte, ich könnte keine Kinder bekommen). Nach der Geburt meines Sohnes verschlechterte sich mein Gesundheitszustand wieder: Ich erkrankte an Lungenentzündungen und Bronchitis sowie an Ohnmachtsanfällen, durch die ich mir ernste Kopfverletzungen zuzog. Auch bekam ich wieder Tumore, die wir von einem ausgezeichneten Homöopathen behandeln ließen. Ich litt an postnataler Depression, und zu meiner Verzweiflung war ich nicht in der Lage, meinen Sohn zu stillen. Hinzu kam, dass ich für acht Jahre meinen Geschmacks- und Geruchssinn einbüßte, schreckliche Ohreninfektionen durchmachte und mich ständig müde und erschöpft fühlte.

Dann, im zarten Alter von 50 Jahren, entdeckte ich Louise Hay. Ich nahm an ihrem *Heal Your Life*-Kurs teil, kaufte mir ihre Bücher und CDs. Ich lernte die segensreiche Wirkung der Affirmationen und der Selbstliebe kennen, und die Heilkraft der Vergebung – und seither bin ich wie verwandelt.

Diese wunderbare Frau und ihre Philosophie haben es mir ermöglicht, meine Freiheit zu entdecken und das Leben in einem aufregenden neuen Licht zu sehen. Heute bin ich nur noch selten krank, und statt mich niedergeschlagen und depressiv zu fühlen, betrachte ich die Erfahrungen des Lebens als bereichernde Herausforderungen, die es mir ermöglichen, dazuzulernen und mich weiterzuentwickeln.

Louise, ich liebe Sie sehr und ich danke Ihnen!

* * *

Louises Arznei
von Carolin, Musikerin, Schriftstellerin und Unternehmerin, Kalifornien

Das Werk von Louise Hay – namentlich ihre Bücher *Gesundheit für Körper und Seele* und *Heile deinen Körper* – wurde fester Bestandteil der Heilungsreise, auf die ich mich ab Mitte der 90er-Jahre begab. Von den Ärzten war damals bei mir eine bipolare Störung diagnostiziert worden, und ich suchte nach einer Lösung jenseits schulmedizinischer Medikamente.

Jeden Abend nahm ich mir die Unausgewogenheiten in meinem Körper vor und behandelte sie mit den von Louise dafür jeweils »verordneten« Meditationen. Und täglich setzte ich eine ihrer Affirmationen ein, um negative Gefühle zu bekämpfen, die sich im Alltag einstellten. Zusätzlich begann ich, Sport zu treiben und auf eine gesunde Ernährung zu achten. Auf diese Weise gelang es mir nicht nur, ohne Medikamente völlig gesund zu werden, sondern ich habe jetzt schon seit mehr als einem Jahrzehnt keine Erkältung mehr!

Louises Arbeit war und ist ein wesentlicher Faktor meiner inzwischen ausgezeichneten Gesundheit. Dafür, und für das Leben an sich, bin ich dankbar.

* * *

Eine Wiedergeburt
von April, Schriftstellerin und Künstlerin, Georgia

Ich war eine Schwarzseherin, streitsüchtig und ohne Hoffnung – bis ich vor vier Jahren Hay House entdeckte. Manche Menschen lernen ihre Lebenslektionen auf die leichte Art, andere (zu denen ich gehöre) müssen einen inneren Krieg ausfechten und gewinnen. Es ist unglaublich naiv, anzunehmen, wir könnten unsere Dämonen durch Selbsthass, ein Pappschwert und schlechte Laune besiegen. So verschlimmern wir die Probleme nur zusätzlich und versinken immer tiefer im Treibsand unserer dunkleren Wesenszüge.

Den größten Teil meines Lebens suchte ich nach spirituellem Halt. Es dauerte fast 20 Jahre voller selbst verursachtem Schmerz, bis ich lernte, mich selbst zu lieben und zu akzeptieren, und meinen Platz in der Welt fand.

Als junge Erwachsene wurde bei mir eine bipolare Persönlichkeitsstörung diagnostiziert, und ich führte ein chaotisches Leben, ohne mich um die Spur der Verwüstung zu kümmern, die ich links und rechts meines Weges zurückließ. Der Wind des von mir erzeugten Chaos wirbelte ständig so viel Staub auf, dass ich überhaupt nicht klar sehen konnte. Die wirkliche Reise begann erst, als ich bereit war, mich meiner Krankheit zu stellen und die Verantwortung für mein Leben zu übernehmen.

Ich stolperte durch die Dunkelheit auf einen kleinen Lichtpunkt am Horizont zu und fand Samen der Hoffnung, ausgestreut in Gestalt von schriftstellerischer Prosa. Dr. Wayne Dyer forderte mich dazu heraus, mein Denken zu ändern, und inspirierte mich, meine wahre Bestimmung zu entdecken – Schriftstellerin zu werden. Deepak Chopra lehrte mich, mein Leben ohne falsche Begrenzungen zu leben. Er ermöglichte es mir, die Kraft meiner Intuition zu entdecken und dann demütig zu akzeptieren. Und Doreen Virtues *Engel-Therapie*-Orakelkarten wurden zentraler Bestandteil meines Weges zur Selbstheilung. Der tief greifende Einfluss jedoch, den Louise Hay auf mein Leben hatte, beschränkte sich nicht auf die Lektüre ihrer Bücher.

Meine Heilungsreise wurde aus einer traumatischen Kindheit geboren. Als Teenager litt ich unter schweren Angstzuständen und Depressionen. Mein Leben als junge Erwachsene war von Sucht, Selbstmordversuchen und psychischer Erkrankung überschattet. Aus diesem unreinen Embryo wurde mein neues Leben geboren. Und wie sollte es auch anders sein? Louise verhalf mir zu der Einsicht, dass ich meinen Körper nur heilen konnte, wenn ich zunächst meinen Geist heilte. Ich musste erst alte Schichten von meiner Persönlichkeit abschälen, um jene Reinheit zu finden, die durch ein Leben voller dunkler Einflüsse beschmutzt worden war. Mein von Louise geweckter Glaube an das Leben war die treibende Kraft hinter meiner bemerkenswerten Erholung von der bipolaren Störung – er bewirkte nicht weniger als eine Wiedergeburt meines Geistes, meines Körpers und meiner Seele!

Louises Vision half mir, meine eigene zu finden. Ihr dafür Danke zu sagen ist nicht genug. So wiederhole ich ihre Worte, die mich anspornten, meine selbst auferlegten

Grenzen hinter mir zu lassen und zu meinem Authentischen Selbst zu finden: »Wenn Sie einen einengenden Glaubenssatz akzeptieren, wird er für Sie zur Wahrheit.«

* * *

Hoffnung
von Malva, Fitnesstrainerin, Coach und Psychologin, Florida

Ich bin in Uruguay geboren, in der Stadt Montevideo. Meine Mutter hatte eine wundervolle Stimme, die meine Seele nährte und mir das Herz erwärmte. Doch ich war erst fünf Jahre alt, als ich sie zum letzten Mal sah. Sie starb damals an Krebs. Meine Welt war nun leer und einsam, und dann wurde sie vollends unerträglich, als auch noch mein Vater eine tödliche Herzattacke erlitt. Es schien in der Welt keinen Platz für mich zu geben, und ich hatte niemanden, an den ich mich wenden konnte. Wie viele Kinder in den Ländern der Dritten Welt war ich obdachlos, hungerte nach Essen und Liebe und kämpfte täglich ums Überleben.

Als Teenager arbeitete ich als Haushaltshilfe. Eines Tages fand ich dabei eine halb volle Packung Valium. Ich schluckte alle Tabletten, um meinem hoffnungslosen Leben ein Ende zu setzen. Im Krankenhaus wachte ich wieder auf und weinte, weil ich noch lebte. Ich hatte nichts als eine Plastiktüte mit meinen wenigen Habseligkeiten. Man sagte mir, die Leute, bei denen ich gearbeitet hatte, wollten nicht die Verantwortung für einen Teenager mit emotionalen Problemen übernehmen und hätten mir gekündigt. Ich fühlte mich schlechter als je zuvor und wollte mir beim nächsten Mal die Pulsadern aufschneiden.

Und dann gab eine Krankenschwester mir das Wunder, das mir das Leben rettete: *Gesundheit für Körper und Seele.*

Ich las es und verspürte ein Prickeln in meinem Körper, meiner Seele und meinem Herzen. Zum ersten Mal, seit ich mich erinnern konnte, verspürte ich Hoffnung.

Louise wurde die Mutter, die ich verloren hatte, und zugleich meine Freundin. Ich beschaffte mir so viel wie möglich von ihren Büchern und Produkten. Ich lauschte ihrer Stimme und verwendete ihre Affirmationskarten, und ich gab diese Karten an andere Menschen weiter, wenn ich spürte, dass ihnen das weiterhelfen würde.

Seit jene Krankenschwester mir Louises Buch schenkte, sind in meinem Leben viele Wunder geschehen: Ich lernte, gut für das einsame, unsichere Kind zu sorgen, das ständig in mir geweint hatte. Ich befreite mich von meinem negativen Denken, meinen Schuldgefühlen, meiner Angst und Traurigkeit. Und obwohl ich noch ein Teenager war, widmete ich mich der Hilfe für andere Menschen. Als sich mir die Möglichkeit bot, ging ich aufs College und wurde Psychologin. Als ich lernte, dass Geist, Körper und Seele eine Einheit bilden, wurde ich Fitnesstrainerin. Ich vermittelte den Menschen, dass sie ihr Leben verändern können, wenn sie ihr Denken ändern. Ich befreite mich aus extremer Armut und erzielte ein gutes Einkommen.

Aber mein Herz und meine Seele suchten nach Sinn und Bestimmung. Daher beschloss ich, meine finanzielle Sicherheit aufzugeben zugunsten von innerer Freiheit und Frieden. Jetzt leiste ich, so oft ich kann, freiwilligen Dienst in Krankenhäusern. Besonders gern verbringe ich Zeit mit Kindern, schenke ihnen Liebe und Lebensmut. Vor einigen Monaten beschloss ich, jede Sekunde meines Lebens der Aufgabe zu widmen, die Botschaft zu verbreiten, dass es für jeden Menschen Hoffnung gibt.

Danke, Louise. Heute spreche, atme, esse, schlafe und bewege ich mich mit Ihnen im Herzen. Ich liebe Sie.

* * *

Der Ruf meiner Seele

von Marina, Studentin, Spanien

Meine Verbindung zu Louise Hay begann 2002 auf sonderbare Weise. Damals fühlte ich mich sehr verloren und suchte nach Hilfe. Ich erinnere mich noch genau, wie ich mit 23 Jahren *Gesundheit für Körper und Seele* entdeckte. Ich war damals bei einer Freundin zu Besuch und rief laut: »Bitte, ich brauche Hilfe!« Ich blickte zum Bücherregal, und da stand es! Das war erst der Anfang – später entdeckte ich, dass es überall Wunder gibt.

In jener Phase meines Lebens war ich verzweifelt. Ich litt seit über einem Jahr an Depressionen, und von Kindheit an machten mir Magersucht und Bulimie zu schaffen. Mein Leben schien eine einzige Katastrophe zu sein. An nur einem Wochenende las ich Louises Buch durch. Das war ein ziemlicher Schock für mich. Niemand hatte mir je gesagt, dass meine Gedanken schöpferisch sind.

Anfangs wurde ich wütend, denn es fiel mir sehr schwer, diese Idee zu akzeptieren. Doch zugleich war ich fasziniert, denn mir schien, dass daraus viel Gutes entstehen konnte, wenn ich es nur ernsthaft versuchte.

Der nächste Schritt bestand darin, mir das Buch selbst zu kaufen und Louises Affirmationen anzuwenden. Am schwersten fiel mir der Satz »Ich liebe mich«. Das ist ein kurzes Statement, aber es zu akzeptieren kann für unseren Geist ziemlich hart sein.

Mit der Zeit erkannte ich, dass ich meine Depression und meine Essstörung nur überwinden würde, wenn ich endlich anfing, mich selbst zu lieben. Und das setzte ich dann auch wirklich in die Tat um!

Ich kann Ihnen versichern, dass seither die Probleme, die mich einst so quälten, dauerhaft verschwunden sind. Wenn ich nun bemerke, dass mein Essverhalten wieder etwas aus dem Gleichgewicht gerät oder ich nur schwer mit einer Situation zurechtkomme, weiß ich, dass ich deswegen keine Angst haben muss, sondern dass es ein Weckruf für meine Seele ist. Louises Affirmationen halfen mir zu erkennen, dass es keinen Grund gibt, mich selbst zu hassen oder zu bestrafen.

Es gibt viele Menschen, die mir geholfen haben, und ihnen allen bin ich dafür sehr dankbar. Aber Ihre Botschaft, Louise, die mich so klar und unmittelbar ansprach, war das Fundament meiner Heilung. Ich danke Ihnen von Herzen für all die Arbeit, die Sie geleistet haben und immer noch leisten. Sie haben mein Leben zum Besseren verändert, und ich sende Ihnen ganz viel Liebe.

* * *

Positive Gehirnwäsche
von Janet Rebecca, Immobilienmaklerin, Alabama

Als ich *Gesundheit für Körper und Seele* zum ersten Mal las, war ich 18. Seit dem Tod meines Vaters zwei Jahre zuvor kämpfte ich mit einer Depression und war selbstmordgefährdet. Meine Kindheit war unglücklich gewesen, voller religiöser Vorschriften und emotionaler Zurückweisung – ich schämte mich für mein Übergewicht, und ständig war mir gesagt worden, dass ich völlig unbegabt sei und zu nichts nütze.

Mir waren schon verschiedene Antidepressiva verordnet worden, aber sie halfen alle nicht. Dann kam Louise Hays Buch zu mir. Jetzt entdeckte ich eine innere Kraft, von deren Existenz ich bis dahin nichts geahnt hatte. Der Gedanke, dass ich selbst entscheiden konnte, woran ich glauben wollte, öffnete und befreite meinen Geist. Also begann ich meine eigene positive Gehirnwäsche, um mich von den negativen Glaubenssätzen zu befreien, mit denen ich aufgewachsen war. Mir wurde erstens klar, dass Gott Liebe ist – *bedingungslose* Liebe, die so groß ist, dass man sie mit dem Verstand nicht begreifen kann –, und zweitens, dass ich Gottes Kind bin, viel mehr als das Kind meiner Eltern. Ich war überwältigt von den Möglichkeiten, die sich mir durch diese Erkenntnis eröffneten: Freiheit, Frieden und Liebe; Schönheit und Wohlstand, und zwar innen und außen; unerschöpfliche Kraft; und ständiger Zugang zur Höheren Intelligenz.

Mein ganzes Leben hatte man mir eingeredet, ich wäre wertlos, nutzlos, dumm, hässlich und fett und würde niemals meinen Lebensunterhalt verdienen können. Nun machte ich mich daran, das Gegenteil zu beweisen.

Ich entdeckte die Schönheit in mir und wurde ein erfolgreiches Fotomodell – ich wurde also sogar für mein Aussehen bezahlt! Mit 21 Jahren begann ich eine Ausbildung zur Immobilienmaklerin und stellte meine angeborene Intelligenz und von Gott geschenkte Weisheit unter Beweis, indem ich es schon mit 28 Jahren zur Millionärin brachte. Ich begann, Menschen in mein Leben zu ziehen, die Gutes für mich bewirken (und ich für sie), statt destruktiv zu sein.

Heute bin ich 34. Wenn ich zurückblicke, sehe ich, dass meine Reise mich an Orte geführt hat, die ich mir niemals erträumt hätte. Aber dank Louise lege ich mir und meinem Erfolg niemals Einschränkungen auf. Natürlich muss ich Herausforderungen bestehen, und manchmal befallen mich Zweifel, aber ich gebe niemals auf. Nach 16 Jahren der Selbstentdeckung und -reflexion bin ich weiterhin bereit, noch mehr in die Tiefe zu gehen, und gespannt, wohin das Leben mich als Nächstes führt.

Ich glaube mehr denn je an Louises Lehren!

* * *

Ein gesegnetes Leben

von Judie, spirituelles Wesen, Hawaii

Bevor ich Louise Hay für mich entdeckte, hatte ich diese Glaubenssätze:

- Ich bin eine Versagerin.
- Meine Schwester und ich haben uns immer viel zu viel gestritten.
- Meine Mutter hat sich das Leben genommen, weil (a) ich geboren wurde und (b) weil meine Schwester und ich uns zu viel gestritten haben.
- Meine Mutter liebte mich nicht genug, um bei uns zu bleiben und mich großzuziehen.
- Meine Mutter war schizophren, und da das erblich ist, sollte ich keine Kinder bekommen.
- Ich bin niemals gut genug.
- Niemand mag mich.
- Ich verdiene die Zuneigung und Wertschätzung meines Vaters nicht.
- Ich werde immer allein und einsam sein.
- Ich bin eine Lügnerin.
- Ich habe nicht das Recht, meinen Körper und persönlichen Besitz vor Übergriffen zu schützen.
- Ich bin nicht vertrauenswürdig.
- Ich bin nicht liebenswert.

Im Alter von 21 Jahren wurde bei mir eine *Angstneurose* diagnostiziert, und eine erste Therapierunde begann. Nach einem Jahr wurde mir endlich klar, dass ich nicht für den Selbstmord meiner Mutter verantwortlich war. Und ich verzieh mir, dass ich es so lange geglaubt hatte.

Mit 29 Jahren betete ich: »Herr, wenn du willst, dass ich den Rest meines Lebens allein verbringe, lehre mich, wie das geht. Aber wenn du willst, dass ich so lebe, wie ich es mir wünsche, dann schicke mir bitte jemanden, der mental, emotional und spirituell gesund ist!« Daraufhin begegnete ich Greg, und ein neues Leben begann.

Obwohl ich von Greg und unseren beiden Kindern ganz viel Liebe bekam, fühlte ich mich noch immer wie ein Auto, bei dem ein Reifen platt ist – etwas fehlte. Eine Freundin schenkte mir Louise Hays Buch *Gesundheit für Körper und Seele*. So begann der wirkliche Vergebungsprozess. Ich begriff, dass meine Eltern im Rahmen ihrer Möglichkeiten ihr Bestes gegeben hatten, auf der Basis dessen, was ihnen von ihren Eltern mitgegeben worden war.

Louise verhalf mir zu der Erkenntnis, dass ich Kontakt zu meinem inneren Kind aufnehmen musste. Ich fand es im Wäscheschrank, in Fötushaltung zusammengerollt. Ich nahm es bei der Hand, führte es hinaus ins Licht und zeigte ihm all die Menschen, die *mich* liebten und es ebenfalls lieben würden. Ich versprach ihm, dass ich es beschützen und nie mehr zulassen würde, dass ihm jemand Schmerzen zufügte.

Es ist ein wirklicher Segen für mich, dass Louise zu mir kam. Heute bin ich 60 Jahre alt: Ich kann auf 30 wundervolle Ehejahre zurückblicken. Ich habe zwei liebevolle, kreative Kinder und ich liebe mein Leben. Ich fühle mich unglaublich gesegnet und ich weiß, dass das Universum sogar noch mehr Segnungen für mich bereithält.

Allen Menschen, die diese Zeilen lesen, möchte ich sagen: Mithilfe von Louise und all den Methoden und Werkzeugen, die sie anzubieten hat, können auch Sie Ihr Leben heilen. Louise wird Sie sicher durch den Heilungsprozess führen. Und vergessen Sie nicht, auch Ihre Engel um Hilfe zu bitten. Sie möchten Ihnen sehr gerne helfen – aber das können sie nur, wenn Sie sie darum bitten.

* * *

Wie ich meine Kraft zurückgewann

von Christopher, Künstler, Schriftsteller und Inspirationsredner, Belize

Als kleiner Junge schätzte und respektierte ich das Leben. Ich liebte die kleine Insel, auf der ich geboren wurde. Ihre Pflanzen und Tiere waren mir wertvoll. Ich mochte keine gewalttätigen Spiele und Kämpfe mit meinen Altersgenossen. Meine Mutter erzählte mir, ich hätte, als ich klein war, jeden Morgen nach dem Aufwachen gesungen. Ich glaubte, dass die Welt schön ist.

Im Alter zwischen drei und acht Jahren machte ich jedoch mehrere Erfahrungen, die bewirkten, dass ich mich emotional verschloss. Ich erinnere mich nicht mehr an alles, was damals geschah, aber ich weiß noch, dass ich zusammen mit zwei Mädchen, die doppelt so alt waren wie ich, nackt in einem großen Karton erwischt wurde. Ich erinnere mich noch lebhaft an die Strafe, die ich dafür erhielt: Ich musste auf einem Stahlrost knien, der über einem Abwasserkanal genau hinter der Tür zu unserem Hof lag. Um meine Demütigung perfekt zu machen, musste ich nackt dort knien, mit dem Gesicht zur weit offenen Tür. Ich glaube, an jenem Tag kamen alle Nachbarn, um mich auszulachen und meine Geschlechtsteile zu verspotten. Der Schaden, den das meinem Selbstwertgefühl zufügte, zeigte sich jedoch erst viele Jahre später.

Ich vergrub die schamvolle Erinnerung ganz tief in mir, bis ich im Alter von 24 Jahren in die Psychiatrie eingeliefert wurde, wo man bei mir eine bipolare Störung diagnostizierte. Mein Leben verwandelte sich in einen Albtraum aus Klinikaufenthalten und der Verabreichung von Psychopharmaka. Doch auch nachdem man mich insgesamt 27-mal in die Psychiatrie eingewiesen hatte, glaubte ich fest daran, dass es andere Wege zur Wiedererlangung meiner geistigen Gesundheit geben musste. Ich besaß einen starken Glauben und war offen dafür, alternative Therapiemethoden auszuprobieren – und dann empfahl meine Freundin mir Louise Hay und ihr Buch *Gesundheit für Körper* und *Seele*.

Louises Lebensgeschichte berührte mich tief, und ihre Schilderung ihrer frühen Probleme und ihrer so starken Selbstzweifel konnte ich sehr gut nachempfinden. Dass es ihr gelungen war, loszulassen und allen Menschen in ihrem Leben zu vergeben, verlieh mir den Mut, mich mit meiner Wut auf meinen Vater und viele andere Personen auseinanderzusetzen, von denen ich mir meine Macht hatte wegnehmen lassen. Ich lernte, dass Gewalt in der Kindheit oft aus Unwissenheit angewendet wird. Die Disziplin, die mein Vater auf diese Weise durchzusetzen versuchte, sollte bewirken, dass ich Selbstachtung lernte.

Louise ermutigte mich dazu, mich selbst zu akzeptieren und Gott als eine liebevolle Gegenwart zu sehen, die mich so willkommen heißt, wie ich bin. Die Affirmationen aus ihrem Buch versetzten mich in die Lage, meine Gedanken zu transformieren und meinen Geist zu heilen.

Heute bin ich der lebende Beweis für die Konzepte, von denen Louise schreibt. Ich bin vollkommen geheilt, benötige keine Medikamente und lebe auf der schönen Insel Belize, wo ich jeden Tag Dinge tue, die ich liebe. Ich bin erfolgreich als bildender Künstler, Schriftsteller und Vortragsredner. Mit meinen Büchern und meinen Kunstwerken diene ich anderen Menschen.

Ich vertraute auf Glauben, Gebet und harte Arbeit und hörte auf meine göttliche Führung. So konnten meine Engel zu mir gelangen und mich retten. Louise Hay ist einer dieser Engel.

* * *

Wie ich mir ein wirklich gutes Leben aufbaute

von Jody Lee, Handelsvertreterin, Kalifornien

Als ich 31 Jahre alt war, verließ mich mein Mann, der mir zuvor mit seiner Streitsucht und seinen ständigen Beleidigungen das Leben schwer gemacht hatte. Ich blieb mit zwei kleinen Kindern allein zurück, von denen eines ernsthaft krank war und immer wieder stationär im Krankenhaus behandelt werden musste. Ich war übergewichtig und arbeitslos, musste die Hypothekenraten für unser Haus aufbringen, vor Gericht einen Unterhaltsstreit mit meinem Mann durchfechten. Dazu kam, dass mein altes Auto den Geist aufgab. Als Traurigkeit und Hoffnungslosigkeit unerträglich wurden, suchte ich therapeutische Hilfe. Im Wartezimmer meiner Therapeutin entdeckte ich Louise Hays Buch *Gesundheit für Körper und Seele* und las ein paar Seiten. Ich konnte es mir nicht leisten, mir ein eigenes Exemplar zu kaufen, also schenkte die Therapeutin mir ihr Buch.

Als ich Louises Buch las und anfing, täglich Affirmationen anzuwenden, fühlte ich mich schon bald besser. Nach kurzer Zeit begann ich, regelmäßig zu joggen, was ich seit meinem 14. Lebensjahr nicht mehr getan hatte. Der Schleier der Depression hob sich, und ich verspürte den starken Wunsch, innerlich und äußerlich so gesund wie möglich zu werden. Ich bildete mich beruflich weiter und belegte Yogakurse und andere Seminare, die meinen Horizont erweiterten (etwas, was ich noch nie zuvor getan hatte). Unterdessen las ich *Gesundheit für Körper und Seele* immer wieder. Es wurde zu meiner Bibel.

Schon bald verschwand die ständige Müdigkeit aus meinem Gesicht. Ich nahm zwölf Kilo ab und fühlte mich wieder jung. Ich bekam bei meinen Fortbildungen bessere

Noten als je zuvor in meinem Leben, denn jetzt interessierte ich mich wirklich dafür, dazuzulernen und meinen Horizont zu erweitern. Ich erneuerte alte Freundschaften und sah die Welt und mein Leben in einem neuen, frischen Licht. Nachdem ich 18 Jahre lang einen starken Groll gegen meinen Stiefvater gehegt hatte, söhnte ich mich mit ihm aus, und es entwickelte sich ein gutes, gesundes Verhältnis zwischen uns. Ich war ein völlig anderer Mensch geworden, der viel Liebe zu geben hatte und von anderen viel Liebe empfing. In der Vergangenheit war ich so vereinsamt und zurückhaltend gewesen, dass ich Menschen regelrecht abwies, weil ich mich wertlos fühlte. Nun hatte sich meine Innenwelt durch und durch verändert. Ich fühlte mich stark und dem Leben gewachsen.

Als mein Sohn Verhaltensauffälligkeiten zeigte, klebte ich Affirmationen an die Wände seines Zimmers. Auf der Fahrt zur Schule ließ ich ihn Affirmationen wiederholen. Als ich ihn zu einem Ringkampf fuhr, sagte er, dass er sich schon jetzt als Verlierer fühlte, obwohl er die Matte noch gar nicht betreten hatte. Ich klappte den Spiegel an seiner Sonnenblende auf und half ihm mit Affirmationen. An diesem Tag errang er im Wettkampf den zweiten Platz. Ich glaube, da erkannte er zum ersten Mal, wie machtvoll die Wirkung von Affirmationen sein kann, und seitdem wendet er sie regelmäßig an.

Louise, seit ich zum ersten Mal *Gesundheit für Körper und Seele* aufschlug, sind 20 Jahre vergangen, und ich möchte Ihnen dafür danken, dass Sie mich ins Leben zurückgeholt haben, als ich innerlich zu sterben drohte. Ich war damals erst 31, aber ich fühlte mich wie 91. Ich möchte Ihnen dafür danken, dass Sie mir die notwendigen Hilfsmittel an die Hand gaben, mit denen ich mir ein wirklich gutes Leben aufbauen konnte.

* * *

Die Aufwärtsspirale

von Dalon, Strafvollzugsangestellter, Texas

Jahrelang kämpfte ich gegen eine schwere geistige Erkrankung an und stand aus lauter Verzweiflung kurz davor, mich umzubringen. Ich beschloss, es mit Akupunktur zu versuchen. Vor der Behandlung sagte ich zu dem Akupunkteur, dass ich auf keinen Fall in diesem Zustand weiterleben wolle und bereit sei, alles dafür zu tun. Daraufhin drückte er mir das Buch *Gesundheit für Körper und Seele* in die Hand, und ein neues Leben begann!

Ich musste das Buch mehrere Male gründlich durchlesen, bis ich diese für mich neuen Ideen wirklich begriff. Die Medikamente, die ich einnahm, hatten starke Nebenwirkungen, und es fiel mir schwer, mich zu konzentrieren und Neues gedanklich zu verarbeiten.

Aber ich hielt durch, und inzwischen ist es mir gelungen, inneren Frieden zu finden und mein Denken und mein Leben viel besser zu strukturieren. Zusätzlich hörte ich Louises Audiokassette *Liebe deinen Körper*, was eine bemerkenswerte Wirkung hatte. Als ich sie zum ersten Mal hörte, musste ich weinen, weil mir klar wurde, wie wenig ich meinen Körper bislang geliebt hatte.

Während einer Übung vor dem Spiegel erlebte ich zum ersten Mal völlige Selbstakzeptanz – ich erkannte, dass ich es verdiente, glücklich und gesund zu sein. Es ist erstaunlich, was Affirmationen, Spiegelarbeit, Liebe und etwas Geduld und Zeit bewirken können! Heute genieße ich es wirklich, ich selbst zu sein. Das habe ich zuvor nur erlebt, als ich ein kleines Kind war.

Die meiste Zeit bleibe ich konsequent bei meinen positiven Affirmationen, und wenn ich einmal in die alte Negativität abrutsche, mache ich mir deswegen keine Vorwürfe und verurteile mich nicht. Ja, es gibt auf der Straße manches Schlagloch, manches Hindernis, aber ich habe herausgefunden, dass ich niemals allein bin, denn auf mich selbst kann ich immer zählen.

Ich bin so stolz darauf, dass ich diese Heilungsarbeit konsequent beibehalte und mich von ihr auf einer Aufwärtsspirale in eine positive Zukunft tragen lasse! Heute arbeite ich daran, sanft zu mir selbst und anderen zu sein. Das kann in meinem Beruf als Gefängnisaufseher eine große Herausforderung sein.

Kürzlich bedrohte mich ein Häftling, weil ich ihm kein Wasser geben konnte, als er danach verlangte. Als dies dann endlich möglich war, ging ich sofort zu seiner Zelle und brachte ihm das Wasser. Er war noch immer sehr aggressiv und weigerte sich, das Wasser anzunehmen. Ich schaute ihm in die Augen und sagte, ich würde ihm alles vergeben, was er zu mir gesagt hatte. Da senkte er den Blick und bedankte sich. Ich rief mir ins Gedächtnis, dass dieser Mann in Wahrheit ein gequältes Kind war, aufgewachsen in einem gewalttätigen Umfeld. Es berührte mich sehr, dass es mir mit drei simplen Worten – *Ich vergebe dir* – gelungen war, ein positives Bild in den verdunkelten Geist eines Menschen zu senden, der in seinem Leben vermutlich noch nie Güte und Liebe erfahren hatte.

Ich liebe Louise (und Hay House) und eines Tages möchte ich sie gerne kräftig umarmen und ihr für ihre wunderbare Arbeit danken. Ich fühle mich innerlich nicht mehr leer und bin in einer Weise gesegnet, wie ich es mir niemals hätte träumen lassen. Ich habe mein Leben zurückerhalten und fühle mich wie der glücklichste Mensch auf der Welt!

* * *

Der Engel, der mir das Leben rettete
von Natalie, Unternehmerin, Utah

Ich wuchs in einer streng religiösen Umgebung voller Gebote und ständiger Kontrolle auf. Im Alter von 18 Jahren verheiratete man mich mit einem 15 Jahre älteren Mann, der, wie in unserer Religion erlaubt, polygam lebte. Seine erste Frau und ich waren wie Feuer und Eis. Nach zwei Ehejahren schien mir Selbstmord der einzige (und auch leichteste) Ausweg zu sein. Zwar war mir beigebracht worden, dass Selbstmörder in die Hölle kommen, aber sogar das erschien mir besser als die Welt, in der ich leben musste.

Jeder Tag begann mit Tränen. Kurz bevor ich zur Arbeit ging, konnte ich vor Freude kaum still sitzen, nur um kurz darauf wieder in Tränen auszubrechen. Ich litt an einer manischen Depression, die mich regelrecht verzehrte. Im Büro versteckte ich mich häufig unter dem Schreibtisch, um mein Schluchzen zu verbergen. Ich hasste dieses Leben, aber es fehlte mir der Mut, etwas an meiner Situation zu ändern, denn das hätte bedeutet, die Glaubensüberzeugungen infrage zu stellen, mit denen ich aufgewachsen war, und alles Vertraute hinter mir zu lassen.

Und dann entdeckte ich auf dem Schrank in der Personaltoilette meiner Arbeitsstelle wie zufällig *Gesundheit für Körper und Seele*. Ich wagte nicht, es mitzunehmen, weil es mir nicht gehörte, aber ich musste immer wieder daran denken. Schließlich lieh ich es mir aus und las es an einem Tag von vorne bis hinten. Es ist keine Übertreibung, wenn ich sage, dass dieses Buch zu meiner Bibel wurde. Vom Aufwachen am Morgen bis zum abendlichen Zubettgehen wiederholte ich im Stillen meine Affirmationen – wenn ich nur für eine Sekunde damit aufhörte, bekam ich sofort eine Angstattacke und musste wieder weinen.

Es dauerte nur ein paar Wochen, dann bemerkte ich, wie sich mein ganzes Leben veränderte. Ich lernte, mich selbst zu lieben, und meine Emotionen stabilisierten sich. Endlich fand ich den Mut, gegen Autoritäten aufzubegehren und für mich selbst einzutreten, auch gegenüber meinem Mann.

Nach sechs Monaten war ich in der Lage, selbst die Kontrolle über mein Leben zu übernehmen, und hierzu möchte ich einige der erstaunlichen Dinge berichten, die ich erlebte: Plötzlich floss mir aus allen möglichen Richtungen Geld zu. Als dann der Zeitpunkt kam, um mich von meinem Mann zu trennen und mit meiner Tochter auszuziehen, hatte ich alles, was ich dafür brauchte. Als meinem Auto das Benzin ausging, füllte sich der Tank wie durch Zauberhand, und ich erlebte es immer wieder, dass ich die Kontrolle über die Elemente in meiner Umgebung hatte und verschlossene Türen öffnen konnte.

Gesundheit für Körper und Seele war und ist für mich eine der größten Segnungen. Bis zum heutigen Tag arbeite ich ständig mit meinen Affirmationen und benutze Louise Hays Lebensweisheiten als Hilfe, um meinen Alltag zu meistern. Ich bin inzwischen sehr dankbar für die Herausforderungen, die ich zu überwinden hatte, denn sie halfen mir, alles zu lernen, was ich wissen muss, um hier auf Erden ein Licht für andere zu sein.

Louise, Sie sind ein Engel und haben mir das Leben gerettet. Ich weiß tief im Herzen, dass Gott Ihr Buch zu mir geschickt hat. Heute, mit 26 Jahren, verfüge ich über die Weisheit und Kraft, um anderen zu helfen. Die Lektionen, die ich aus Ihrem Buch gelernt habe, kann man mit Geld nicht bezahlen, aber ich gebe das Gute, das ich dadurch empfing, jetzt an andere weiter, so gut ich es vermag.

Danke, und möge Gott Sie auch weiterhin inspirieren.

* * *

Der Weg zu wirklicher Heilung
von Divna, Mathematikprofessorin,
Jugoslawien

Im Jahr 1992 war ich 45 Jahre alt, verheiratete Mutter zweier Kinder und arbeitete als Mathematikprofessorin. Dann wurde ich sehr krank und verlor dadurch das Augenlicht. Es stellte sich heraus, dass ich an Neuro-Uveitis, einer entzündlichen Erkrankung im Augeninneren, litt. Ich wurde von meinen Augenärzten in Belgrad mit Kortison behandelt. Belgrad ist über 300 Kilometer von meinem Wohnort entfernt.

Gott sei Dank konnten diese Ärzte mein Sehvermögen wiederherstellen. Aber als Nebenwirkung der Kortisonbehandlung geriet mein Hormonhaushalt aus dem Gleichgewicht.

1997 musste ich dann an der Schilddrüse operiert werden, um einen gutartigen Tumor zu entfernen. Sie können sich sicher vorstellen, wie ich mich damals fühlte. Als die NATO 1999 Serbien bombardierte, musste ich erneut zur ärztlichen Behandlung nach Belgrad. Man verabreichte mir ein Hormon, das die Nebennieren stimuliert.

Dann entdeckte ich, dass mein Mann eine Affäre hatte. Das brach mir das Herz, und ich fiel in eine klinische Depression. Die Ärzte glaubten, dass die vielen Hormone, die mir verabreicht worden waren, zu meinem Zustand beitrugen. Dennoch wies man mich in eine psychiatrische Klinik in Belgrad ein.

Dort begegneten mir viele Frauen, die wie ich an Depressionen litten. Eine von ihnen empfahl mir *Gesundheit für Körper und Seele*. Sofort nach meiner Entlassung aus der Klinik kaufte ich mir das Buch und las es. Louise Hay wurde meine Retterin! Denn durch ihr Buch konnte ich erkennen, dass alle Krankheiten aus unserer mangelnden

Bereitschaft zur Vergebung entstehen. Das war eine Offenbarung für mich.

Seither habe ich alle Bücher von Louise gekauft und gelesen, die in serbischer Sprache erschienen sind. Louise eröffnete mir eine völlig neue Sicht auf das Leben und wies mir den Weg zu wahrer Heilung. Zusätzlich las ich alle ins Serbische übersetzten Werke vergleichbarer Autoren, etwa Susan Jeffers, Shakti Gawain, Deepak Chopra, Jack Canfield, Mark Victor Hansen und Don Miguel Ruiz.

Nach und nach geschah immer mehr Gutes in meinem Leben. Zuerst entwickelte sich eine ganz neue Nähe zu meiner Tochter. Sie ging damals gleichfalls durch eine schwierige Lebensphase, und auch für sie wurde Louises Buch zu einer großen Hilfe. (Später entschied sie sich dann, Medizin zu studieren – vielleicht spielte meine Krankheit bei dieser Berufswahl eine Rolle?) Ich begriff, dass das »Schlechte«, das mir widerfahren war, letztlich meinem höchsten Guten diente, denn auf diesem Weg lernte ich, mich selbst zu lieben. Das versetzte mich in die Lage, mich selbst *und* mein Leben zu heilen.

Heute fühle ich mich ziemlich gut. Mein physisches Sehvermögen ist immer noch beeinträchtigt, aber entscheidend ist, dass das Zentrum meines Seins – mein Herz und meine Seele – geheilt wurde. Gott segne Sie, Louise. Ich bin Ihnen zutiefst dankbar.

* * *

Heilungsarbeit mit Louise

Haben Sie Geduld mit sich, wenn Sie sich daran machen, Ihr Denken zu verändern, denn Veränderungen vollziehen sich allmählich. Wenn Sie schnelle Resultate erwarten und sich unter Druck setzen, wird Sie das nur frustrieren und entmutigen.

Lassen Sie es geschehen, dass der Prozess sich ganz natürlich entfalten kann, schrittweise, immer dann, wenn Sie bereit für einen neuen Lernfortschritt sind. Es ist auch nicht notwendig, das alles allein zu schaffen.

Andere Menschen um Hilfe zu bitten, wenn Sie Hilfe benötigen, ist ein Ausdruck von Selbstliebe.

Die folgenden Übungen werden Ihnen helfen, wenn Sie sich auf die Reise hin zu geistigem Frieden und Wohlbefinden begeben. Schreiben Sie Ihre Antworten auf ein Blatt Papier oder in Ihr Tagebuch.

 Unterdrückte Wut auflösen

Eine Depression ist nach innen gerichtete Wut. Es ist außerdem eine Wut, von der Sie glauben, dass Sie kein Recht dazu haben. Zum Beispiel glauben Sie vielleicht, es sei nicht in Ordnung, wütend auf Ihre Eltern, den Partner, einen Vorgesetzten oder die beste Freundin zu sein. Trotzdem *sind* Sie wütend. Und damit fühlen Sie sich wie in einer Sackgasse.

Die Wut verwandelt sich in Depression. Heutzutage leiden viel zu viele Menschen an Depressionen, sogar chronischen Depressionen.

Ein guter Weg, mit Depressionen umzugehen, ist es, wenn Sie sich gestatten, etwas von Ihrer Wut auszudrücken. Dann stecken Sie nicht länger in dem depressiven Zustand fest. Es kann sehr hilfreich sein, auf ein Kissen einzudreschen oder seine Wut hinauszuschreien. Vergewissern Sie sich aber, dass Sie Ihre Wut auch wirklich *herauslassen*, wenn Sie sie zum Ausdruck bringen.

Wenn Sie Wut freisetzen, ist es völlig in Ordnung, dass es Ihnen peinlich ist, besonders wenn es in Ihrem Elternhaus gegen die Regeln verstieß, wütend zu werden. Wenn Sie es zum ersten Mal tun, werden Sie sich unbehaglich fühlen, aber wenn Sie es öfter tun, kann es sogar richtig Spaß machen und eine sehr machtvolle, energetisierende Übung sein. Gott wird Sie nicht dafür hassen, dass Sie wütend sind. Wenn Sie etwas von Ihrer alten Wut herausgelassen haben, werden Sie Ihre Situation in einem ganz anderen Licht sehen und neue Problemlösungen finden. Schreiben Sie Ihre Erkenntnisse aus dieser Übung auf Ihr Blatt Papier oder ins Tagebuch.

 Erstellen Sie eine Liste und vergeben Sie

Legen Sie nun angenehme, leise Musik auf – etwas, das bewirkt, dass Sie sich entspannt und friedlich fühlen. Lassen Sie Ihre Gedanken schweifen. Reisen Sie zurück in die Vergangenheit und denken Sie an all die Dinge, wegen denen Sie wütend auf sich selbst sind. Schreiben Sie sie auf, und zwar *alles*. Vielleicht finden Sie heraus, dass Sie sich nie verziehen haben, im ersten Schuljahr in die Hose gemacht zu haben. Wie lange tragen Sie schon diese Last mit sich herum!

Manchmal ist es leichter, anderen zu vergeben, als uns selbst zu vergeben. Uns selbst gegenüber sind wir oft viel härter und verlangen Perfektion. Für jeden Fehler, den wir machen, bestrafen wir uns hart. Es ist an der Zeit, dass Sie diese Einstellung hinter sich lassen. Fehler zu machen ist unser Weg, dazuzulernen und uns weiterzuentwickeln. Wenn wir bereits perfekt wären, gäbe es nichts mehr für uns zu lernen. Dann wäre unser Aufenthalt auf diesem Planeten überflüssig.

»Perfekt« sein zu wollen wird Ihnen niemals die Liebe und Wertschätzung anderer Menschen einbringen – es bewirkt nur, dass Sie sich »fehlerhaft« und nicht gut genug fühlen. Bringen Sie Licht in Ihr Leben und behandeln Sie sich nicht länger auf diese Weise. Es ist Zeit, dass Sie sich selbst vergeben. Lassen Sie los. Es gibt keinen Grund für Scham und Schuldgefühle, denn Sie sind frei.

 Das innere Kind

In vielen von uns gibt es ein inneres Kind, das sich verloren, einsam und zurückgewiesen fühlt. Vielleicht besteht schon seit langer Zeit unser einziger Kontakt mit unserem inneren Kind darin, dass wir mit ihm schimpfen und es kritisieren. Und dann wundern wir uns, warum wir unglücklich sind! Wir können unmöglich einen Teil von uns ablehnen und trotzdem innere Harmonie empfinden.

Zur inneren Heilung gehört es, dass Sie alle vernachlässigten Teile Ihres Wesens integrieren. Nur dann können Sie heil und ganz werden.

Kommen wir nun zu einigen Übungen, die Ihnen helfen werden, wieder Verbindung zu diesen vernachlässigten Teilen Ihres Selbst aufzunehmen.

1. Betrachten Sie Ihr Foto. Nehmen Sie ein Kinderfoto von sich zur Hand. Wenn Sie keines besitzen, bitten Sie Ihre Eltern oder andere Familienmitglieder, Ihnen eins zuzusenden. Betrachten Sie dieses Foto genau. Was sehen Sie? Das könnte Freude sein, Schmerz, Sorge, Wut oder Angst. Lieben Sie dieses Kind? Können Sie einen Bezug zu ihm herstellen? Schreiben Sie ein paar Worte über Ihr inneres Kind auf.

2. Zeichnen Sie ein Bild. Zeichnen oder malen Sie nun ein Bild von sich als Kind. Sie können dafür Malkreide, Buntstifte oder etwas anderes ganz nach Ihren Wünschen benutzen. Zeichnen Sie mit Ihrer nicht dominanten Hand (der Hand, mit der Sie nicht schreiben). Das wird Ihnen helfen, sich stärker für Ihre kreative Seite zu öffnen.

3. Beschreiben Sie Ihre Schöpfung. Was sagt Ihnen das Bild, das Sie angefertigt haben? Welche Farben haben Sie benutzt? Was tut das Kind?

4. Sprechen Sie mit Ihrem inneren Kind. Nehmen Sie sich nun etwas Zeit, um mit Ihrem inneren Kind zu sprechen. Finden Sie mehr über es heraus. Stellen Sie ihm Fragen und schauen Sie dabei, wenn möglich, in einen Spiegel. Hier sind einige Vorschläge:

- Was magst du gerne?
- Was magst du nicht?
- Wovor hast du Angst?
- Wie fühlst du dich?
- Was brauchst du?
- Was kann ich tun, damit du dich sicher fühlst?
- Wie kann ich dich glücklich machen?

5. Machen Sie eine Visualisierungsübung. Stellen Sie sich mit geschlossenen Augen vor, dass Sie Ihr inneres Kind in den Arm nehmen. Sagen Sie ihm, dass Sie immer bei ihm sind und alles tun werden, um für seine Bedürfnisse zu sorgen.

 Verbringen Sie vergnügte Momente mit Ihrem inneren Kind

Wenn Sorgen oder Ängste Sie bedrängen und Sie davon abhalten, ein produktives Leben zu führen, kann das daran liegen, dass Sie Ihr inneres Kind vernachlässigt haben. Überlegen Sie, wie Sie hier und jetzt wieder Kontakt zu ihm aufnehmen können. Was könnten Sie gemeinsam unternehmen? Was könnten Sie *ganz allein für sich* tun, etwas, was Ihnen und Ihrem inneren Kind wirklich Freude macht? Notieren Sie 15 Einfälle, was Sie mit Ihrem inneren Kind alles Vergnügliche unternehmen können. Vielleicht lesen Sie ein gutes Buch, gehen ins Kino, gärtnern, schreiben Tagebuch oder nehmen ein warmes Bad. Nehmen Sie sich wirklich Zeit, sich ein paar schöne Aktivitäten zu überlegen.

Sobald Ihre Liste fertig ist, probieren Sie einige dieser »kindlichen« Aktivitäten aus. Gehen Sie zum Spielplatz und schaukeln Sie, malen Sie mit Kreide oder klettern Sie auf einen Baum. Rennen Sie über eine Wiese – wild und frei. Schlagen Sie Purzelbäume, tanzen Sie, lachen Sie! Nehmen Sie Ihr inneres Kind auf einen Ausflug mit und freuen Sie sich gemeinsam. Was macht es schon, wenn Sie jemand dabei sieht? Frei zu sein ist das Wichtigste!

Probieren Sie täglich mindestens eine Aktivität von Ihrer Liste aus. Sie können *heute* damit beginnen, sich eine glückliche Kindheit zu erschaffen. Beginnen Sie Ihre Heilung gleich jetzt!

Selbstwertgefühl und geistige Gesundheit

Untersuchen wir nun, wie es im Hinblick auf Ihre geistige Gesundheit um Ihr Selbstwertgefühl bestellt ist. Beantworten Sie die folgenden Fragen. Sprechen Sie nach jeder Antwort eine der nachfolgenden Affirmationen, um dem negativen Glaubenssatz entgegenzuwirken.

1. Glauben Sie, dass Sie geistige Gesundheit verdienen?
2. Was ist Ihre größte Angst bezüglich Ihrer Gesundheit?
3. Was »bringt« Ihnen dieser Glaubenssatz?
4. Was, fürchten Sie, könnte geschehen, wenn Sie diesen Glaubenssatz aufgeben?

 ## Affirmationen

- *Mein Geist erschafft Erfahrungen. Meine Fähigkeit, in meinem Leben Gutes zu erschaffen, ist grenzenlos.*
- *Ich akzeptiere alle meine Gefühle, aber ich entscheide mich dafür, nicht in ihnen zu schwelgen.*
- *Angst und Traurigkeit sind nur Gedanken, und Gedanken lassen sich verändern.*
- *Mein Geist ist klar und unbeschwert.*
- *Ich gestatte es mir, friedvoll zu sein und die Vollkommenheit meines Lebens zu akzeptieren.*
- *Ich habe die Kontrolle über meine Emotionen und mein spirituelles Wachstum.*
- *Ich erkenne meine Denk- und Verhaltensmuster und bin bereit, Veränderungen vorzunehmen.*
- *Ich bin im Universum immer sicher und geborgen, und alles Leben liebt und unterstützt mich.*

- Ich bin bereit, mich von meiner Vergangenheit zu befreien.
- Ich besitze die Macht, die Kraft und das Wissen, um alle Herausforderungen zu meistern.
- Ich kann gefahrlos meine Wut ausdrücken und mich dann von ihr lösen.
- Ich lasse es geschehen, dass das Leben mich durchströmt. Ich bin im Frieden.
- Ich bin bereit, mit Leichtigkeit vorwärts zu gehen.
- Ich erschaffe jetzt neue Gedanken über mich selbst und mein Leben.
- Ich kritisiere mich nicht länger; mein Geist ist friedvoll.
- Ich liebe und wertschätze mich.
- Ich übernehme die Verantwortung für mein Leben. Ich bin frei.
- Ich tröste mein inneres Kind, und wir beide sind immer sicher und behütet.
- Ich verdiene es, ein wunderbares Leben zu führen.
- Ich bin jederzeit sicher und geborgen. Liebe umgibt und schützt mich.

Behandlung für geistiges Wohlbefinden

Ich beanspruche jetzt für mich jederzeitiges emotionales Wohlbefinden. Ich bin mein bester Freund/meine beste Freundin. Ich genieße mein Leben mit mir. Erfahrungen kommen und gehen, aber ich bin immer für mich da. Ich entscheide mich für Gedanken, die friedvoll, fröhlich und inspirierend sind. Ich bin mein eigenes, einzigartiges Selbst und ich bewege mich auf angenehme, sichere und friedvolle Weise durchs Leben. Das ist die Wahrheit meines Seins, und ich akzeptiere, dass es so ist. Alles ist gut in meinem Herzen und in meinem Geist.

9

Alte Glaubenssätze verändern

Jeder Tag bringt uns unendlich viele Möglichkeiten für Veränderung, für Transformation. Doch oft scheinen wir unfähig oder nicht bereit, alte Gewohnheiten aufzugeben, selbst wenn wir in Mustern des Schmerzes feststecken.

Manche von uns fürchten sich davor, Vertrautes hinter sich zu lassen, wie belastend diese vertraute Situation auch sein mag. Oder wir sind so mit der Bewältigung unserer alltäglichen Herausforderungen beschäftigt, dass wir überhaupt nicht erkennen, welche anderen Möglichkeiten uns eigentlich offenstehen.

Aber mit jedem neuen Gedanken, den wir denken, eröffnet sich uns die Möglichkeit zur Veränderung, denn wir *wählen* jeden unserer Gedanken. Wir können Gedanken wählen, die uns in der Negativität gefangen halten, oder wir können uns für Gedanken der Liebe entscheiden.

Um uns ein wunderbares neues Leben zu erschaffen, müssen wir zuerst einmal akzeptieren, dass wir selbst bereits wunderbar sind und nur Gutes verdienen.

Die folgenden persönlichen Berichte verdeutlichen, wie dramatisch sich das Leben eines Menschen zum Besseren verändern kann, wenn er seine alten Glaubenssätze hinter sich lässt.

Wie ich mein Schicksal änderte
von Irina, Lebensberaterin, Australien

Ich bin 1970 in Russland geboren. Mit 18 heiratete ich. Als ich 20 war, emigrierte ich mit meinem Mann und unserer kleinen Tochter nach Israel. 1994 willigte ich widerstrebend ein, erneut auszuwandern, diesmal nach Australien. Mein Mann misshandelte mich seelisch und körperlich. Ich fühlte mich isoliert und wurde depressiv. Als ich an meinem rechten Arm ein Melanom entdeckte, verließ mich mein Mann wegen einer Frau, die ich für meine Freundin gehalten hatte. Nun musste ich als alleinerziehende Mutter in einem fremden Land zurechtkommen. Ich sprach kaum ein Wort Englisch, hatte kein Geld, keine Verwandten oder Freunde. Alles, was ich hatte, war meine sechsjährige Tochter.

Im Alter von 28 Jahren wurden bei mir sieben bösartige Tumore in der Lunge und der Wirbelsäule festgestellt. Die Ärzte gaben mir noch fünf bis acht Monate zu leben und sagten, die Überlebenschance läge bei 1 zu 10 000. Dann entdeckte ich eine russische Ausgabe von Louise Hays Buch *Gesundheit für Körper und Seele*, und das half mir, mein Schicksal zu ändern. Ich fragte mich: Warum kann nicht ich die eine von 10 000 sein? Ich wollte gesund werden, und von Louise lernte ich, mich zu heilen.

Als Erstes arbeitete ich daran, meinem Exmann zu vergeben und mich von all dem Schmerz zu befreien, den er mir zugefügt hatte. Und so, wie Louise es während ihrer Krankheit getan hatte, nährte ich meinen zerbrechlich gewordenen Körper mit gesunden Lebensmitteln, Selbstliebe, Meditation, Gebeten, Affirmationen und fröhlichen Aktivitäten, die ich mit meiner Tochter unternahm. Nach einiger Zeit verschwanden die Tumore, und ich beschaffte mir so viele von Louises Büchern wie möglich.

Wahre Kraft kommt von Innen vermittelte mir Einsichten, warum mir das alles zugestoßen war. *Du selbst bist dein Heiler* half mir, mich geliebt zu fühlen. *Gute Gedanken für jeden Tag* verhalf mir täglich zu neuer Motivation, und *Die Kraft einer Frau* inspirierte mich dazu, eine positive, durchsetzungsfähige Frau zu werden, die ihre eigenen Entscheidungen trifft. Und dies ist die Affirmation, die mich zurück ins Leben holte und meinem Erfolg den Weg bereitete: *Alles ist gut. Alles entfaltet sich zu meinem höchsten Wohl. Aus dieser Situation wird nur Gutes entstehen. Ich bin immer sicher und geborgen.*

Louise ist für mich zu einer wahren Quelle der Inspiration geworden. Ich lernte, dem Leben zu vertrauen, und von da an sorgte das Leben gut für mich. Ein Jahr nachdem ich *Gesundheit für Körper und Seele* gelesen hatte, begegnete mir ein muslimischer Mann aus Pakistan. Wir verliebten uns ineinander (obwohl ich Jüdin bin!), und er ist heute mein spiritueller Gefährte und bester Freund. Wir sind seit neun Jahren verheiratet, und obwohl die Ärzte mir davon abrieten, bekam ich noch eine Tochter. Die Ärzte können sich meine wunderbare Heilung nicht erklären. Doch *alles* ist möglich, wenn man glaubt!

Ich bin dem Krebs dankbar, denn er hat mein Leben zum Besseren verändert, und ich bin Louise dankbar, die zu meiner größten Lehrerin wurde. Sie lehrte mich, meine Gedanken und Glaubenssätze zu verändern und mich selbst zu lieben. Heute arbeite ich als ganzheitliche Lebensberaterin und helfe Menschen, ihre schmerzvollen Erfahrungen in Quellen der Kraft umzuwandeln. Dieser Aufgabe widme ich mich mit ganzer Leidenschaft. »Ihr könnt es schaffen«, sage ich zu ihnen. »Louise Hay und ich haben es geschafft, und ihr könnt es auch.«

* * *

Innere Freiheit
von Adam, Künstler, Kalifornien

Ich bin 30 Jahre alt und habe seit dem Alter von 16 in einem Betonkäfig überlebt. Hinter diesen kalten Wänden erfuhr ich nur wenig Mitgefühl und Heilung. Die einzige Erleichterung kam in Gestalt des von Mithäftlingen gebrannten Alkohols und der vielen Drogen, die in diesem Gefängnissystem unter der Hand verkauft werden.

Eines wunderbaren Tages vor fast drei Jahren wurde mir Louise Hay empfohlen, und zwar von der spirituellen Lehrerin, mit der ich in Briefkontakt stand. Diese sehr mitfühlende Frau berichtete mir geradezu ehrfürchtig von Louise und wie deren Botschaft ihr eigenes Leben verändert hätte. Diese liebevolle Brieffreundin schrieb mir hartnäckig immer wieder von Louises Arbeit. Dann, vor zwei Jahren, ich saß immer noch im »Loch«, wurde ich zutiefst durch die lebensverändernden Affirmationen in *Gesundheit für Körper und Seele* inspiriert. Ich lernte, dass, wenn ich mich ändern wollte, *ich selbst* diese Veränderung herbeiführen musste. Dann würde sich auch das Verhalten anderer Menschen mir gegenüber ändern.

Ich begann an, Affirmationen und Vergebung zu praktizieren, und war überrascht, welche kraftvolle Transformation dadurch ausgelöst wurde, dass ich täglich Affirmationen aufschrieb. Ich erkannte, dass ich Liebe und Heilung verdiente – und, es war wie ein Wunder, ich fand innere Freiheit!

Ein weiteres, überaus wirksames Hilfsmittel, mit dem ich derzeit arbeite, ist *Das Körper- und Seele-Programm*. Durch dieses Arbeitsbuch hilft Louise mir, mich selbst besser zu verstehen. Ich erkenne meine charakterlichen Schwächen und lerne, sie positiv umzuformen. Ich arbeite an der Heilung meiner seelischen Wunden, nähre liebevoll meinen Geist und mein Herz und sorge für mein inneres Kind. Menschen, die mich kennen, staunen darüber, wie positiv ich mich verändere.

Es ist eine Freude für mich, hier im Gefängnis Bücher von Hay House zu erhalten. Sie schenken mir Hoffnung und bringen leuchtende Farben in mein Leben. Und sie vollbringen wahre Wunder, indem sie mein Bewusstsein öffnen und bereichern – ich habe meinen Horizont dadurch enorm erweitern können. Ich habe den Gefängnis-psychologen auf diese Bücher aufmerksam gemacht. Er ist begeistert von ihnen und hat sie in die Bibliothek auf-nehmen lassen, sodass auch andere Gefangene sie lesen und davon ebenso profitieren können wie ich.

Mein Selbstwertgefühl hat sich sehr verbessert, und ich sehe das Leben heute in viel positiverem Licht. Ich beginne jeden Tag mit einer Affirmation aus Louises Buch *Gute Gedanken für jeden Tag*. Louise hat mir gezeigt, dass ich über die innere Kraft verfüge, mich selbst zu heilen. Dass ich von Tag zu Tag heiler und liebevoller werde, ist ein Wunder für mich. Louise, ich danke Ihnen für die enorme positive Wirkung, die Sie auf mein Leben an einem Ort haben, an dem Mitgefühl nur sehr selten anzutreffen ist.

* * *

Eine neue Idee und ein neuer Weg
von Cheryl, Grundschullehrerin, Michigan

Louise Hay kam in mein Leben, als ich sie am meisten brauchte. Es war wie ein kleines Wunder. Äußer-lich merkte man mir nichts an, aber tief drinnen stürzte ich in ein finsteres Loch und wusste nicht, wie ich mich daraus befreien sollte.

Ich machte einen ausgezeichneten Collegeabschluss, heiratete meine große Liebe, verbrachte mit ihm wunder-volle Flitterwochen in Mexiko, und dann zogen wir in ein schönes neues Zuhause. Und damit begann, nach diesen herrlichen Erlebnissen, der normale Alltag. Eine nervöse Unruhe befiel mich. Es schien mir, dass ich nur eine Ar-beit finden müsste, dann würden meine Probleme ver-schwinden. Als mir das nicht sofort gelang, hatte ich das Gefühl, meine Unabhängigkeit verloren zu haben. Mit 23 war ich plötzlich »Hausfrau«, doch so hatte ich mir mein

Leben nicht vorgestellt. Ich wollte mir meinen eigenen Weg aufbauen, wusste aber nicht, wie. Ich fühlte mich in einer Sackgasse.

Dann sah ich im Februar 2008 zufällig eine Episode der *Oprah Winfrey Show*, in der Louise Hay zu Gast war. Sofort hatte ich das Gefühl, als sei diese Sendung für mich gemacht. Louise schien direkt zu mir zu sprechen. Ich war fasziniert vom Titel ihres Buches: *Gesundheit für Körper und Seele*. Dass wir uns unser Glück selbst erschaffen können, indem wir unsere Gedanken und Glaubenssätze verändern, war ganz neu für mich. Das weckte in mir die Hoffnung, mich aus meinem Loch befreien zu können und meine Lebensfreude wiederzugewinnen.

Sobald ich konnte, kaufte ich mir das Buch. Es gab darin so viel, worin ich mich wiederfand. Immer wenn ich mich überfordert, gestresst oder traurig fühlte oder meine Heilung voranbringen wollte, las ich in Louises Buch, und gleich ging es mir besser. Ich arbeitete täglich mit ihren Affirmationen. Meine Lieblingsaffirmationen lernte ich auswendig, sodass ich sie überall parat hatte.

Louises eigene Lebensgeschichte fand ich besonders inspirierend. In *Gesundheit für Körper und Seele* berichtet sie, dass zu ihrem Heilungsweg nach ihrer Krebsdiagnose auch eine Psychotherapie gehörte. Ich hatte das Gefühl, dass ich, um wirklich innerlich heil zu werden, noch mehr an mir arbeiten musste. Daher suchte ich eine Psychotherapeutin auf. Die Sitzungen bei dieser professionellen Beraterin waren ein weiterer wichtiger Schritt auf meinem Pfad der Heilung.

Je mehr ich alle diese heilsamen Dinge praktizierte, desto mehr positive Veränderungen zeigten sich in meinem Leben. Wie Louise schreibt, geschahen wie aus heiterem Himmel immer neue Wunder: Schon bald fand ich eine Arbeit, die Beziehung zu meinem Mann verbesserte sich, und Verstimmungen zwischen meiner Schwester und mir lösten sich auf, sodass wir uns heute wieder sehr nahestehen. Meine ängstliche Nervosität verschwand, und ich konzentrierte mich darauf, was ich mir wirklich für mein Leben wünschte. Obwohl ich auch weiterhin an mir arbeite, habe ich begonnen, das, was ich von Louise lernte, an andere weiterzugeben – jetzt wird auch in meiner Familie *Gesundheit für Körper und Seele* gelesen, und alle lernen die Kraft neuer Glaubenssätze aus eigener Anschauung kennen. Ich fühle mich so gesegnet dadurch, dass ich Louise entdeckt habe!

* * *

Mein bestes Selbst
von Eva Marie, Sängerin, Kentucky

Der Kraftpunkt befindet sich immer in der Gegenwart. Worte wie diese (und viele andere), die Louise Hay uns vermittelt, haben mir geholfen, mein Leben zu ändern, mich selbst lieben zu lernen und immer mehr zur bestmöglichen Version meiner selbst zu werden – ganz zu schweigen davon, dass sie mir halfen, jeden Tag in allem das Göttliche zu sehen und Verbindung damit aufzunehmen.

Im Herbst 2008 wurde bei meinem Vater unheilbarer Lungenkrebs diagnostiziert, und man sagte ihm, er hätte höchstens noch ein bis zwei Jahre zu leben. Diese Nachricht stürzte unsere ganze Familie in Verzweiflung. Aber in diesem Moment sprach das Universum zu mir und sagte mir, dass ich die Wahl hätte: Ich könnte meinen bisherigen Pfad fortsetzen und ein Leben voller Enttäuschungen und Angst führen. Oder ich könnte mich verändern und durch neue Gedanken und Glaubenssätze zu meinem eigenen besten Selbst werden und mir das Leben erschaffen, das ich mir immer erträumt hatte.

Zu jener Zeit galt ich als krankhaft übergewichtig. Ich hatte hohe Schulden und lebte in einer ungesunden Umgebung mit Menschen, die keinen guten Einfluss auf mich hatten. Und, was am schlimmsten war, ich wusste nicht, wie man sich selbst und sein Leben liebt. Dann las ich das Buch, das mein Leben für immer veränderte – *Gesundheit für Körper und Seele*.

Nachdem ich die Kapitel durchgearbeitet hatte, besorgte ich mir noch andere Bücher, Audioproduktionen und DVDs von Louise. Ich saugte das alles regelrecht auf, all die Weisheit und Liebe, die darin enthalten ist. Das öffnete mir die Augen. Ich sah mich selbst und meine Welt in einem neuen Licht. Durch die Übungen und wundervollen Affirmationen, die uns Louise an die Hand gibt, konnte ich mich von vielen alten, negativen Glaubenssätzen befreien, die meinem Glück im Weg gestanden hatten. Ich fing an, mich selbst zu lieben und mir bewusst ein Leben nach meinen Wünschen zu erschaffen.

Seitdem ist ein Jahr vergangen. Stolz und voller Dankbarkeit kann ich berichten, dass ich inzwischen 27 Kilo abgenommen habe und gesünder bin als je zuvor. Ich wohne in meinem eigenen Zuhause, bin schuldenfrei und stehe finanziell sicherer da als früher. Zum ersten Mal kann ich sagen, dass ich mich selbst und mein Leben wirklich liebe. Auch habe ich als Resultat meiner neuen Glaubenssätze und Lebenseinstellung damit begonnen, die Menschen in meiner Umgebung zu berühren und zu inspirieren. Ich habe Louises Bücher und Lebensweisheiten inzwischen an viele geliebte Menschen weitergegeben, und sie haben sehr davon profitiert.

Louise, danke, dass es Sie gibt, und danke für all das Gute, das Sie bewirken. Dank Ihnen weiß ich, dass meine Reise jetzt erst beginnt, und ich liebe jede Minute davon!

* * *

Ich fühle mich wieder lebendig

von Parvin, Webmaster, Kanada

Als ich 12 war, verlor ich meinen Vater. Mit 18 verließ ich kurz nach der Revolution den Iran und ging nach Indien. Mit 21 heiratete ich, und mit 26 wanderte ich nach Kanada aus.

Als ich den Iran verließ, war ich ein ziemlich unabhängiges Mädchen, wenn man meine Erziehung und die Kultur berücksichtigt, in der ich aufwuchs. Doch nach meiner Heirat änderte sich das komplett. Meine Beziehung zu meinem Mann war eine Katastrophe: Ich war fortwährend seelischer und körperlicher Gewalt ausgesetzt. So verlor ich allmählich jedes Selbstwertgefühl und alles, was früher mein Wesen ausgemacht hatte.

1985 bekam ich mein erstes Kind. Nach einem Jahr in Kanada litt ich immer noch unter einem Kulturschock, und ich hasste es, so weit weg von meiner Familie im Iran zu leben. Infolge der Gewalttätigkeit meines Ehemannes und meiner Überforderung als junge, völlig unerfahrene Mutter, die ohne jede Hilfe von außen ganz auf sich allein gestellt war, war mein Selbstwertgefühl gleich null. Oft dachte ich daran, meinen Mann zu verlassen, aber mein geringes Selbstvertrauen ließ das nicht zu. Viereinhalb Jahre später kam mein zweites Kind zur Welt, und alles wurde noch schlimmer. Ich nahm zu und achtete in keiner Weise auf mich und meine Bedürfnisse.

1991 starb meine älteste Schwester bei einem Autounfall, doch die iranische Regierung verweigerte mir die Einreise, sodass ich nicht an der Beerdigung teilnehmen konnte. Ich war so unglücklich, dass ich monatelang Tag und Nacht weinte und mir die Haare ausfielen. Und obwohl ich noch mehr zunahm, hatte ich das Gefühl, es wäre praktisch nichts mehr von mir übrig.

Dennoch nahm ich in dieser traumatischen Zeit eine Arbeit an, als Arzthelferin in einer kleinen Zahnarztpraxis. Eines Tages hielt die Zahnärztin ein Buch in der Hand, auf dessen Einband ein großer Regenbogen abgebildet war. Das Buch trug den Titel *Gesundheit für Körper und Seele*. Ich fragte, ob ich es mir für ein paar Tage ausleihen dürfte, womit sie einverstanden war. Ich weiß noch, dass ich es an jenem Abend gar nicht erwarten konnte, die Kinder ins Bett zu bringen, damit ich endlich zu lesen anfangen konnte. Sobald ich die ersten Seiten gelesen hatte, wusste ich, dass es genau das war, was ich so dringend benötigte. Es war, als würde erfrischendes, kühlendes Wasser auf das Feuer gegossen, das in mir tobte.

Ich machte die Übungen und las Seite für Seite. Ich fühlte mich wieder lebendig.

Ich glaube, ich habe *Gesundheit für Körper und Seele* noch 20-mal gelesen, und dadurch fand ich zu mir selbst zurück. Ich lernte, wieder auf eigenen Füßen zu stehen und mich selbst wertzuschätzen. Nach einer Weile konnte ich tatsächlich zum Spiegel gehen, mir in die Augen schauen und sagen: »Ich liebe dich.« Ich fand neue, gute Freunde und neuen Lebenssinn.

Ich danke Gott für meine Chefin, die Zahnärztin, und vor allem für Louise Hay. Im Lauf der Jahre habe ich alle ihre Bücher und CDs gekauft – und wenn mir jemand begegnet, der sich in einer ähnlichen Situation befindet wie ich damals, gebe ich ihm oder ihr ein Exemplar von *Gesundheit für Körper und Seele*, als Geschenk von mir und Louise.

Louise, ich liebe Sie von ganzem Herzen. Danke für alles.

* * *

Segen für eine sichere Fahrt

von Sandra, Büroleiterin, Colorado

Vor einem Jahr zog ich nach Fort Collins in Colorado. Mein Arbeitsplatz befindet sich über 60 Kilometer entfernt in Cheyenne, Wyoming. Ich hatte haarsträubende Geschichten über das Winterwetter in dieser Gegend und die mitunter abenteuerlichen Straßenverhältnisse gehört. Ich fing an, mir ständig Sorgen wegen des Wetters zu machen, und war sehr nervös, wenn ich zur Arbeit und wieder nach Hause fuhr. Dann las ich Louise Hays Rat, vor Antritt einer Fahrt das Auto und die Straßen zu segnen. Das setzte ich in die Tat um: Ich habe es mir zur festen Gewohnheit gemacht, vor jeder Fahrt mein Auto, das Wetter und die anderen Autofahrer zu segnen. Zum Abschluss sage ich: »Danke, Gott, für eine sichere Fahrt.«

Nun das Wunderbare: Im Verlauf dieses Jahres habe ich Eis, Schneestürme, Orkanböen und Tornados gesehen … aber niemals, wenn ich mit dem Auto fahre. Manchmal tobte ein Schneesturm, wenn ich zur Heimfahrt antrat, doch sobald ich zum Auto ging, legte sich der Wind, und es hörte zu schneien auf. Einmal hatten wir den ganzen Tag Windgeschwindigkeiten von 80 Stundenkilometern. Kurz bevor ich nach Hause fahren wollte, ging ein Kollege nach draußen und kam mit der guten Nachricht zurück, dass es plötzlich windstill geworden sei. Ich lächelte nur und sagte leise: »Danke, Gott.«

Das alles mag sich nicht weltbewegend anhören, aber für mich ist es zutiefst beeindruckend! Ich bin so dankbar für das, was Louise mir geschenkt hat, und für die Wunder, die ich erlebe, seit ich meine Glaubenssätze geändert habe und auf die Kraft in meinem Inneren vertraue.

* * *

Mein Moment der Klarheit

von Rosalyn, Regierungsangestellte, Florida

Jahrelang hatte ich das Gefühl, es sei mir bestimmt, mehr zu *sein* und mehr zu *haben*, als meine Lebensumstände es zu erlauben schienen. Ich wünschte mir mehr vom Leben, aber es schien, dass ich einfach nicht vom Fleck kam. Ich drehte mich im Kreis. Zwar hatte ich eine ordentliche Arbeit, aber trotzdem kam ich finanziell nur gerade eben über die Runden. Ich sagte: »Alles, was ich will, ist, meine Rechnungen bezahlen zu können« – und genau das bekam ich.

Vor einigen Jahren stieß ich dann auf das Buch *Die Kraft positiven Denkens* von Norman Vincent Peale. Ich verstand die Worte, doch den Inhalt fand ich für mich persönlich nur schwer nachvollziehbar. Dann, vor etwa drei Jahren, schwor ich mir, dass mein Leben sich ändern sollte. Ich war bereit, alles zu tun, um dies zu ermöglichen.

Als ich die Entscheidung getroffen hatte, dass mein Leben besser werden sollte, fügten sich die Dinge plötzlich. Zunächst einmal änderte ich meine Lektüre. Statt der Unterhaltungsromane, die ich seit meinem zwölften Lebensjahr konsumiert hatte, las ich von nun an nur noch Bücher, die mir halfen, ein besserer Mensch zu werden. Doch erst als ich Louise Hays *Gesundheit für Körper und Seele* las, erlebte ich meinen großen Moment der Klarheit.

Die Idee, dass es in meiner Macht lag, mithilfe meiner Gedanken das Leben zu erschaffen, das ich mir wünschte, faszinierte mich so, dass ich beschloss, diese Theorie in die Tat umzusetzen. *Immerhin*, sagte ich mir, *ist hier eine Frau, die sich selbst vom Krebs geheilt hat. Wenn sie das geschafft hat, dann müsste ich doch wohl in der Lage sein, meine Situation zu ändern, die bei Weitem nicht so schlimm ist.* Also dachte ich darüber nach, was für ein Leben ich mir wünschte. Ganz langsam, von Affirmation zu Affirmation, wuchs in mir die Gewissheit, dass die Dinge sich tatsächlich ändern würden. Und von da an begann meine Reise mir wirklich Spaß zu machen!

Als ich mir »das Verzeichnis« in Louises Buch durchlas, wo die wahrscheinlichen Ursachen für Geist-Körper-Beschwerden aufgelistet sind, war ich verblüfft. Seit fast einem Jahr hörte ich auf einem Ohr nicht mehr so gut. Ich war zum Arzt gegangen und hatte alles Mögliche versucht, um das dumpfe Druckgefühl auf dem Ohr loszuwerden, doch nichts half. Nun fiel mir ein, dass eine mir nahestehende Person mir bei jeder sich bietenden Gelegenheit die Ohren mit ihren Problemen volljammerte. Es hatte inzwischen ein Ausmaß angenommen, dass ich es einfach nicht mehr hören konnte. Also hatte ich angefangen, dieses Gerede auszublenden. Das war die Erklärung für mein Hörproblem! Von nun an wiederholte ich täglich das neue Gedankenmuster, das Louise hierfür empfahl. Nach einer Woche war das Druckgefühl verschwunden, und ich hörte wieder so gut wie vorher. Seitdem hatte ich nie wieder Ohrenprobleme. Nun überrascht es mich nicht mehr, wenn die Dinge, die ich in mein Leben hereinlasse, sich dann auch tatsächlich manifestieren.

Danke, Louise, ich bin der lebende Beweis, dass wir uns wirklich selbst heilen können, ganz so, wie Sie es lehren.

* * *

Ich verdiene es, glücklich zu sein
von Tamara, spirituelle Beraterin, Arizona

1996 begann ich am Swedish Institute in Manhattan eine Ausbildung zur Massagetherapeutin. Dann wurden bei mir mehrere Autoimmunkrankheiten diagnostiziert, und man riet mir, die Ausbildung abzubrechen, weil die Massage sich negativ auf meine Erkrankungen auswirken würde. Ich war tief verzweifelt – ich wollte so gerne die Ausbildung machen und anderen Menschen bei ihrer Heilung helfen.

Eine Freundin, die sah, wie bedrückt ich war, gab mir das Buch *Gesundheit für Körper und Seele* von Louise Hay. Anfangs hielt ich es für albernen Hokuspokus, doch je mehr ich darin las, desto mehr fühlte ich mich inspiriert. Ich benutzte die Affirmationen und klebte sie sogar ans Armaturenbrett meines Autos. Jedes Mal wenn ich zu mir sagte: *Ich verdiene Liebe* oder *Ich bin vollkommen*, musste ich weinen. Mein Kopf war ängstlich, aber meine Seele kannte die Wahrheit.

Ich hatte mich gerade von einem Mann getrennt, der mich seelisch und körperlich misshandelt hatte, und affirmierte immer wieder: *Ich verdiene es, glücklich zu sein.* Mein Verstand wollte nicht daran glauben, aber wieder war es so, dass meine Seele nach diesen positiven Worten hungerte, und sie brachten mir Frieden. Was auch geschah und wie schlimm die Situation wurde – durch Alkoholismus, familiäre Probleme und meine gesundheitlichen Beschwerden –, die Affirmationen halfen mir, meinen Alltag zu bewältigen. Glauben Sie mir, das funktionierte wirklich sehr gut!

Inzwischen schreitet mein persönlicher Heilungs- und Entwicklungsprozess seit zehn Jahren gut voran. Meine familiären Beziehungen sind geheilt, und ich habe ein wunderbares Leben. Meine Lieblingsaffirmation lautet: *Ich verdiene es, Liebe zu geben und zu empfangen.* In dieser Hinsicht kann ich etwas sehr Erfreuliches berichten: Ich habe inzwischen einen ganz erstaunlichen Mann in mein Leben gezogen, der bedingungslos *alles* liebt, was ich bin.

Heute leite ich eine spirituelle Unterstützungsgruppe für Prostituierte, suchtkranke und vergewaltigte Frauen und verwende Louises Buch *Die Kraft einer Frau* und ihre

DVD *You Can Heal Your Life – Der Film* in dieser Gruppe und den anderen von mir geleiteten Seminaren. Ich weiß aus tiefstem Herzen, dass Louises bemerkenswertes Werk mir geholfen hat, mein Leben zu heilen, sodass aus Hilflosigkeit Hoffnung und Lebensmut wurde. Alles ist gut in meiner Welt!

Danke, Louise, und Gott segne die wunderbare Arbeit, die Sie für mich und andere tun.

* * *

Wie ich mich selbst rettete
von Kelly, freie Autorin und Bloggerin, Australien

Einen Guru im eigentlichen Sinn habe ich nicht, aber Louise Hay kommt dem ziemlich nahe. Ihr Buch *Gesundheit für Körper und Seele* öffnete mir die Augen und zeigte mir, welches Potenzial in mir steckt. Kurz gesagt: Die Lektüre dieses Buches hat mein Leben für immer verändert.

Als meine Mutter mir Louises Buch schenkte, war ich erst 20 und hatte es bereits fertiggebracht, mich auf eine Beziehung mit einem Mann einzulassen, der kontrollierend, aggressiv und gewalttätig war. Äußerlich wirkte ich wie eine intelligente, ehrgeizige junge Frau, die ihr Leben noch vor sich hatte. Innerlich aber war ich ein gequältes, schreiendes Kind. Ich fühlte mich im Stich gelassen, hatte meine Unschuld verloren und schämte mich, weil ich sexuell missbraucht worden war. Ich wünschte mir verzweifelt, glücklich zu sein, aber die Welt, in der ich lebte, war voller Schmerz und Kritik. Ich mühte mich ab, perfekt zu sein, und hasste mich, weil mir das nicht gelang.

Doch als ich Louises Geschichte las, war das, als ging die Sonne für mich auf. Ich erkannte, dass meine Tage nicht bewölkt sein mussten – es gab tatsächlich blauen Himmel dort draußen! Und ich begriff, dass ich zunächst mich selbst ändern musste. Nur dann würde ich mir das Leben erschaffen können, von dem ich träumte.

Ich wusste, dass in einem Zweig meiner Familie Krebserkrankungen auftraten, während der andere Zweig zu Alkoholismus und psychischen Erkrankungen neigte. Ich wollte kein Leben, in dem diese Dinge eine Rolle spielten, aber es zeigte sich bereits deutlich, dass Sucht und Depression sehr leicht zu meinen guten Freunden werden konnten. Ich beschloss daher, dass ich mich selbst und mein Leben von Grund auf neu erschaffen würde. Ich würde alles transzendieren, was mir bislang zu schaffen gemacht und mich an meiner Entfaltung gehindert hatte.

Diese Reise dauerte mehrere Jahre, in erster Linie, weil es nicht leicht ist, sich von seiner Vergangenheit zu lösen. Auch wenn unsere Erinnerung an bestimmte Ereignisse verblasst, neigen wir dazu, Gefühle der Zurückweisung, des Verlustes und des Verrats festzuhalten. Sie verstopfen unsere Arterien und liegen uns schwer auf der Brust. Man hat das Gefühl, man würde in der Hässlichkeit seines früheren Lebens ersticken.

Ich hatte mich dafür entschieden, mich zu ändern, und ein Teil von mir löste sich tatsächlich von der Vergangenheit und dem vertrauten Schmerz. Ja, ich hatte allen Grund, wütend auf die Welt zu sein – ich hatte bislang nicht viel Glück im Leben gehabt und ganz sicher etwas Besseres verdient. Aber Louise zeigte mir, dass nur *ich selbst* mir ein besseres Leben ermöglichen konnte. Ich allein konnte mich retten.

Nach einem Seminar in Sydney im Jahr 1995 hatte ich das große Glück, Louise persönlich treffen und mit ihr sprechen zu können. Nie werde ich das Licht vergessen, das diese Frau ausstrahlte. Sie war wie ein Engel, und das ist eine völlig zutreffende Beschreibung, denn schließlich habe ich von ihr gelernt, dass auch ich ein lebendiger, atmender Engel bin, der bedingungslose Liebe und Akzeptanz verdient. Ich bin es wert, mich an den Segnungen des Lebens zu freuen, und ich liebe mich so, wie ich bin.

* * *

Louises helfende Hand
von Linda, Lichtarbeiterin und Immobilienmaklerin, Kalifornien

In den frühen 80er-Jahren entdeckte ich Louise Hays »kleines blaues Buch« *Heile deinen Körper* im Bodhi Tree Bookstore in Los Angeles. Ich war erfreut, eine solche Wissensquelle gefunden zu haben. Ich kontaktierte Louise und erzählte ihr von meiner Arbeit mit Häftlingen in Hochsicherheitsgefängnissen.

Louise schenkte mir großzügig 100 Exemplare von *Heile deinen Körper*, damit ich sie an Häftlinge in ganz Amerika verschicken konnte. Die Männer waren begeistert von den Büchern und gaben sie sogar an die Gefängnisgeistlichen und Gefängnisbibliotheken weiter. Ich bin sicher, dass das Licht sich dadurch bis heute exponentiell verbreitet hat!

Ein paar Jahre später suchte ich mit meiner Mutter Louise auf, die damals noch individuelle Beratungsgespräche führte. Ich sagte: »Mutter, diese Dame stammt nicht von hier. Sie ist nur auf den Planeten gekommen, um uns eine helfende Hand zu reichen.« Ich plauderte mit Louises eigener Mutter, während meine Mutter von Louise behandelt wurde. Das war eine sehr schöne Begegnung.

Als wir Louises schönes Haus in Santa Monica verließen, fragte ich meine Mutter: »Nun, was hältst du von ihr?« Meine Mutter strahlte und sagte: »Du hast recht! Louise stammt nicht von hier. Sie ist nur gekommen, um zu helfen.«

Im Lauf der Jahre habe ich Louises Bücher und Ideen an viele Menschen weitergegeben. Es war sehr aufregend für mich, kürzlich ihren Film anzuschauen. Ich glaube, er wird auf dem Planeten eine noch größere Wirkung entfalten als *The Secret*. Louise ist eine Pionierin, und ich empfinde es als großes Glück, dass ich sie persönlich kennenlernen und mich an ihrem Werk und ihrer bemerkenswerten Präsenz erfreuen durfte. Als Frau ist sie eine Inspiration; als Unternehmerin und Lichtarbeiterin ist sie brillant!

* * *

In den Himmel erhoben
von Pamila Faye, Feng-Shui-Beraterin, Virginia

1996 schenkte mir eine Freundin das Buch *Heile deinen Körper*. Die Wahrheit und Genauigkeit der dort beschriebenen Zusammenhänge zwischen Geist und Körper verblüfften und schockierten mich. 1999 zerplatzte dann mein bisheriges Leben wie eine Seifenblase: Es kam ans Licht, dass der Mann, mit dem ich seit 20 Jahren verheiratet war, eine Affäre hatte; meine Tochter, die gerade kurz vor dem Highschool-Abschluss stand, wurde schwanger und wollte den jungen Mann heiraten, mit dem ihr Vater ihr schon vor einem Jahr jeden Umgang verboten hatte; und bei mir wurde Gebärmutterhalskrebs im dritten Stadium festgestellt. Ich war am Boden zerstört und brauchte dringend einen Silberstreifen am Horizont.

In den folgenden Jahren las ich mehrere von Louises Büchern, und jedes davon half mir bei meiner Heilung. Mein Lieblingsbuch entdeckte ich an einem Tag, an dem es mir besonders schlecht ging. Ich war in eine Buchhandlung gegangen, um etwas zu finden, das mir weiterhalf. Ich bat das Universum darum, mich zu dem richtigen Buch zu führen, und da war es: *Dankbarkeit erfüllt mein Leben* von Louise Hay.

Als ich nach Hause kam, setzte ich mich sofort hin und las alle Geschichten darin. Dieses Buch erhob mich in den Himmel. Aus den Erfahrungsberichten all dieser Menschen erkannte ich, dass auch für mich alles gut werden würde, dass es für mich nichts zu fürchten gab und dass ich nichts weiter tun musste, als mich zu lieben und mir selbst zu vertrauen. Das Universum würde mir alle meine Wünsche erfüllen, und zwar genau zur rechten Zeit.

An jenem Nachmittag schickte ich meine Wünsche ins Universum hinaus, zog meine Lieblingskleidung an und legte meine Lieblingsmusik auf. Dann ließ ich meine Seele ganz in den gegenwärtigen Augenblick eintauchen. Sofort fühlte ich mich viel besser. Es dauerte nicht lange, dann war das sehr ernste Problem, das mich an jenem Tag in die Buchhandlung und zu *Dankbarkeit erfüllt mein Leben* geführt hatte, gelöst – übrigens auf eine so wundervolle Weise, wie ich es nie für möglich gehalten hätte!

Seitdem habe ich schon Dutzende Exemplare dieses Buches an Freunde und Verwandte verschenkt und ihnen empfohlen, mindestens eine Geschichte täglich zu lesen, wenn sie sich verzweifelt und ohne Hoffnung fühlen. Und immer wieder höre ich von ihnen, wie sehr das geholfen hat!

Louise, danke dafür, dass Sie all die Weisheiten an uns weitergeben, die Sie in Ihrem Leben entdeckt haben. Ich bin Ihnen ewig dankbar und hoffe, Sie bald treffen zu können, um Sie dankbar an mich zu drücken!

* * *

Die Louise-Revolution

*von Bayleigh, Versicherungsvertreterin,
Indiana*

Louise Hay sah ich in diesem Jahr zum ersten Mal, und zwar bei *Oprah*. Mir war gerade ein Job gekündigt worden, in dem ich mich nicht wohlgefühlt hatte. Ich war umgeben von negativen Einflüssen und einsam und traurig. Ich schaute mir die Sendung an und sofort bestellte ich mir *Gesundheit für Körper und Seele*. Ich hatte mir bereits während der Sendung Notizen gemacht und war fest entschlossen, mein Leben zu ändern. Ich fertigte eine Visionstafel an und begann unverzüglich, mit Affirmationen zu arbeiten.

Es ist wirklich erstaunlich, was ich in den vergangenen sechs Monaten erlebt habe. Ich habe meine Spiritualität wiederentdeckt und ich bin zu einer echten Beziehung mit Gott gelangt. Auch bin ich dabei, mich von meinen Geldschulden zu befreien. Meine neue positive Einstellung hat mich während der vier Monate über Wasser gehalten, die es dauerte, Arbeit zu finden. Jetzt habe ich eine neue berufliche Aufgabe, die mir große Freude macht.

Ich habe den Kontakt zu dem Mann erneuert, der meine erste große Liebe war. Inzwischen haben wir uns verlobt und werden in diesem Oktober heiraten. (Vorher hatte ich mich bereits damit abgefunden, für den Rest meines Lebens Single zu bleiben.)

Mein Verlobter hat ebenfalls *Gesundheit für Körper und Seele* gelesen und ist dabei, sich zu einem starken, selbstbewussten Mann zu entwickeln, nachdem er sich jahrelang von anderen wie ein Fußabtreter behandeln ließ. (Ich habe ihm gesagt, dass ich keinen Mann heirate, der das Buch nicht lesen will und nicht bereit ist, gemäß Louises Prinzipien zu leben. Erst sträubte er sich ein wenig, aber jetzt ist er begeistert von den positiven Veränderungen in seinem Leben!)

Mein Verlobter hat zwei Kinder. Wir haben ihnen Louises Bücher zu Weihnachten geschenkt. Sie lernen jetzt, täglich Affirmationen anzuwenden, und erkennen, dass sie sich bewusst dafür entscheiden können, positiv zu sein. Es ist beeindruckend, wie sich das auf ihre Entwicklung auswirkt. Wir freuen uns sehr, dass sie diese Segnungen schon so früh im Leben kennenlernen können.

Allen Leuten in meinem Umfeld habe ich empfohlen, *Gesundheit für Körper und Seele* zu lesen und wegen der Probleme in ihrem Leben nicht länger nach Ausreden zu suchen. Heute sind auch meine Mutter, meine Schwester und meine Tante Teil der Louise-Revolution! Ich habe das Gefühl, Louise persönlich zu kennen. Sie ist wie ein wunderschöner Leuchtturm, der mir den Weg weist. Ihr Film hat mir sehr gefallen, und wenn ich etwas Inspiration gebrauchen kann, höre ich eine von ihren Affirmations-CDs. Nach einer solchen »Energiedusche« ereignet sich in meinem Leben stets etwas Gutes.

Louise, ich bin Ihnen so dankbar! Ich bin heute eine *sehr* glückliche Frau, und mein Leben wird jeden Tag schöner!

* * *

Ich bin doch schon etwas

von Susan, Barkeeperin, Personalsachbearbeiterin, Notarin, um nur einige meiner Tätigkeiten zu nennen, Massachusetts

Ich erinnere mich an ein Thanksgiving, als ich fünf oder sechs Jahre alt war. Damals fragte meine Tante mich, was ich später einmal werden wollte. Verwundert antwortete ich: »Ich bin doch schon etwas.« Dann erklärte ich ihr, dass ich doch immer noch ich sein würde, wenn ich später groß wäre. Meine Tante war verblüfft und wusste nicht, was sie darauf erwidern sollte. Natürlich begriff ich später, als ich größer wurde, was sie mit ihrer Frage gemeint hatte. Und wie Sie an der obigen Auflistung meiner Berufe sehen können, bin ich so einiges »geworden«. Aber ich bin überzeugt, dass meine Gaben, Talente und Gedanken, die ich später nutzte, um meinen beruflichen Tätigkeiten nachzugehen, bereits vorhanden waren, als ich geboren wurde. Es ist lediglich eine gesellschaftliche Überzeugung, dass man für jeden Beruf bestimmte Titel und Abschlüsse erwerben muss.

Ich könnte zu meinen Tätigkeiten auch noch Mutter, Tochter, Schwester und Ehefrau hinzurechnen – aber auch die Fähigkeiten, um diese Rollen auszufüllen, waren bereits von Anfang an als Bestandteile meines Seins vorhanden.

Als ich 1984 zum ersten Mal *Gesundheit für Körper und Seele* las, war ich 28 Jahre alt. Ich weiß noch, dass ich dachte: *Da ist jemand, der weiß, was ich fühle. Louise würde gut verstehen, was ich meine, wenn ich sage, dass ich immer schon etwas war.* Zu jenem Zeitpunkt meines Lebens hatte ich bezüglich meines Selbstbildes viele gesellschaftliche Glaubenssätze übernommen, die einfach nicht der Wahrheit entsprachen. Zum Beispiel war ich eine üppige, blauäugige Blondine, was bedeutete, dass meine einzigen Rollen darin bestanden, dumm und sexy zu sein.

Louises Buch bewirkte, dass ich mich von den vielen falschen Glaubenssätzen befreite, die ich mit mir herumschleppte. Wenn ich erkannt hatte, woher ein Glaubenssatz stammte, gelang es mir auch stets, mich davon zu lösen, denn ich sah, dass dieser Glaubenssatz gar nicht wirklich zu mir gehörte.

Es ist einfach wunderbar, wenn man erkennt, dass man die eigenen Gedanken ändern kann, denn diese Erkenntnis verändert unser ganzes Leben. Und es ist immer eine

Veränderung zum Besseren, denn man ersetzt einen negativen Gedanken durch einen positiven.

Danke, liebe Louise, dass Sie Ihre Gedanken an uns alle weitergegeben haben. Das hat mich wieder zu meinem eigenen ursprünglichen Sein zurückgeführt. Ich umarme Sie in Gedanken. Mögen Sie immer glücklich sein.

* * *

Ein Geschenk des Himmels
von Alena, berufstätig, Niederlande

Ich stamme aus Tschechien, wo ich zur Zeit des Kommunismus geboren wurde. Mein Vater ist ein despotischer, negativer Mensch – er sagte mir niemals, dass er mich liebt, und zeigte nie irgendwelche Zuneigung. Auch war er sehr kritisch und vermittelte mir, dass ich immer alles falsch machte. Er glaubte, sein Verhalten würde mich zu einem starken Menschen machen. Doch das war nicht der Fall. Nach meinem Schulabschluss zog ich in eine andere Stadt, um dort zu arbeiten. Mit 20 verließ ich meine Heimat und ging nach Holland, um dort ein neues Leben zu beginnen.

Eine Freundin kam mit mir. Für kurze Zeit fanden wir Arbeit und konnten uns eine Wohnung leisten. Aber damals durften Tschechen in den Niederlanden nicht legal arbeiten. So landeten wir schließlich auf der Straße. Wir lebten buchstäblich im Dreck, gerieten in schlechte Gesellschaft und fingen an, Drogen zu nehmen. Aber wegen unserer Väter wollten wir auf keinen Fall zu unseren Familien zurückkehren. (Ihr Vater war noch schlimmer als meiner.)

Wir liefen durch die Straßen auf der Suche nach Dingen, die von den Leuten weggeworfen worden waren. Das, was wir fanden, benutzten wir entweder selbst oder verkauften es. Ich liebe Bücher. Wenn ich also irgendwo ein weggeworfenes Buch herumliegen sah, hob ich es sofort auf. Eines Tages entdeckte ich so *Gesundheit für Körper und Seele*. Das bunte Cover sprang mir zwar ins Auge, gefiel mir aber, ehrlich gesagt, überhaupt nicht. Damals mochte ich keine leuchtenden Farben – meine Farbe war Schwarz. Das ist das Magische an dieser Geschichte. Ich fand dieses Buch im Müll und mochte das Cover nicht. Dennoch nahm ich es mit und las es.

Dann besuchte ich meinen damaligen Freund in Irland, aber es lief nicht gut zwischen uns. Ich wollte nach Holland zurückkehren, aber wegen der damaligen Einreisebestimmungen wurde ich nach Tschechien abgeschoben. Wütend und verzweifelt rief ich meinen Bruder an. Er war sehr freundlich zu mir, und ich durfte für einen Monat bei ihm wohnen.

Das war wie ein Geschenk des Himmels. Wäre ich nicht abgeschoben worden, hätte ich niemals in ein normales Leben zurückgefunden und gelernt, mich selbst zu lieben und wertzuschätzen.

Inzwischen bin ich 29 Jahre alt und lebe wieder in Holland, doch diesmal arbeite ich als Büroangestellte und habe eine hübsche eigene Wohnung. Mein Traum ist es, Kindergärtnerin zu werden. Ich möchte den Kindern Dinge vermitteln, die wirklich wichtig sind, vor allem, sich selbst und andere Menschen zu lieben.

Ich habe erkannt, dass ich nicht von der Meinung meines Vaters abhängig bin. Ich muss ihm nicht gefallen. Natürlich würde ich mich freuen, etwas Positives von ihm zu hören, aber ich weiß, dass er auf seine Art versucht, das Beste aus seinem Leben zu machen. Ich liebe alle Mitglieder meiner Familie sehr und bin glücklich, dass sie Teil meines Lebens sind. In diesem Jahr werden wir zum ersten Mal seit langer Zeit zusammen Weihnachten feiern, worauf ich mich sehr freue.

Mein Leben ist jetzt wunderschön. Wenn doch einmal etwas Unerfreuliches geschieht, weiß ich, dass darin eine wichtige Lektion für mich liegt, eine Prüfung, die es zu bestehen gilt. Ich liebe es, in die Schule des Lebens zu gehen!

Liebe Louise, ich wünsche Ihnen nur das Beste. Sie sind ein Engel und haben mir geholfen, mein Leben zu heilen. (Übrigens liebe ich inzwischen alle Farben des Regenbogens!)

* * *

Ein Sonett für Louise
von Laurie, Rechtsanwältin, Indiana

Ich wurde in eine Nullsummenwelt hineingeboren, in der wir alle um knappe Ressourcen kämpfen müssen und in der es nur Gewinner und Verlierer gibt. In dieser Welt bedeutet *männlich* »mächtig« und *weiblich* »schwach«. Kinder darf man nur sehen, aber nicht hören. Frauen haben ihren Männern zu gehorchen. Jahrelang bemühte ich mich, aus dieser autoritären Welt auszubrechen. Doch ich erkannte nie, dass die Unterdrückung, die ich tagtäglich erlebte, sich aus meinen erlernten negativen Glaubenssätzen speiste. Ich studierte Jura und lernte, mich durchzusetzen. Aber was ich auch erreichte, stets fühlte ich mich, als sei ich zum Scheitern verurteilt. Ich würde immer eine Frau sein, die versuchte, in einer Männerwelt zu überleben.

Das alles änderte sich, als ich anfing, die Bücher von Louise Hay zu lesen. Ich lernte, mich selbst zu lieben und positive Affirmationen anzuwenden, und seither erlebe ich täglich neue Wunder. Heute ziehe ich meine Tochter in einer Welt der Fülle groß, wo wir beide alles haben, was wir brauchen, und genug, um andere Menschen daran teilhaben zu lassen. In unserer Welt zählen das *Männliche* und das *Weibliche* gleich viel und ergänzen einander als unersetzliche Teile der Menschheit. Kinder werden respektiert und wertgeschätzt und dazu ermutigt, eigenständig zu denken. Liebe und Güte sind an die Stelle von Angst und Manipulation getreten. Kooperation hat den Konkurrenzkampf ersetzt. Das Leben ist gut. *Alles* ist gut.

Daher möchte ich Ihnen danken, Louise.

Jede Frau verdient ein zu ihren Ehren geschriebenes Sonett. Dieses hier habe ich für Louise geschrieben, aus einer Dankbarkeit und Wertschätzung, die weit über das hinausgeht, was sich mit Worten ausdrücken lässt:

Wissen, dass ich mich selbst ganz lieben kann,
Erkennen, dass uns Weisheit offensteht,
Bringt mich im Leben unendlich voran:
Ein frischer Wind, der durch die Seele weht.

Die Welt spiegelt wider, was ich denke.
Wähle ich eine neue Denkungsart,
So macht unser Kosmos mir Geschenke
Zum Dank für meinen guten, frischen Start.

»Das, was ich heute brauche, ist längst mein«,
Bejahe ich frohgemut am Morgen.
Wohlstand erfüllt mein ganzes Selbst und Sein,
Und das Leben nimmt mir alle Sorgen.

Louise Hay verdient tiefe Dankbarkeit.
Sie weist den Weg in eine neue Zeit.

* * *

Heilungsarbeit
mit Louise

Was möchten Sie in Ihrem Leben ändern? Wissen Sie, welche Gedankenmuster zu der unerwünschten Situation beitragen? Auch wenn Sie diese Glaubenssätze schon lange hegen, sollten Sie sich darüber klar werden, dass sie Ihnen nicht länger dienlich sind und es völlig in Ordnung ist, sich jetzt von ihnen zu lösen. Sie *können* eine neue Zukunft für sich manifestieren, eine Zukunft voller Freude und Liebe.

Wenn Sie sich bereit fühlen, mit der geistigen Arbeit zu beginnen, werden die folgenden Übungen Ihnen helfen, Ihren Glaubenssätzen auf den Grund zu gehen. Schließlich können Sie Ihre alten Glaubenssätze ja nicht transformieren, wenn Sie sie gar nicht kennen! (Schreiben Sie Ihre Antworten unbedingt auf ein Blatt Papier oder in Ihr Tagebuch.)

 ## Die eigenen Glaubenssätze erforschen

Welche Glaubenssätze fallen Ihnen zu den nachstehend aufgeführten Wörtern ein? Wenn Sie wollen, können Sie weitere Kategorien aus anderen Lebensbereichen hinzufügen, in denen Sie Probleme haben. Die Liste darf so lang sein, wie Sie möchten. Schreiben Sie alles auf – positive und negative Glaubenssätze –, sodass Sie Ihre Denkmuster klar erkennen können. Das sind die inneren, unbewussten Regeln, nach denen Sie Ihr Leben leben. Sie können nur dann positive Veränderungen in Ihrem Leben herbeiführen, wenn Sie erkennen, welche Glaubenssätze Sie hegen.

- Männer
- Frauen
- Liebe
- Sex
- Arbeit
- Geld
- Erfolg
- Misserfolg
- Gott

Lesen Sie sich die Liste Ihrer Glaubenssätze sorgfältig durch, wenn sie Ihnen vollständig erscheint.

Markieren Sie jeden Glaubenssatz, der hilfreich und inspirierend ist, mit einem Stern (*). Das sind die Glaubenssätze, die Sie beibehalten und verstärken sollten.

Markieren Sie jeden Glaubenssatz, der negativ ist und dem Erreichen Ihrer Ziele im Weg steht, mit einem Strich (–). Das sind die Glaubenssätze, die Sie auslöschen, fallen lassen oder umprogrammieren müssen.

 Negative Botschaften

Schreiben Sie nun alles auf, was nach Ansicht Ihrer Eltern an Ihnen »falsch« war. Welche negativen Botschaften hörten Sie als Kind? Durchforsten Sie gründlich Ihr Gedächtnis und nehmen Sie sich dafür genug Zeit – eine halbe Stunde wäre nicht schlecht.

Was sagten Ihre Eltern über das Geld? Was sagten sie über Ihren Körper? Was sagten sie bezüglich Liebe und

Partnerschaft? Was sagten sie über Ihre kreativen Talente? Welche negativen, einengenden Dinge sagten sie zu Ihnen?

Betrachten Sie Ihre Liste möglichst objektiv und sagen Sie: »Aha, *daher* stammt dieser Glaubenssatz also.«

Graben wir nun etwas tiefer. Welche anderen negativen Botschaften hörten Sie als Kind? Was wurde Ihnen von Verwandten, Lehrern, Freunden, Autoritätspersonen oder Geistlichen gesagt? Schreiben Sie alles auf. Nehmen Sie sich Zeit. Achten Sie dabei auf Ihre körperlichen Empfindungen.

Nun haben Sie eine weitere Liste von Gedanken erstellt, die Sie aus Ihrem Bewusstsein entfernen müssen. Alle diese Glaubenssätze bewirken, dass Sie sich »nicht gut genug« fühlen.

 ## Ihre Geschichte

Schreiben Sie eine kurze Geschichte Ihres Lebens, von der Kindheit bis heute. Erwähnen Sie möglichst alle wichtigen Veränderungen Ihrer Gefühle oder Ihres Verhaltens. Welche negativen Glaubenssätze tragen Sie möglicherweise in Ihrem Unterbewusstsein? Lassen Sie es zu, dass diese ans Licht kommen. Es ist gut möglich, dass es Sie ziemlich überraschen wird, was Sie dabei alles herausfinden.

Wie viele negative Botschaften sind Ihnen beim Schreiben Ihrer Lebensgeschichte aufgefallen? Betrachten Sie jede, die ans Licht kommt, als kostbaren Schatz: »Aha! Habe ich dich entdeckt! Du hast mir also all diese Probleme eingebrockt. Jetzt kann ich dich auslöschen und bin frei.«

Das ist ein guter Zeitpunkt, um zum Spiegel zu gehen, sich selbst in die Augen zu blicken und Ihre Bereitschaft zu bekräftigen, sich von diesen alten negativen Botschaften und Glaubenssätzen zu befreien. Atmen Sie tief durch und sagen Sie: »*Ich bin jetzt bereit, negative Vorstellungen und Glaubenssätze aufzugeben, die für mich nicht länger von Nutzen sind.*«

Wiederholen Sie das mehrmals hintereinander.

 ## »Sollen« aus Ihrem Wortschatz entfernen

Wie ich schon oft gesagt habe, halte ich *sollen* für eines der schädlichsten Wörter in unserer Sprache. Jedes Mal wenn wir es verwenden, sagen wir damit eigentlich, dass mit uns »etwas nicht stimmt«, dass wir nicht gut genug waren, sind oder sein werden. Ich würde gerne das Wort *sollen* für alle Zeiten aus unserem Wortschatz streichen und es durch das Wort *können* ersetzen. Aus »etwas tun sollen« wird »etwas tun können«, also eine Möglichkeit. Das befreit uns aus der Tretmühle ständiger Selbstkritik.

Denken Sie an fünf Dinge, die Sie tun »sollten«, und schreiben Sie sie auf. Formulieren Sie die Sätze um, indem Sie »sollen« durch »können« ersetzen.

Fragen Sie sich nun: »Warum habe ich das nicht längst getan?« Vielleicht stellen Sie fest, dass Sie sich seit Jahren dafür kritisieren, etwas nicht zu tun, das Sie eigentlich ohnehin nicht wirklich tun wollen oder das nie Ihre eigene Idee war.

Wie viele »sollte« können Sie aus Ihrer Liste streichen? Schreiben Sie auf, wie sich das anfühlt.

 ## Ängste und Affirmationen

Schreiben Sie zu jeder der hier aufgelisteten Kategorien Ihre jeweils größte Angst auf. Schreiben Sie dann eine positive Affirmation daneben, die dieser Angst entgegenwirkt. Selbstverständlich können Sie eigene Kategorien ergänzen, wenn Sie möchten.

- Karriere
- Lebenssituation
- Familiäre Beziehungen
- Geld
- Körperliches Aussehen
- Sex
- Gesundheit
- Ehe/Partnerschaft
- Alter
- Tod und Sterben

 Affirmationen

- *Ich glaube an meine Fähigkeit, mich zu ändern.*
- *Ich lebe in Frieden mit allem Lebendigen.*
- *Dies ist ein neuer Augenblick. Ich bin frei, loszulassen.*
- *Ich bin bereit, allen zu vergeben, die mir Schaden zugefügt haben.*
- *Ich übernehme die Verantwortung für mein Leben.*
- *Ich bin bereit, neue Gedanken für mich und mein Leben zu erschaffen.*
- *Ich bin eins mit der Macht, die mich erschuf. Alles ist gut in meiner Welt.*
- *Ich sehe mich selbst in einem neuen Licht. Ich liebe mich.*
- *Ich gehe vorwärts, frei von der Vergangenheit. Ich bin immer sicher und beschützt.*
- *Gefahrlos kann ich meine eigenen einengenden Glaubenssätze oder die anderer Menschen hinter mir lassen.*
- *Ich vertraue dem Lauf des Lebens.*

- Ich bin bereit, mich zu verändern.
- Ich erkenne jetzt, dass ich selbst die Quelle meines Glücks bin.
- Ich löse mich von allem, was mir nicht länger dienlich ist.
- Ich bin offen und empfänglich für wunderbare neue Erfahrungen.
- Ich akzeptiere mich in jeder Hinsicht.
- Ich beanspruche meine Macht und erschaffe mir liebevoll meine eigene Realität.
- Ich bin bereit, alle negativen Vorstellungen und Glaubenssätze hinter mir zu lassen.
- Ich bin im Frieden mit mir und dem Leben.
- Ich vergebe alles, was früher war, und löse mich von der Vergangenheit. Freude ist mein Ziel.

Behandlung zur Transformation alter Glaubenssätze

Mein Leben erneuert sich ständig. Jeder Augenblick meines Lebens ist frisch und vital. Ich nutze mein affirmatives Denken, um genau das zu erschaffen, was ich mir wünsche. Dies ist ein neuer Tag. Ich bin ein neues Ich. Ich denke anders. Ich spreche anders. Ich verhalte mich anders. Meine Mitmenschen verhalten sich mir gegenüber anders. Meine neue Welt ist ein Spiegelbild meines neuen Denkens. Es ist eine Freude, neue Samen auszusäen, denn ich weiß, dass diese Samen zu meinen neuen Erfahrungen werden. Alles ist gut in meiner Welt.

10

Lebenssinn

Wir alle machen Lebensphasen durch, in denen wir uns fragen, welchen Sinn unser Leben hat oder ob es überhaupt einen Sinn hat. Vielleicht haben wir das Gefühl, dass in unserem Leben etwas fehlt, und wir wissen nicht, wie wir diese Leere füllen sollen. Manche von uns greifen dann zu Drogen, lassen sich auf ungesunde Beziehungen ein oder legen selbstzerstörerische Verhaltensweisen an den Tag, alles in dem Versuch, ihrem Leben einen Sinn zu geben.

Vielleicht glauben wir, wir hätten nicht das Recht, um mehr zu bitten, oder wir haben das Gefühl, es gäbe nur das, was unmittelbar vor unseren Augen liegt. Aber jeder Mensch verdient das Beste, was das Leben zu bieten hat.

Unser Bewusstsein zu verändern ist der erste Schritt, um unser bestmögliches Leben zu manifestieren. Denken Sie daran, dass Glück nichts ist, was Sie »dort draußen« finden können. Es kann nur von innen kommen, durch Selbstliebe und -akzeptanz.

Lernen Sie, sich selbst zu lieben, und vertrauen Sie auf die göttliche Intelligenz in Ihnen. Das Universum wird Ihnen bringen, was Sie brauchen. Sie müssen es einfach nur zulassen.

Ich hoffe, dass die folgenden Berichte von Menschen, die Sinn in ihrem Leben gefunden haben, Sie dazu inspirieren werden, ebenfalls den größeren Sinn in Ihrem Leben zu entdecken, sodass Sie sich motiviert fühlen, Ihr volles Potenzial zu entdecken und zu entfalten.

Ein leidenschaftliches, von Sinn erfülltes Leben

von Sharon, Autorin, internationale Vortragsrednerin und Produzentin, Kalifornien

Während meines ganzen Daseins habe ich mit dem Leben und dem Tod getanzt. Ich überstand neun Jahre andauernden sexuellen Missbrauch in meiner Kindheit. Ich überlebte Anorexie, mehrere destruktive Partnerschaften und zwei Selbstmordversuche.

Bis zum Jahr 1985 sah ich mich als Opfer. Dann begegnete ich Linda, meiner Mentorin, die mir half, meinen Selbsthass und meine Wut, Angst und Verbitterung aufzuarbeiten. Linda schenkte mir das Buch *Gesundheit für Körper und Seele*, und ich machte alle darin enthaltenen Übungen: Ich arbeitete mit den Affirmationen, die eine starke Resonanz in mir auslösten, machte Visualisierungen und Spiegelarbeit. Immer wieder sagte ich zu mir: »Sharon, ich liebe dich. Ich liebe dich wirklich.«

Louises Buch half mir außerdem, meine zentralen Lebensthemen zu erkennen und zu bearbeiten: Vergebung, Dankbarkeit, Partnerschaft und Gesundheit.

Schon bald begriff ich, wie mächtig meine Gedanken und Worte sind, was meine Gesundheit und mein Wohlbefinden angeht. Ich lernte, so viel ich konnte, über die Geist-Körper-Seele-Verbindung, fand inneren Frieden, persönliche Kraft und konnte mir selbst und anderen vergeben. Auch lernte ich, ungeachtet der äußeren Umstände eine positive Haltung einzunehmen.

Ab 1986 engagierte ich mich ehrenamtlich in Hilfsgruppen für Menschen mit Aids und Krebs. Dort unterrichtete ich die Geist-Körper-Seele-Techniken, die ich erlernt hatte. Auch leitete ich Seminare in Jugendgefängnissen und einer Besserungsanstalt für weibliche Teenager.

Später in diesem Jahr wurde ich mit einer neuen persönlichen Herausforderung konfrontiert. Ich sah zufällig meinen Mann in einer Sondersendung mit Dan Rather. Sie trug den Titel »Aids dringt in die Familien vor«. Darin gestand mein Mann öffentlich, dass er sich mit Aids infiziert hatte. Ich ließ mich testen, und es stellte sich heraus, dass ich HIV-positiv war. Doch ich weigerte mich, mich als unschuldiges Opfer des Virus zu betrachten, sondern betrachtete meine Infektion als Herausforderung, an der ich wachsen konnte – ich wurde eine der ersten infizierten Frauen in Südkalifornien, die damit an die Öffentlichkeit ging.

Ich ging zu Louises Hayride-Selbsthilfegruppen für homosexuelle Männer, die mit HIV und Aids infiziert waren. (Ich glaube, ich war die erste infizierte heterosexuelle Frau, die dort teilnahm.) Louise und diese Männer waren zutiefst erfüllt von Mitgefühl, Liebe, Dankbarkeit und Lebenslust. Und ich fühlte mich als Teil dieser großen Familie. Von Louise lernte ich enorm viel. Ich betrachte sie als eine weitere wichtige Mentorin.

1997 hatte ich, infolge von Aids-Komplikationen, ein Nahtoderlebnis. Mir wurde gesagt, dass meine Zeit noch nicht gekommen sei, und es wurde mir meine Lebensbestimmung mitgeteilt. Ich begriff, dass jede Herausforderung, mit der ich konfrontiert wurde, Samen der Weisheit hervorbrachte, die ich auch mit anderen Menschen teilen konnte.

Indem ich alle meine Lebensherausforderungen annahm und verarbeitete, wurden sie geheilt – weil sie zu meiner Heilung und Selbsterkenntnis beitrugen und es mir ermöglichten, ein sinnerfülltes, leidenschaftliches Leben zu führen. Heute gebe ich das Wissen und die Weisheit, die ich Louise verdanke, in meinen Büchern und den Vorträgen weiter, die ich in den Vereinigten Staaten, Kanada, Europa, Japan und Russland halte. Louise ist ein

Geschenk für die Menschheit und ein Segen für mein eigenes Leben! Sie ist eine Pionierin und Legende. Ihr Vermächtnis wird ewig weiterleben!

Louise, ich ehre Sie aus der Mitte meines Herzens. Sie werden unendlich geliebt!

* * *

Plötzlich war mein Weg klar

von Antoinette, Psychotherapeutin, Yoga- und Meditationslehrerin und Autorin, Kanada

Ich lebte zur Zeit eines Bürgerkrieges im Libanon. Im Alter von 13 Jahren wurde ich von einer Miliz zur Kämpferin ausgebildet. Entsetzt erlebte ich mit, wozu Menschen fähig sind. Das war nicht irgendein Kinofilm – es war real. Mein Bruder wurde vor meinen Augen angeschossen und verwundet. Ich wollte bleiben und kämpfen, doch meine Familie beschloss, den Libanon zu verlassen und nach Kanada zu gehen, weil meinem Bruder dort besser geholfen werden konnte.

Als ich aufs College ging, erwachte in mir der Wunsch, mich für eine bessere Welt einzusetzen. Ich war im Krieg aufgewachsen, daher wusste ich nicht, wie ich zu einer Politik für den Frieden beitragen konnte. Dann ertrank ein Mensch, der mir sehr viel bedeutete – meine ganze Welt brach zusammen. Ich schloss mein Studium in Psychologie ab und suchte verzweifelt nach etwas Licht. Nach allem, was ich durchgemacht hatte, begriff ich einfach nicht, wie Menschen einerseits so liebevoll und andererseits so destruktiv sein konnten.

Einige Zeit später entdeckte ich die Bücher von Louise Hay in französischer Sprache. Was war das für ein Geschenk! Durch das Lesen dieser Bücher erkannte ich, dass wir unser Leben transformieren können – ganz gleich, was wir in der Vergangenheit erlebt haben oder wie unsere körperliche Verfassung sein mag. Im Licht dieser Erkenntnisse sah ich meinen Lebensweg plötzlich klar vor mir.

Heute bin ich Psychotherapeutin, Yoga- und Meditationslehrerin und leite Konferenzen und Seminare. Auch habe ich kürzlich ein Buch in französischer Sprache geschrieben. Ich hoffe, dass es bald ins Englische übersetzt wird, damit ich es Louise schenken kann!

Darin beschreibe ich, wie wir uns von unseren inneren Kriegen befreien und dann eine Welt der Liebe für uns und die Menschen in unserer Umgebung erschaffen können. Ich hoffe, eines Tages zu erleben, dass auf der ganzen Welt Frieden herrscht, und ich weiß, dass der einzige Weg dorthin die Liebe ist!

Ich widme meine ganze Arbeit heute der Aufgabe, diese Welt zu einem besseren Ort zu machen. Ich habe sogar zwei Theaterstücke geschrieben, in denen das Potenzial des Menschen veranschaulicht wird. Ich fühle mich zutiefst gesegnet, zu sein, wo ich heute bin, und die Dinge zu tun, die ich tun kann. Ich glaube, wenn wir alle daran arbeiten, uns selbst positiv zu verändern, werden wir damit auch die Welt verändern.

Louise, Sie sind eine Inspiration und ein Licht für den gesamten Planeten. Danke, dass Sie sind, wie Sie sind, und dass Sie Ihre Weisheit mit uns allen teilen. Ich hoffe aufrichtig, dass das Leben Sie mit seinen kostbarsten Geschenken überschüttet. Ihre Bücher weckten in mir den Glauben an das Wunder der Liebe!

* * *

Entwicklungsschritte in ein erstaunliches Leben

von Gina, Massagetherapeutin, Massachusetts

Als ich 1999 Louise Hays Buch *Gesundheit für Körper und Seele* entdeckte, lebte ich in einem Wirbelwind aus Sorge und Angst. Meine negativen Emotionen bewirkten, dass ich meinen zwei kleinen Jungen eine wütende und ungeduldige Mutter war und meinem wunderbaren, liebevollen Mann eine kritische und verschlossene Frau. Ich wusste, dass ich dabei war, völlig die Kontrolle über mich zu verlieren, aber aus Scham glaubte ich, mit niemandem über meine Probleme sprechen zu können.

Beim Lesen von Louises Buch erkannte ich, dass ich atmen konnte – wirklich *atmen*, anstatt die ganze Zeit ängstlich den Atem anzuhalten beziehungsweise gepresst und flach zu atmen. Ich klammerte mich an ihr Buch, denn mir schien, dass es mir das Leben rettete. Meine Angstattacken ließen nach, und neue Gedankenmuster formten sich. Nun versuchte ich nicht mehr einfach nur, den Tag zu überstehen … ich machte mich auf die Suche danach, wer ich wirklich war.

Als ich die Kontrolle über meine Gedanken erlangte, löste ich mich von dem Bedürfnis nach Angst und nervöser Unruhe, und ich zog die Hilfe und Unterstützung in mein Leben, die ich benötigte, um herauszufinden, wer ich war und wie ich gerne sein wollte. Ich wusste, dass ich auf der Erde war, um Menschen zu helfen – das hatte ich schon als sehr junger Mensch gewusst. Nun war ich bereit dafür, herauszufinden, *wie* ich ihnen helfen konnte.

Ich weiß noch, dass es mir nicht schnell genug ging und ich mich deswegen frustriert fühlte. Ich wollte alles sofort! Aber im Rückblick erkenne ich, wie sich alles Schritt für Schritt zur rechten Zeit entwickelte. Zum Beispiel kündigte ich meine bisherige Arbeit und begann eine Ausbildung zur Massagetherapeutin. Es handelte sich um ein intensives dreimonatiges Schulungsprogramm, währenddessen ich nur für ein paar Abende pro Woche nach Hause kommen konnte, und doch unterstützten mein Mann und meine Jungen mich voll und ganz.

Nach bestandener Prüfung dauerte es einige Zeit, bis ich Arbeit fand, denn ich hatte genug Vertrauen, wählerisch zu sein, und die Weisheit, mich nicht mit weniger zufriedenzugeben als dem, was ich visualisiert hatte. Ein Jahr lang praktizierte ich unter den Fittichen einer sehr fähigen Massagetherapeutin. In dieser Zeit wurde ich mir klar darüber, wie ich in Zukunft arbeiten wollte. Im Jahr 2007 war ich dann so weit, das Nest zu verlassen und meine eigene Praxis zu eröffnen.

Heute helfe ich vielen Menschen, indem ich ihre körperlichen Beschwerden lindere – und zusätzlich vermittle ich ihnen, dass ihr Körper sich selbst heilen kann und dass sie ihr Leben heilen können.

Das Beste an diesen Erfahrungen ist, dass meine Söhne das alles miterleben konnten. Sie haben gesehen, wie ich mich auf Neuland vorwagte und dabei auf meine innere Kraft und das Universum vertraute. Ich denke, das ist das Wertvollste, was ich ihnen fürs Leben mitgeben kann. (Nun, da ich meine Erfahrung in Worte fasse, wird mir plötzlich klar, wie viel leichter es ist, einfach ich selbst zu sein, statt mich vor mir selbst zu verstecken oder mich nach den Erwartungen anderer auszurichten.)

Louise, bestimmt habe ich *Gesundheit für Körper und Seele* hundertmal gelesen und ich habe viele Ihrer Bücher gekauft und an Freunde und Verwandte verschenkt. Danke für alles!

* * *

Mein gesegnetes Sein feiern

von Bianca Maria, Coach und Künstlerin,
Irland

Meine Geschichte begann vor 26 Jahren in Deutschland. In meinem Elternhaus waren Gewalt und Missbrauch an der Tagesordnung, und ich erfuhr fast überhaupt keine Liebe. Meine Mutter war alkoholkrank, und mein Vater verließ uns, als ich noch sehr jung war. So erlebte ich eine Kindheit voller Kämpfe und Schmerz. Weil es durch diese Erfahrungen um mein Selbstwertgefühl sehr schlecht bestellt war und es mir an positiver Energie mangelte, war ich eine extrem eifersüchtige Person, und irgendwie ging in meinem Leben alles schief. Andererseits hatte ich von klein auf immer schon eine starke Verbindung zu meinem höheren Selbst und zur Natur, was meiner Seele Trost spendete und mir half, zu überleben.

Mit 16 Jahren ging ich von zu Hause weg und arbeitete in einem Hotel. Das war eine große Herausforderung für mich, denn ich wusste nichts über gute Manieren – oder das Leben überhaupt. Meine eigentliche Heilungsreise begann, als ich nach Irland ging. Ich versuchte, meine enormen Ängste und Hemmungen zu überwinden, indem ich zu Al-Anon-Meetings ging. Dort wurde Freunden, Verwandten, Kindern und Partnern von Alkoholikern sehr geholfen.

Bei einem dieser Meetings lernte ich eine Frau kennen, die mir die Bücher von Louise Hay empfahl. Nachdem ich *Gesundheit für Körper und Seele* gelesen hatte, das ich absolut bemerkenswert fand, erwachte in mir die Kraft, mein Inneres zu erforschen und mein Leben zu ändern. Ich begann diesen Prozess damit, dass ich täglich mindestens drei Seiten Affirmationen schrieb! Und ich dachte mir: Wenn Affirmationen wirklich funktionieren, dann erschaffe ich mir mit diesen Seiten eine wunderbare Zukunft ... und genau so kam es auch.

Innerhalb von nur drei Monaten gelang es mir, meine krankhafte Eifersucht auf ein beherrschbares Maß zu reduzieren, und ich entdeckte, dass es in meinem Wohnort eine Gruppe von spirituell interessierten Menschen gab, die sich regelmäßig trafen. Nach nur etwa sechs Monaten ereigneten sich viele kleine Wunder! Ein wunderbarer Mann trat in mein Leben, ich fand einige liebevolle neue Freunde, und meine finanzielle Situation besserte sich spürbar. Auch nahm ich fast 15 Kilo ab und fing an, täglich zu meditieren.

Inzwischen praktiziere ich Louises Methoden seit zwei Jahren, und mein Leben entfaltet sich auf wunderbare, perfekte Weise! Ich habe eine *Gesundheit für Körper und Seele*-Gruppe gegründet. Wir treffen uns regelmäßig bei mir zu Hause und helfen uns gegenseitig. Ich habe meine eigene Webseite eingerichtet und eine Internetgruppe, um Frauen auf der ganzen Welt zu unterstützen. So kann ich Louises Botschaft immer weiter verbreiten. Stolz kann ich heute sagen, dass ich meine Lebensaufgabe gefunden habe: Es ist meine Bestimmung, eine Lehrerin zu sein, die anderen hilft, sich selbst zu heilen und sich das Leben zu erschaffen, das sie wirklich verdienen.

Heute bin ich dankbar für meine Kindheit, denn sie hat mich zu der schönen Person werden lassen, die ich bin. Mein Leben entfaltet sich in aufregender, einzigartiger und liebevoller Weise. Ich setze meinen Weg fort, indem ich Erfahrungen mit verschiedenen Philosophien und Lehrern sammle und die Lektionen lerne, für die ich auf die Erde gekommen bin. Das ist ein Segen, und ich feiere es!

Louise, Sie sind für mich ein Engel, und ich empfinde große Wertschätzung für alles, was Sie geleistet haben. Sie haben die Welt zum Besseren verändert – Sie haben vielen Menschen, die sich verloren oder nicht gut genug fühlten und in Schmerz und Angst lebten, Liebe geschenkt. Dafür danke ich Ihnen von Herzen!

* * *

Ich kann fliegen

von Gail, Sängerin, Vortragsrednerin,
Schriftstellerin und Lehrerin, Colorado

Im Jahr 1987 ließ ich Louise Hays Buch *Gesundheit für Körper und Seele* für mich in Brailleschrift übertragen, und seither sind meine Finger unzählige Male über die Seiten geglitten. Louise hat mich nicht vom Krebs oder einer anderen körperlichen Krankheit kuriert, aber sie heilte mich von der Krankheit in meinem Geist.

Bevor ich Louises Buch gelesen hatte, war ich ein Opfer. Ich kam als Frühgeburt zur Welt und glaubte, dass meine Behinderungen auf Ärztefehler zurückzuführen waren, und darauf, dass meine Mutter während der Schwangerschaft getrunken und geraucht hatte. Ich wuchs verschlossen, wütend, ängstlich und seelisch isoliert heran. Ich erinnere mich, dass ich, nachdem ich zwei Nasenoperationen über mich hatte ergehen lassen müssen, in den Spiegel schaute und dachte: *Du bist hässlich. Ich hasse dich.* Mein Vater missbrauchte mich sexuell, und im Alter von elf Jahren erblindete ich infolge von grauem Star. Es gab nichts, dem ich freudig entgegensehen konnte, also verschloss ich meine Augen vor der Welt und wollte kein Teil von ihr sein.

Meine Großmutter und meine Musik waren meine Rettung. Großmutter schenkte mir Liebe und Hoffnung, während die Musik mich in der Gegenwart verankerte und es mir ermöglichte, mich selbst auszudrücken. Ich verließ mein Elternhaus und begann eine Karriere als Konzertsängerin. Nach einer großen Zahl erfolgreicher Konzerte erhielt ich ein Doktorandenstipendium an einer Musikakademie. Ich wollte singen und wunderschöne Musik machen, aber der Lehrkörper an der Akademie »stutzte mir die Flügel«. Meine Kreativität verkümmerte, und ich entwickelte eine Zyste an den Eierstöcken, die operativ entfernt werden musste.

Als dann auch noch meine Partnerschaft zerbrach, war ich am Tiefpunkt meines Lebens angelangt. In der Hoffnung, geliebt zu werden, hatte ich meine Musik, meine Träume und meine Autonomie aufgegeben. Nun war ich unfähig, Entscheidungen zu treffen, meine Bedürfnisse zu artikulieren, Nein zu sagen oder gar meine persönliche Wahrheit zum Ausdruck zu bringen.

Da ich meinen Körper, meinen Geist, meine Seele und meine Emotionen weggegeben hatte, war ich völlig verzweifelt, als mein Lebensgefährte mir mitteilte, dass er sich von mir trennen wollte. Da keinerlei Trost in Sicht war, wurde ich depressiv und dachte an Selbstmord.

Durch Psychotherapie begann ich, mich selbst zu lieben und zu genesen. Und ich entdeckte, dass mein Leben einen Sinn hatte. Ich wollte meine Geschichte erzählen und meine Wahrheit mitteilen. Ich schrieb auf, wie innerhalb von drei Monaten meine Mutter plötzlich starb, mir meine Gebärmutter und beide Augen entfernt werden mussten und ich mein Haus verkaufen musste. Ich ließ meine alten Glaubenssätze, Visionen und Bindungen hinter mir und war gezwungen, mich dem Neuen anzuvertrauen.

Dank meiner Lebensreise – und der Lektüre von *Gesundheit für Körper und Seele* – habe ich gelernt, meine Wahrheit zum Ausdruck zu bringen, mich meinen Ängsten zu stellen und meine Gefühle wirklich zu fühlen. Heute ist mein Wunsch zu fliegen stärker als meine Angst vor dem Fallen. Ich habe die Wahl, wie ich das Leben betrachten will: Ich kann mich von meinen Lebensumständen lähmen lassen und mich als Opfer fühlen oder ich kann sie als Herausforderung annehmen und daraus Kraft schöpfen. Ich wähle Letzteres.

Sehen ist etwas Inneres, nichts Äußeres, und ich werde dabei von meinem Herzen geführt, nicht meinen Augen. Um fliegen zu können, muss ich »meine Träume leben und mit meinen Flügeln fliegen«.

Louise, Ihr Buch ist das einzige, das ich in Brailleschrift besitze, und immer wieder finde ich darin Führung und Rat. Danke dafür, dass Sie mein Herz und meine Seele verwandelt haben.

* * *

Die Offenbarung
von Najmunesa, Erziehungsberaterin und spiritueller Coach, Südafrika

Als ich das Buch *Gesundheit für Körper und Seele* entdeckte, steckte ich gerade in einer schweren Lebenskrise. Als jüngstes von 16 Kindern hatte ich mich immer wie das schwarze Schaf der Familie gefühlt. Ich meine das ganz wörtlich: Ich wuchs in den dunklen Tagen der Apartheid auf, und ich war nicht so hellhäutig wie meine Geschwister. Ich hatte das Gefühl, dass meine Mutter mich hasste, und ich sorgte ständig für Aufregung, weil ich auffallen und das Gefühl haben wollte, doch irgendwie dazuzugehören.

Bei der Geburt meines ersten Kindes platzte ein Blutgefäß in meiner rechten Gehirnhälfte, aber das wurde erst Jahre später diagnostiziert. Ich litt an epileptischen Anfällen und Wochenbettdepression und bekam eine Schilddrüsenüberfunktion. Nach meiner zweiten Schwangerschaft erlitt ich einen Nervenzusammenbruch, der rückblickend wohl eher ein *Durchbruch* als ein Zusammenbruch war.

In der Bücherei stieß ich auf ein Exemplar von Louises Buch, aber bis ich es gelesen hatte, vergingen ein paar Jahre. Ich erfuhr von ihren »Heal Your Life«-Workshops, aber daran durften nur Weiße teilnehmen. Mein damaliger Chef war der Ansicht, ich wäre weiß genug, und nahm mich dorthin mit. Im Lauf der Jahre nahm ich an allen diesen Workshops teil, und das veränderte mein Leben.

Gleichzeitig besuchte ich auch einen Kurs zum Thema Spiritualität, und ich war erstaunt über die Parallelen zwischen meiner Religion und Louises Philosophie. Das war eine echte Offenbarung für mich. Nun wusste ich, dass ich meine Glaubenssätze ändern konnte, ohne deshalb meine Werte aufgeben zu müssen.

Heute arbeite ich im sozialen Bereich, wo ich Workshops zu den Themen Erziehung und Selbstbewusstheit anbiete. Ich leite eine Gruppe für Menschen mit Depressionen und Angststörungen und war in der Telefonseelsorge tätig. Louises Werk hat mein Leben verändert und mir geholfen, meinen Weg zu finden. Heute versuche ich, das Gleiche für andere Menschen zu tun.

Vielen Dank, dass Sie mir die Gelegenheit geben, hier meine Geschichte zu erzählen.

* * *

Meine Motivation und Inspiration
von Lourdes, Sozialarbeiterin, Arizona

Ich kam 1993 aus Sonora, Mexiko, in die USA. Ich sprach kein Wort Englisch und hatte den kostbarsten Schatz meines Lebens dort zurückgelassen: meine beiden Töchter, die damals acht und drei Jahre alt waren. Drei Monate später waren meine Mädchen und ich wieder vereint, und wir begannen, uns an unsere neue Welt anzupassen.

Nach einem Jahr lernte ich einen wundervollen Amerikaner kennen, der meinen Töchtern und mir mit Liebe, Güte und Akzeptanz begegnete. Trotz unserer Sprachbarriere entwickelte sich zwischen uns eine großartige Liebesbeziehung. Bei Verständigungsproblemen benutzten wir ein Spanisch-Englisch-Wörterbuch. Wir heirateten und sind inzwischen seit 14 Jahren eine Familie.

Mehrere Jahre arbeitete ich als Putzfrau und verdiente damit recht ordentlich. Schließlich schrieb ich mich am College ein. Zwar erwarb ich keinen Abschluss, lernte aber Englisch und studierte Sozialarbeit. Danach arbeitete ich als lizenzierte medizinische Dolmetscherin in einem Krankenhaus. Doch in dieser Zeit litt ich immer wieder unter Angstattacken und hatte das Gefühl, vom mir bestimmten Weg abgekommen zu sein.

Dann entdeckte ich Yoga, Joggen, Tai-Chi und Wandern für mich. Ich besuchte verschiedene Selbsthilfeseminare, lernte die Meditation und manches andere kennen. Dank all dieser neuen Erfahrungen konnte ich endlich viele alte Probleme heilen, die ich mit mir herumtrug. Ich merkte, dass es an mir einiges gab, das ich nicht mochte und sehr gerne ändern wollte. So begann ich, am Puzzle meines Lebens zu arbeiten: meine familiäre Herkunft; die Umgebung, in der ich aufgewachsen war; meine Glaubenssätze, Gewohnheiten, Verhaltensweisen, Gefühle und so weiter.

Bei einem der Seminare, an denen ich teilnahm, empfahl mir jemand ein Buch von Susan Jeffers mit dem Titel *Selbstvertrauen gewinnen: Die Angst vor der Angst verlieren*. Dieses Buch war der Schlüssel, mit dem ich den Motor meines Lebens in Gang setzte. Dort las ich auch von Louise Hay und *Gesundheit für Körper und Seele* und erfuhr von vielen anderen wunderbaren Büchern und Autoren. Doch vor allem Louises Werk war in all diesen Jahren meine größte Inspiration und Motivation. Ich liebe ihre persönliche Lebensgeschichte, ihren guten Rat, ihren Mut

... ich könnte diese Liste endlos fortsetzen. Dank ihres Audioprogramms *Stress-Free* ist es mir gelungen, meine Ängste in den Griff zu bekommen. Die Musik auf der CD half mir, an einen spirituellen, sicheren und friedlichen Ort zu reisen.

Louise hat mich auch dazu inspiriert, meine Selbsthilfe-Autobiografie in spanischer Sprache zu schreiben und zu veröffentlichen. Das Buch hilft lateinamerikanischen Einwanderinnen, die unter häuslicher Gewalt leiden und voller Selbstzweifel und Angst leben. Diese Frauen identifizieren sich mit meiner Geschichte, so wie ich mich mit Louises Lebensgeschichte identifizieren konnte. Ich helfe ihnen außerdem dadurch, dass ich ehrenamtlich für sie Motivationsvorträge auf Spanisch halte.

Heute bin ich 41 Jahre alt. Meine Töchter, inzwischen 24 und 18, haben sich wundervoll entwickelt. Wir alle drei sind amerikanische Staatsbürgerinnen und tragen stolz zum Wohl dieses Landes bei. Ich fühle, dass wir gesunde Frauen sind, körperlich, geistig und emotional. Mein Mann und ich führen weiterhin eine glückliche, liebevolle Ehe. Mein inneres Kind ist zu seinem vollen Potenzial aufgeblüht. Es singt und schreibt, so wie ich es als kleines Mädchen getan habe.

Louise, ich danke Ihnen sehr!

* * *

Louises Weisheit

von Pamina, Coach und Stressberaterin,
Simbabwe

Eine australische Freundin schickte mir vor 13 Jahren *Gesundheit für Körper und Seele*, zu einer Zeit, als mein Leben nicht sehr vielversprechend aussah. In dieser VL(Vor-Louise)-Phase meines Lebens wurde ich von einem emotionalen Ballast niedergedrückt, der einen Elefanten hätte umbringen können, trug meine seelischen Narben und meine Negativität mit mir herum, als wäre es der neueste Modeschmuck, und hatte ein Selbstbild, im Vergleich zu dem ein magersüchtiger Regenwurm beeindruckend gewirkt hätte. Louises Buch stellte meine Welt auf den Kopf. Ich selbst spiele bei alledem eine aktive Rolle? Ich erschaffe mir meine eigene Realität? Das heißt ja, ich habe die Macht, mein Lebensdrehbuch komplett umzuschreiben! Bin ich wirklich so mächtig? Wow! Da ging mir gewaltig ein Licht auf!

Von da an war Louises Weisheit meine ständige Begleiterin. Ich besitze immer noch mein eselsohriges, mit Klebeband geflicktes Altexemplar von *Gesundheit für Körper und Seele*. Und dieses Buch hatte wirklich weitreichende Folgen. Ich lernte, allein zu leben und das zu genießen. Ich ließ mich nicht länger von meiner Familiengeschichte versklaven oder durch meine früheren Misserfolge einschränken. Ich hörte damit auf, gegen Gespenster zu kämpfen. Ich verstrickte mich nicht mehr in die scheinbare Komplexität meiner Probleme. Von Tag zu Tag wurde ich furchtloser. Ich zog keine Befriedigung mehr daraus, mich theatralisch in Wutausbrüchen und Selbstmitleid zu wälzen – was so sehr Teil meines Lebens geworden war. Mein Verlangen nach Selbstvorwurfs- und Verbitterungsmarathons verschwand. Mit anderen Worten, ich ließ meine Selbstbesessenheit hinter mir und wurde emotional erwachsen. Ich trennte mich von meinen hart erarbeiteten materiellen Besitztümern und wurde eine Nomadin, die sich den jeweils passenden Aufenthaltsort für die Wiederentdeckung ihres eigenen Selbst suchte.

Louises Weisheit und Kraft waren auch da, als ich meine 16 Jahre alte Tochter begrub. Einen schmerzvollen Schritt nach dem anderen, stieg ich aus der tiefen, finsteren Grube, in der ich gelegen hatte, als wären mir die

Eingeweide herausgerissen worden. Anschließend war ich, dank Louise, in der Lage, meinem Sohn überleben zu helfen, der angesichts des Verlustes der Schwester mit Trauer, Schuldgefühlen und Verzweiflung kämpfte.

Ich reise stets mit leichtem Gepäck, aber Louises »Buch der Weisheit« ist immer dabei. Die Essenz ihrer Lehre begleitete mich, als ich mich als Coach und Stressberaterin in einem Land ausbilden ließ, das mir so fremd war wie der Mars. Ich qualifizierte mich zusätzlich als Hypnosetherapeutin und kehrte in mein problembeladenes Heimatland Simbabwe zurück, um an vorderster Front zu praktizieren.

Louises Prinzipien sind mir zur zweiten Natur geworden, so natürlich wie das Atmen.

Wie Louise helfe ich leidenschaftlich gern Menschen dabei, ihre von der Umwelt auferlegten Grenzen hinter sich zu lassen, ihre eigene Macht zu entdecken und ihr volles Potenzial zu entfalten. Louises Vorbild ermutigte mich dazu, mein eigenes Buch zu schreiben und mir von den unvermeidlichen Tücken des Verlagswesens nicht den Wind aus den Segeln nehmen zu lassen.

Louise, Ihr Geist und Ihre Weisheit haben mich in die Lage versetzt, mein Lebensdrehbuch auf wunderbare Weise umzuschreiben. Danke!

* * *

Leben, wie ich es mir erträumt habe
von Kit, Lehrerin, Lachtrainerin und Gesundheitsberaterin, England

Bevor ich Louise Hay durch ihr Buch *Gesundheit für Körper und Seele* begegnete, hatte ich keine Ahnung von der Macht, mit der wir alle unser Leben selbst erschaffen können.

Im Januar 1998 konnte man mich praktisch abschreiben. Meine scheinbar so perfekte Ehe hatte sich in ein Schlachtfeld verwandelt, mein Sohn machte eine schwere Krise durch, und bei mir selbst sah es auch nicht gut aus. Mein Arzt hatte zu mir gesagt: »Der Krebs ist zurück. Es ist immer noch die aggressive Bestie, mit der wir es früher schon zu tun hatten, und jetzt gibt es nur noch zwei Mittel, die bei Ihnen für die Chemotherapie infrage kommen. Wenn sie wirken, wird das Ihr Leben für eine gewisse Zeit verlängern. Wenn nicht, verspreche ich, dass ich Ihnen unnötiges Leiden ersparen werde, Kit.«

In diesem Moment hörte ich auf, die brave Musterpatientin zu sein. »Ich gehe nicht wieder ins Krankenhaus«, sagte ich. »Ich will ein Wunder.«

Es heißt, wenn man bereit ist, erscheint der Lehrer. Ich habe keine Ahnung, warum ich an jenem Tag in die Buchhandlung ging, aber ich weiß noch, dass das große, leuchtend bunte Herz und der Titel *Gesundheit für Körper und Seele* meine Aufmerksamkeit magnetisch anzogen. Ich kaufte das Buch, las es, las es noch einmal. Es wurde Teil meines Lebens. Drei Jahre lang war Louises Buch mein ständiger Begleiter. Ein Exemplar lag auf meinem Schreibtisch und eines an meinem Bett. Ich las täglich mindestens ein Kapitel. Auch sprach ich laut Affirmationen, wenn ich Trost oder Inspiration benötigte. (Auch heute noch bin ich jeder Situation gewachsen, wenn ich affirmiere: *Ich bin Teil der Unendlichkeit des Lebens, in der alles vollkommen, ganz und heil ist.*) Langsam, aber sicher gelang es mir, mein Denken zu ändern, und dementsprechend änderte sich auch mein Leben.

Im März 1998 steckte ich mir drei unerreichbar scheinende Ziele:
• Ein Wunder geschehen lassen
• Den ehelichen Dauerzwist beenden
• Mit dem Rauchen aufhören

Im August jenes Jahres hatte ich den Krebs, meine Ehe und das Rauchen aufgegeben! Ob Sie es glauben oder nicht, das Rauchen aufzugeben fiel mir am schwersten – ich paffte und paffte, trotz Chemotherapie und zur Verzweiflung meiner Ärzte. Aber schließlich hörte ich doch auf. Mitten in einer Scheidung auch noch mit dem Rauchen aufzuhören war vielleicht nicht der beste Zeitpunkt, aber bei mir hat es funktioniert.

Zur Verwunderung meiner Ärzte lebe ich, und ich lebe, wie ich es mir erträumt habe. Ich bin jetzt glücklich mit meiner Jugendliebe verheiratet, und mein geliebter Sohn ist zu einem Mann herangewachsen, den ich respektiere und der erfolgreich seinen eigenen Weg geht.

Ich bin ausgebildete Louise-Hay-Lehrerin, Lachtrainerin und Gesundheitsberaterin. Mit großer Freude zeige ich anderen, wie sie *ihre* Träume verwirklichen können. 2007 erschien mein erstes Buch, und gerade arbeite ich an meinem zweiten. Es ist wunderbar, lebendig zu sein und einen Beitrag zur Heilung des Planeten zu leisten!

* * *

Warum nicht ich?
von Janet, Programmkoordinatorin in einem Therapiezentrum für Jugendliche, Kanada

Ich bin eine Angehörige der First Nations, der indigenen Bevölkerung Kanadas, und habe eine ganze Reihe schmerzhafter persönlicher Erfahrungen durchgemacht, darunter Gewalt und Koabhängigkeit in der Partnerschaft, Drogen- und Alkoholsucht und Selbstmordgedanken. Oft in meinem Leben fühlte ich mich als Opfer und stellte mir die Frage: *Warum ich?*

Als es mir einmal besonders schlecht ging, stieß ich zufällig auf einen Flyer mit Informationen über ein zweitägiges Seminar namens »Liebe dich selbst, heile dein Leben«. Ich spürte irgendwie, dass ich genau danach gesucht hatte, und meldete mich an.

Das Seminar war erstaunlich. Ich lernte enorm viel über mich – und mir wurde klar, wie sehr ich mich selbst ablehnte. Schließlich erkannte ich, dass ich mich so lieben und wertschätzen kann, wie ich bin! Als mir das einmal bewusst geworden war, ging es mit meinem Leben wirklich aufwärts.

Ich hatte diese ersten Schritte unternommen, um herauszufinden, wer ich war und warum ich so war, wie ich war. Indem ich Louise Hays Methoden anwendete und positive Affirmationen einsetzte, bin ich dahin gelangt, mich genau so zu lieben und wertzuschätzen, wie ich bin. Ich habe mich viel besser kennengelernt. Statt mich zu fragen: »Warum ich?«, fragte ich nun: »Warum NICHT ich?«

Im Jahr 2002 erfuhr ich dann von einem Ausbildungsprogramm in Florida – ich wollte sehr gerne daran teilnehmen, aber zum damaligen Zeitpunkt war mir das nicht möglich. Dennoch affirmierte ich beharrlich weiter: *Ich bin eine zertifizierte »Heal Your Life«-Seminarleiterin.* Im April 2008 konnte ich dann endlich die Ausbildung in Florida machen und kehrte als zertifizierte Seminarleiterin für den Louise-Hay-Workshop »Heile dein Leben, verwirkliche deine Träume« nach Kanada zurück. Damit hatte sich für mich ein Traum erfüllt, denn es ist mein Ziel, anderen Menschen zu helfen, indem ich Motivationstraining, Workshops und Vorträge anbiete. Nachdem ich mein Diplom erhielt, habe ich damit begonnen, dieses Ziel zu verwirklichen. Ich veranstaltete einen ersten Workshop in meinem Wohnort. Sieben Indianer aus drei verschiedenen First-Nations-Stämmen haben daran teilgenommen, und es war ein enormer Erfolg.

Interessanterweise bin ich unter den Tausenden von Menschen, die sich überall auf der Welt zu Louise-Hay-

Trainern ausbilden ließen, bislang der einzige indigene Mensch aus Kanada, der an diesem Training teilgenommen hat. Ich bin zuversichtlich, dass ich durch meine Workshops anderen helfen kann, ihre negative Geisteshaltung zu überwinden, die ihrem Erfolg im Weg steht.

Wovon träume ich als Nächstes? Louise Hay, Wayne Dyer oder Oprah persönlich treffen? Hmm …

* * *

Mein eigenes Licht leuchten lassen
von Eileen, Praktizierende der heilenden Künste, North Carolina

Ich möchte gerne meine Geschichte erzählen und dadurch andere Menschen inspirieren, die Herausforderungen in ihrem Leben zu überwinden, so wie ich. Sehen Sie, ich litt über sieben Jahre lang an Fibromyalgie, einer chronischen Erkrankung mit Muskel- und Sehnenschmerzen. Das ging so weit, dass ich unter ständigen Schmerzen litt und das Bett nicht mehr verlassen konnte. Erst als ich mich für Spiritualität öffnete und Louise Hays Bücher las, verstand ich, was nötig ist, um Geist/Körper/Seele zu heilen.

Mithilfe eines intensiven Programms aus Affirmationen, Visualisierungen, Entgiftung, gesunder Ernährung und Psychotherapie gelang es mir, »die Schichten« abzutragen, die mich so stark belasteten. Nachdem ich so lange zugelassen hatte, dass die Fibromyalgie mein Leben kontrollierte, übernahm ich selbst die Kontrolle und öffnete mich für mein wahres Wesen. Als ich einen neuen Weg einschlug, erlebte ich eine vollständige Heilung und befreite mich, sodass ich meinen Geist finden konnte. Ich gewann meine persönliche Macht zurück und arbeitete daran, alle Aspekte meiner Seele zu heilen.

Meine Gesundheit besserte sich in jeder Hinsicht, und mein Geist war nicht länger gefesselt und eingeengt. Mein Leben verwandelte sich, und ich lernte, die Welt vollständig anders zu sehen als bisher – auf eine leuchtende und erfüllende Weise.

Louises heilende Botschaft war wie eine frische Brise. Dadurch erkannte ich, dass auch ich ein Licht habe, das ich leuchten lassen kann. Da Louise mir so positive Impulse gegeben hat, fühlte ich die Verantwortung, meinerseits anderen Menschen positive Impulse für ihr Leben zu geben. So fand ich meine Bestimmung und heute teile ich mein Wissen und meine Erkenntnis mit jenen, die nach einem erfüllten Leben streben. Ich zeige ihnen, wie auch sie zu Hoffnung, Frieden und heiterer Gelassenheit finden können.

Als Resultat meiner Heilung erwachte dann in mir der Wunsch, die heilenden Künste zu praktizieren. Ich ließ mich in Reiki und Arcing Light ausbilden. Als Teil meines ständigen Lernprozesses, bei dem ich mich immer mehr daran erinnere, wer ich bin, gehört es zu meinem neuen Pfad, einen Masterabschluss in transpersonalen Studien zu erwerben und anschließend zu promovieren. Das wird es mir ermöglichen, anderen zu helfen, die Schlüssel zu einem leidenschaftlichen, erfolgreichen Leben zu finden.

Louise war und ist eine wunderbare Inspiration für mich und sie hat mir geholfen, meine Schleier zu lüften und meine Scheuklappen abzulegen. Ich empfinde es als großen Segen, dass ich den Weg zu ihrem Wissen entdeckt habe. Ich schaue bis heute regelmäßig in ihre Bücher *Gesundheit für Körper und Seele* und *Wahre Kraft kommt von Innen* – denn sie haben eine so wohltuende Wirkung auf mein Denken und die Entfaltung meines Lebens.

Danke, Louise, dafür, dass Sie an die Öffentlichkeit gegangen sind und Ihre Philosophie in die Praxis umgesetzt haben, denn ohne Ihr strahlendes Licht wäre ich nicht die,

die ich heute bin. Möge die heilende Macht der Dankbarkeit und Liebe und der Glaube an eine grenzenlose Welt uns alle vereinen und Geist/Körper/Seele jedes Individuums und des Universums heilen.

* * *

Ich bin glücklich!
von Michael, Krankenpfleger, Ohio

Als Kind wurde ich oft geschlagen und sexuell missbraucht. Als Erwachsener ließ ich es zu, dass der Missbrauch sich fortsetzte. Mir war nicht bewusst, dass die Vergangenheit keineswegs meine Gegenwart beherrschen muss. Wenn Menschen mir ein wenig Aufmerksamkeit schenkten, ließ ich sie einfach mit mir machen, was sie wollten. Meine Selbstachtung war gering. Ich glaubte, ich sei nichts wert und völlig unwichtig.

Ich schaffte den Highschool-Abschluss nicht und zog von Job zu Job und von Stadt zu Stadt, auf der Suche nach dem Glück, aber nie hatte ich Erfolg. Immer wieder suchte ich mir Situationen, in denen jemand mir Schmerz zufügte, weil ich glaubte, es nicht besser zu verdienen. Hinterher fiel ich dann jedes Mal in eine Depression. Ich wusste nichts von der Macht meiner Gedanken und dass ich zu dem werden würde, worüber ich am meisten nachdachte. Es war ein Teufelskreis, der mich in meinem Schmerz gefangen hielt.

Ich hatte mir immer schon gewünscht, Krankenpfleger zu werden, weil ich glaubte, dass ich mich besser fühlen würde, wenn ich anderen half. Also absolvierte ich eine Krankenpflegeausbildung, und es machte mir wirklich Freude, anderen zu helfen. Doch statt dadurch ein besseres Selbstwertgefühl zu entwickeln, ging es mir seelisch noch schlechter. Meine Suche nach Glück ging weiter.

Immer noch wechselte ich ständig die Arbeitsstelle und fühlte mich schrecklich. Dann erzählte mir eines Tages jemand von einer Frau namens Louise Hay.

Ich hörte ihre CD *Gedanken der Kraft* und las ihr Buch *Gesundheit für Körper und Seele*. Dadurch veränderte sich alles für mich. Plötzlich hatte ich es nicht mehr nötig, mein Glück bei anderen Menschen oder in meinem Beruf zu suchen. Ich fand mein Glück *in mir selbst*, denn nun dachte ich: *He, ich BIN doch schon jemand und ich liebe mich!* Mein Leben nahm eine positive Wendung. Ich wurde ein Krankenpfleger, der nicht nur andere liebte, sondern auch sich selbst.

Da ich inzwischen als reisender Krankenpfleger in verschiedenen Kliniken überall im Land arbeite, habe ich mittlerweile eine lange E-Mail-Liste, an die ich positive Botschaften versende. Es macht mich froh, dass ich durch die Worte, die ich spreche, das Leben der Männer und Frauen verändern kann, die mir begegnen. Wäre aber jener Mensch nicht gewesen, der mir Louise Hay empfahl, könnte ich heute nicht für Sie diese Geschichte aufschreiben.

Wie Louise es so perfekt ausgedrückt hat: »Es ist nur ein Gedanke, und Gedanken lassen sich ändern.« So begann es für mich. Ich dachte: *He, ich kann glücklich sein.* Heute *bin* ich glücklich! Ich bin nicht perfekt, aber das ist okay. Das Leben ist wunderbar, und wir alle können das Beste erfahren. Wir müssen nur den Anfang wagen, indem wir denken:

Ich kann glücklich sein!

* * *

Affirmationen bahnten mir den Weg in ein wunderbares Leben

von Katrina, Studentin und Teilzeitverkäuferin, Australien

Im Februar 2008 sagte mein Mann zu mir, dass er sich ohne mich und meine beiden Söhne aus einer früheren Ehe finanziell besser stünde. Er forderte mich auf, mir so schnell wie möglich eine andere Bleibe zu suchen. Ich war arbeitslos, aber zum Glück konnte ich mit meinen Jungen für eine Weile bei Verwandten unterkommen.

In der damaligen Wirtschaftslage war es fast aussichtslos, eine Mietwohnung zu finden – ich musste mich in langen Schlangen anstellen, um die wenigen Angebote zu besichtigen, doch es führte zu nichts. Nach einem Besichtigungstermin machte ich an einer Buchhandlung halt und sah *Gesundheit für Körper und Seele* von Louise Hay. Ich kaufte das Buch, las es innerhalb von zwei Tagen und beschloss, es mit den Affirmationen zu versuchen. Mit dem deutlichen Gefühl, dass meine innere Einstellung sich verändert hatte, begab ich mich erneut auf die Suche nach einem neuen Zuhause. Während ich wieder einmal mit 70 anderen Interessenten eine Wohnung besichtigte, rief mich der Makler eines anderen Objekts an und sagte, der Vermieter habe sich für mich entschieden, und ich könnte mit meinen Jungs in einer Woche dort einziehen. Ich brach in Tränen aus und dankte Gott.

Am nächsten Tag bemerkte ich an einem Modegeschäft, das mir immer schon gefallen hatte, das Schild »Verkäuferin in Teilzeit gesucht«. Ich rief mir ins Gedächtnis, was ich in Louises Buch gelesen hatte, ging sofort in den Laden, bewarb mich um die Stelle – und bekam sie! Das war der Beweis, dass Affirmationen wirklich funktionieren. Ich hatte für ein neues Zuhause und einen Job gebetet und visualisiert, dass alles gut war in meiner Welt, und plötzlich geschah genau das!

Ich zog mit meinen Söhnen in unser neues Zuhause, von dem ich zu Fuß nur zwei Minuten zu dem Modegeschäft brauchte. Anfangs war das Geld ziemlich knapp, weil ich mein erstes Gehalt noch nicht bekommen hatte. Das Gehalt wurde immer donnerstags ausbezahlt, und dienstags war nur noch ein winziges Stück Seife übrig. (Ich habe sehr liebevolle und hilfsbereite Verwandte, die ihr letztes Hemd mit uns geteilt hätten, aber ich wollte diese Situation ohne fremde Hilfe meistern.) Als ich an jenem Dienstag zur Arbeit kam, sagte eine meiner Kolleginnen: »Katrina, wir haben heute Morgen von einer Kundin ein Geschenk bekommen, als Dankeschön für unseren guten Service.« Es war ein großer Korb mit duftenden Seifenstücken für jede von uns. Da dachte ich, dass das Universum für alle unsere Bedürfnisse sorgt, ganz so, wie es Louise in ihrem wunderbaren Buch schreibt.

Von nun an ereigneten sich beinahe wöchentlich kleine Wunder. Ich bekam eine Steuerrückzahlung, von der ich meine Autoversicherung bezahlen konnte. Eine andere Rückvergütung traf an dem Tag ein, als ich unsere Wasserrechnung überweisen musste. Aber am wichtigsten ist, dass meine Jungs und ich glücklich und gesund an einem schönen Ort wohnen und ich eine Arbeit habe, die mir Freude macht. Auch haben wir sehr nette Nachbarn. Eine Nachbarin hat gerade den Psychologiekurs absolviert, den ich auch besuchen möchte. Ich habe mich am College eingeschrieben und freue mich auf den neuen Lebensweg, den ich nun beschreite.

Danke, Louise, dass Sie mir gezeigt haben, wie ich mein Leben in positive Bahnen lenken kann. Heute ist wirklich alles gut in meiner Welt!

* * *

Anders denken, anders leben

von Melissa, Schriftstellerin, Fotografin,
bildende Künstlerin, Lehrerin, Anwältin
und Rechtsberaterin, Colorado

Wenn wir von Wundern sprechen, denken wir dabei oft an das Undenkbare – überlebensgroße, Ehrfurcht gebietende Ereignisse, die der Logik widersprechen oder die Naturgesetze außer Kraft setzen. Doch manchmal kommen Wunder ganz klein und unscheinbar daher, für das bloße Auge nicht erkennbar, wie eine leichte Verschiebung unserer Perspektive. Wie Samen, die auf einen fruchtbaren Geist fallen, gehen sie auf und wachsen zu einer neuen Art zu leben heran, was zu außerordentlichen Resultaten für den Menschen führt, der die Veränderung erlebt.

So war es bei mir. Ich bin Anwältin und begann meine Berufslaufbahn im Alter von 24 Jahren. Ich war von Konflikten und Kämpfen umgeben und fand die antagonistischen Strukturen im juristischen Bereich (und der Geschäftswelt insgesamt) sehr belastend. Deswegen begann ich, nach Antworten außerhalb des üblichen Schubladendenkens zu suchen. Ich wusste einfach, dass es für mich bessere Alternativen geben musste, in dieser linkshirnigen Welt meinen Weg zu finden.

Eine Massagetherapeutin empfahl mir Louise Hays Buch *Gesundheit für Körper und Seele.* Statt mit Jura beschäftigte ich mich nun mit ganz anderen Gesetzen: den universellen Gesetzen des Geistes. Und das war der erste Schritt zu meiner persönlichen Transformation, einer Reise, bei der ich die Macht des positiven Denkens, der Affirmationen, der Meditation und des Gebets für mich entdeckte. Nach Louises Buch las ich alles, was ich zum Thema Gedankenkraft und geistige Gesetze fand, wozu auch zahlreiche Bücher der Hay-House-Autoren gehörten. Auf dieser Grundlage gestaltete ich mein Leben völlig neu.

Das universale Gesetz war meine Brücke zwischen zwei Welten. Ich gab mich nicht der Illusion hin, das ganze Rechtswesen verändern zu können, aber ich begriff, dass echter Wandel im eigenen Inneren beginnen muss. Dann kann er nach außen wirken und unsere Familien, Organisationen, Gruppen, Städte, Nationen und die Welt insgesamt erreichen.

Je mehr ich diese Prinzipien erforschte und in meine Welt integrierte, sowohl privat wie auch im beruflichen Bereich, desto bewusster wurde meine Verbindung zum Leben. Ich teilte meine neuen Erkenntnisse mit allen, die bereit waren zuzuhören, auch Klienten und Kollegen, und arbeitete hart daran, selbst die Veränderung zu sein, die ich mir wünschte.

Es heißt: »Aus kleinen Eicheln wachsen große Bäume.«

Was als Bemühen begonnen hatte, den Wahnsinn unseres Justizwesens zu begreifen, führte mich zu einer einzigartigen Bestimmung als Advokatin und Beraterin sowohl für die »menschlichen Gesetze« wie auch die universalen Gesetze. Über Letztere schreibe ich leidenschaftlich gerne (in meiner monatlichen Weisheitskolumne in einer örtlichen Zeitschrift und in meinem Blog).

Heute sieht mein Leben ganz anders aus. Jetzt bewege ich mich frei zwischen den materiellen und spirituellen Welten und der rechten und linken Hälfte meines Gehirns hin und her und freue mich an meiner Karriere als Fotografin, Künstlerin, Schriftstellerin, Lehrerin und »universale Rechtsexpertin«. Das ist keine kleine Aufgabe für ein Mädchen, das einst in einer doch sehr linearen Welt feststeckte!

Vor Jahren, inmitten eines sehr unerfreulichen Rechtsstreites, sagte ein Klient zu mir: »Miss Johnson, Wunder gibt es nicht.« Respektvoll entgegnete ich: »Mit Verlaub, Sir, da bin ich anderer Meinung.«

Louise, danke für Ihre bahnbrechende Arbeit und dafür, dass Sie mir gezeigt haben, dass ich mein Leben heilen kann … Gedanke für Gedanke.

* * *

Nicht einfach nur überleben, sondern erblühen wie eine Rose
von Jeannie, Verkaufsleiterin, Kalifornien

Mein Vater war wieder einmal betrunken und zielte mit einer Pistole auf meinen Kopf … und nun können Sie sich sicher vorstellen, wie der Rest des Abends verlief. Ich war erst 15 Jahre alt und hatte jahrelang Gewalt und Missbrauch jeglicher Art erdulden müssen. Am nächsten Morgen ging ich von zu Hause weg und kehrte niemals zurück. Heute betrachte ich diese schrecklichste aller Nächte als einen Segen, weil sie mir den letzten Anstoß gab, fortzugehen.

Wie sich zeigte, schaffte ich es ziemlich gut, allein zu überleben. Ich wohnte für zwei Monate bei der Familie einer Schulfreundin. Dann fand ich Arbeit bei einem Theater und mietete mir mit einer Bekannten ein Apartment. Ich sparte Geld und kaufte mir in einem Goodwill-Secondhandladen eine gebrauchte Schreibmaschine. Ich war fest entschlossen, einen Bürojob zu finden und meine Situation zu verbessern. Also trainierte ich meine Schreibmaschinenkenntnisse und log, was mein Alter anging. Tatsächlich bekam ich einen Job als Bürokraft und fuhr mit dem Bus zur Arbeit.

Ich lernte, so viel ich konnte. Und nachdem ich meinen Highschool-Abschluss nachgeholt hatte, begann ich in berufsbegleitenden Abendkursen ein Collegestudium. Ich benötigte zehn Jahre, erwarb aber schließlich einen Bachelor in Rechnungswesen.

Aufs Überleben verstand ich mich, nur mit den Männern hatte ich keine glückliche Hand – als ich 40 wurde, stand ich mit vier Kindern allein da. Ich sagte mir, dass ich endlich mehr aus meinem Leben machen wollte, als einfach nur zu überleben, und kurz darauf stieß ich wie zufällig auf ein Buch, durch das sich alles änderte: *Gesundheit für Körper und Seele* von Louise Hay.

Von nun an affirmierte ich, dass ich eine wunderbare Arbeitsstelle haben konnte, wo ich viel Geld erschaffen würde, statt immer nur knappes Geld zu zählen, sodass bestens für alle Bedürfnisse meiner Familie gesorgt sein würde.

Nach nur drei Monaten wurde mir ein Job als Vertreterin für Pumpen angeboten, bei dem ich mit Schutzhelm auf Fabrikgeländen und Baustellen herumlaufen musste. Aber ich stellte unter Beweis, dass ich eine exzellente Verkäuferin bin. Meine nächste Affirmation lautete, dass ich Produkte verkaufen würde, die ich liebte und an die ich wirklich glaubte. Diese berufliche Chance bot sich mir schon bald (Bücher von Hay House verkaufen!), und diese Tätigkeit übe ich jetzt schon seit 18 Jahren aus. Heute habe ich einen klasse Job und ein schönes Haus, aber wichtiger ist, zu wissen, dass ich eine geliebte Seele bin, die hier auf dem Planeten geboren wurde, um zu blühen wie eine Rose und viel mehr zu bewirken, als einfach nur zu überleben.

Meine Hoffnung ist es, durch meine Geschichte jungen Menschen zu vermitteln, wie wichtig es ist, niemals die Hoffnung aufzugeben. Nicht nur können sie ihre Herausforderungen meistern, sondern sie können wirklich aufblühen und erkennen, wie sehr sie geliebt werden.

* * *

Heilungsarbeit
mit Louise

Wissen Sie, was Sie wirklich tun und wie Sie sich wirklich fühlen wollen? Antworten Sie nicht sofort mit der »richtigen« Antwort, mit dem, wovon Sie denken, dass Sie es wollen oder fühlen *sollten*. Seien Sie bereit, über das hinauszugehen, was Sie heute glauben, und denken Sie darüber nach, was Sie wirklich inspiriert und was bewirkt, dass Sie sich lebendig fühlen. Denken Sie dann an positive Handlungen, die es Ihnen ermöglichen, sich immer so zu fühlen. Werden Sie sich Ihrer Denkmuster bewusst und lösen Sie sich von alten Glaubenssätzen, die nicht hilfreich für Ihr besseres Leben sind.

Die folgenden Übungen helfen Ihnen, sich darüber klar zu werden, was Sie wirklich wollen, zu akzeptieren, dass Sie dieses Gute *wirklich* verdienen, und es in Ihrem Leben willkommen zu heißen. Schreiben Sie Ihre Antworten auf ein Blatt Papier oder in Ihr Tagebuch.

 Wie viel Gutes gestehen Sie sich zu?

Beantworten Sie die folgenden Fragen möglichst offen und aufrichtig.

1. Was wünschen Sie sich, das Sie gegenwärtig nicht haben? Beschreiben Sie Ihre Wünsche ganz klar und genau.

2. Welche Gesetze/Regeln gab es in Ihrem Elternhaus bezüglich der Frage, was ein Mensch im Leben verdient? Haben Ihre Eltern zu Ihnen Dinge gesagt wie: »Du verdienst meine Liebe nicht«, oder: »Du verdienst eine gehörige Tracht Prügel«? Glaubten Ihre Eltern, Gutes im Leben zu verdienen? Mussten Sie sich Zuneigung immer erst verdienen? Bekamen Sie Zuneigung, wenn Sie versuchten, sie sich zu verdienen? Sagte man Ihnen, dass Sie nichts taugen? Oder dass Sünder nichts Gutes verdienen? Hat man Ihnen etwas weggenommen, wenn Sie ungehorsam waren oder etwas falsch machten?

3. Haben Sie das Gefühl, es zu verdienen, dass Ihre Wünsche in Erfüllung gehen? Denken Sie: »Später, wenn ich es mir verdient habe«, oder: »Ich muss erst dafür arbeiten«? Sind Sie gut genug? Werden Sie *jemals* gut genug sein?

4. Gibt es jemanden, dem Sie erst vergeben müssen, ehe Sie es sich zugestehen können, Gutes zu verdienen? Verbitterung errichtet eine Mauer um unser Herz, sodass es uns schwerfällt, Gutes in unser Leben zu lassen.

5. Was verdienen Sie wirklich? Glauben Sie: »Ich verdiene Liebe, Freude und alle guten Dinge des Lebens«? Oder fühlen Sie tief im Inneren, dass Ihnen überhaupt nichts zusteht? Warum? Woher kommt diese Botschaft? Sind Sie bereit, sich von ihr zu befreien? Wodurch möchten Sie diesen negativen Glaubenssatz ersetzen? Denken Sie daran: Es sind nur Gedanken, und Gedanken kann man ändern.

 **Spiegelarbeit**

Schauen Sie in Ihren Spiegel und sagen Sie: »*Ich verdiene es, _____ zu haben oder zu sein, und ich akzeptiere dieses Gute jetzt.*« Sagen Sie das zwei- oder dreimal.

Wie fühlen Sie sich dabei? Achten Sie immer auf Ihre Gefühle, darauf, was gerade in Ihrem Körper geschieht. Fühlt sich die Affirmation wahr für Sie an, oder fühlen Sie sich noch immer minderwertig?

Falls Sie negative Gefühle in Ihrem Körper spüren, schauen Sie wieder in den Spiegel und affirmieren Sie: »*Ich löse mich jetzt von dem Muster in meinem Geist, das Widerstand gegen das Gute erzeugt. Ich verdiene _____.*«

Wiederholen Sie das so lange, bis sich ein Gefühl der Selbstakzeptanz und der Empfänglichkeit für die guten Dinge des Lebens einstellt, auch wenn Sie es mehrere Tage hintereinander üben müssen.

 Erschaffen Sie Ihr neues Leben!

Warum sind Sie hier? Was ist der Sinn Ihres Lebens? Schreiben Sie eine Geschichte über sich selbst, wenn Sie erlangt haben, was Sie herbeisehnen. Beschreiben Sie farbig und mit vielen Einzelheiten die Dinge, die Sie mit Leidenschaft und Begeisterung erfüllen. Lassen Sie dabei Ihrer Kreativität freien Lauf – und *genießen* Sie es!

 Visualisierung

Stellen Sie sich nun möglichst lebhaft vor, wie Sie tatsächlich das Leben führen, das Sie in der vorigen Übung erschaffen haben. Wie fühlt sich dieses ideale Leben an?

Wie sehen Sie dabei aus? Was fühlen, sehen, schmecken, berühren, hören Sie? Stellen Sie sich Ihre Beziehungen zu anderen Menschen vor. Mit wem verbringen Sie Ihre Zeit? Genießen Sie, entspannt und frei atmend, Ihre neu gefundene Freiheit und Ihr Glück.

 Was macht Sie glücklich?

Denken Sie nun darüber nach, was Sie glücklich machen würde. Das ist nicht der richtige Zeitpunkt, um darüber zu reden, was Sie *nicht* wollen. Formulieren Sie klar, was Sie sich im Leben wünschen. Zählen Sie alles auf, was Ihnen einfällt, und zwar in allen Lebensbereichen.

Schreiben Sie mindestens 50 Dinge auf, die Sie dem idealen Leben näher bringen würden, das Sie visualisiert haben.

Nachdem Sie jeden Wunsch aufgeschrieben haben, der Ihnen in den Sinn kommt, schreiben Sie neben jeden eine Affirmation. Denken Sie sich Ihre eigenen aus oder verwenden Sie die aus der nachfolgenden Liste.

Ich versichere Ihnen, Sie verdienen es, ein wundervolles neues Leben zu haben!

 Affirmationen

- *Ich befreie mich jetzt von dem Bedürfnis, mir nichts Gutes zu gönnen. Ich verdiene das Beste im Leben und erlaube mir jetzt, es auch anzunehmen.*
- *Ich besitze die Macht, die Kraft und das Wissen, um alles im Leben zu meistern.*
- *Mein Bewusstsein erschafft meine Erfahrungen. Meine Fähigkeit, Gutes zu erschaffen, ist grenzenlos.*

- *Meine innere Sicht ist klar und frei.*
- *Ich fließe mit dem Leben und stelle mich mit Leichtigkeit auf Veränderungen, neue Erfahrungen und neue Perspektiven ein.*
- *Ich bin offen für die innere Weisheit. Ich bin im Frieden.*
- *Ich übertreffe jetzt die Erwartungen anderer.*
- *Ich bin im Universum sicher und geborgen, und alles Leben liebt und unterstützt mich.*
- *Ich bin bereit, neue Gedanken über mich selbst und mein Leben zu erschaffen.*
- *Ich bin bereit zu lernen. Mit Leichtigkeit mache ich Fortschritte.*
- *Ich segne jede Situation liebevoll und weiß, dass sich alles auf bestmögliche Weise entfaltet.*
- *Ich bin bereit, meine Ängste und Begrenzungen hinter mir zu lassen.*
- *Ich verankere mich in der Sicherheit des Universums und akzeptiere die Vollkommenheit meines Lebens.*
- *Ich achte mich. Ich bin göttlich beschützt und geführt.*
- *Ich sehe meine Denk- und Verhaltensmuster und ich entscheide mich dafür, positive Veränderungen vorzunehmen.*
- *Ich erkenne, wie wunderbar ich bin. Ich liebe mich und erfreue mich an meinem Wesen.*
- *Ich erschaffe ein neues Leben. Ich akzeptiere nur noch Glaubenssätze, die hilfreich für mich sind und Gutes in mein Leben bringen.*
- *Ich glaube an meine Fähigkeit, mich zu verändern. Ich bin bereit, den nächsten Schritt zu tun.*
- *Ich lebe im Jetzt. Jeder Augenblick ist neu.*
- *Ich erschaffe mir ein wunderbares Leben, das von Tag zu Tag besser wird.*

Behandlung für ein sinnerfülltes Leben

Ich bin eins mit dem Leben, und alles Leben liebt und unterstützt mich. Ich verdiene nur Gutes. Nicht ein bisschen Gutes, sondern wirklich alle guten Dinge des Lebens. Ich schreite jetzt voran in einen neuen Raum des Bewusstseins und bin bereit, mich in einem neuen Licht zu sehen. Ich bin bereit, neue Gedanken über mich selbst und mein Leben zu erschaffen. Mein neues Denken manifestiert sich als neue Erfahrungen. Die Gesamtheit aller Möglichkeiten steht mir offen. Ich verdiene ein gutes Leben. Ich verdiene Liebe und Fülle. Ich verdiene eine gute Gesundheit. Ich verdiene es, angenehm und in Wohlstand zu leben. Ich verdiene Freude und Glück. Ich verdiene die Freiheit, alles zu sein, was ich sein kann. Ich verdiene noch mehr als das: Ich verdiene alles Gute! Das Universum ist mehr als bereit, meine neuen Glaubenssätze zu manifestieren. Das ist die Wahrheit meines Seins, und ich akzeptiere, dass es so ist. Alles ist gut in meiner Welt.

 *Nachwort*

Danke, meine lieben Freunde, dass Sie sich mit mir auf diese erstaunliche Reise begeben haben. Allen, die zu diesem Buch beitrugen, möchte ich sagen, dass ich angesichts Ihrer herzlichen und liebevollen Worte tiefe Dankbarkeit empfinde. Ich fühle mich geehrt, dass Sie sich die Zeit genommen haben, hier über Ihre Erfahrungen zu berichten.

Wie ich in der Einleitung erwähnte, besteht die Absicht dieses Buches darin, Ihnen zu zeigen, dass ein einzelner Mensch die Macht hat, viele andere auf positive Weise zu erreichen, sie zu inspirieren und zu ermutigen. Daher hoffe ich, dass auch Sie in Ihrem Alltag genau das tun werden, in den kommenden Monaten und Jahren.

Seien Sie eine Kraft des Guten auf unserem großartigen Planeten! Verbreiten Sie Liebe, Freude und Mitgefühl. Geben Sie, wann immer Sie können und wo Sie können. Handeln Sie jeden Tag gütig und liebevoll. Danken Sie dem Universum für alles, was Sie sind und was Sie besitzen. Und vor allem: Machen Sie sich immer wieder bewusst, dass Sie Liebe, Wohlstand und all die wunderbaren Dinge verdienen, die das Leben zu bieten hat.

Sie und ich können diese Welt zu einem besseren Ort machen … an jedem Tag, in jeder Hinsicht.

Und so ist es.

Louise L. Hay

*Tief im Zentrum meines Seins gibt es einen uner-
schöpflichen Brunnen der Liebe. Ich lasse es nun
geschehen, dass diese Liebe an die Oberfläche
strömt – sie erfüllt mein Herz, meinen Körper, mein
Bewusstsein, mein ganzes Wesen, strahlt von mir in
alle Richtungen aus und kehrt vielfach vermehrt zu
mir zurück. Je mehr Liebe ich verströme, desto mehr
Liebe habe ich – ihr Vorrat ist unendlich. Wenn ich
mich selbst, andere Menschen und das Leben liebe, fühle ich
mich gut. Es ist ein Ausdruck meiner inneren Freude. Ich liebe
mich. Daher sorge ich liebevoll für meinen Körper. Liebevoll
versorge ich ihn mit nahrhaften Speisen und Getränken. Liebevoll pflege und kleide ich ihn, und mein Körper antwortet darauf mit blühender Gesundheit und Energie. Ich liebe mich.
Daher schenke ich mir ein behagliches Zuhause, das genau
meinen Bedürfnissen entspricht und in dem ich liebend gerne
wohne. Ich fülle alle Zimmer mit den Schwingungen der Liebe,
sodass alle, die sie betreten, auch ich, diese Liebe spüren und
davon genährt werden. Ich liebe mich. Daher gehe ich einer
Arbeit nach, die mir wirklich Freude macht und bei der ich
meine kreativen Talente und Fähigkeiten auf erfüllende Weise
einsetzen kann. Ich arbeite mit und für Menschen, die ich liebe
und die mich lieben, und ich erziele ein gutes Einkommen. Ich
liebe mich. Daher denke ich liebevoll über andere Menschen
und verhalte mich ihnen gegenüber liebevoll – denn ich weiß,
dass das, was ich gebe, vielfach vermehrt zu mir zurückkehrt.
Ich ziehe nur liebevolle Menschen in meine Welt, denn sie spiegeln wider, wie ich bin. Ich liebe mich. Daher vergebe ich. Ich befreie mich von allen vergangenen
Erfahrungen und bin frei. Ich liebe mich. Daher
lebe ich völlig im Jetzt, erlebe jeden Augenblick als
gut und weiß, dass meine Zukunft hell, freudig und
sicher ist – denn ich bin ein geliebtes Kind des
Universums, und das Universum sorgt liebevoll für
mich, jetzt und in Ewigkeit. Und so ist es.*